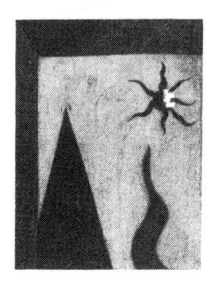

BECK & GLÜCKLER

François Maspero

Roissy-Express
Reise in die Pariser Vorstädte

Fotos von Anaïk Frantz

Aus dem Französischen
von Verena Vannahme

BECK & GLÜCKLER

Titel der Originalausgabe:
Les passagers du Roissy-Express

Deutsche Erstausgabe
1. Auflage 1993
© 1990 Éditions du Seuil
© 1993 Beck & Glückler Verlag,
Holbeinstr. 8, D - 79100 Freiburg
Übersetzung: Verena Vannahme
Umschlag: Book Graphics
Satz: Barbara Herrmann, Freiburg
Belichtung: Johannes Schimann, Ingolstadt
Druck und Bindung: Wiener Verlag, Himberg
Printed in Austria
All rights reserved
ISBN: 3-89470-124-2

Inhalt

I. Plaine de France

1. *Die Station Châtelet und das Phantom der Oper – Durch eine Wüste mit mehreren Millionen Einwohnern? – Geburt einer Idee – Roissy-Beton und Roissy-Dorf*...... 11

2. *«Es gibt nichts zu sehen.» – Seminar auf einer Autobahn – Ein Gallier wacht am Fenster – Ein paar große Invasionen – Als Alexandre Dumas mit der Postkutsche durch die Plaine de France fuhr – Les 3000 von Aulnay: Quer durch La Rose des Vents – «Wir sind hier zu Hause.» – In Garonor gab es nichts zu sehen*........ 31

3. *Ein wunderhübscher, kleiner Strand – Villepinte: die erbauliche Geschichte eines Sanatoriums – Tremblay «Vieux pays»: eine Wanderung ans Ende der Welt – Ein Jumbo, eine Lerche – Betrug – Krokodile im Kanal – Monsieur Salomon «aalt sich»*...................... 67

4. *Ruhe in Sevran Beaudottes – Ein Bahnhof mit schlechtem Ruf – Geschichten über Supermärkte – «Da isses brenzlig» – Ein Stadtteilzentrum – Eine glückliche Kindheit in Sevran Beaudottes? – Der letzte Bauernhof – Ein Briefträger-Geograph – Aulnay-Bondy, die «Cowboy-Strecke» – Ein verwurzelter Einfamilienhausbesitzer*.. 87

5. *Verhaltensregel für Wanderungen durch die Vorstädte – Die große Reise durch Villepinte – Aulnay-Nostalgie, Aulnay-Rote Vorstadt – La Tour Alice – Ein afrikanisches Wohnheim – Eine Lektion in Menschenwürde – Ein Sonntag im Café an der Schleuse – La Poudrette – Die Bilanz ist durchwachsen* 111

II. Der kleine Gürtel um Paris

6. *Blanc Mesnil, die letzte Volksdemokratie – Le Bourget, ein Straßeninferno – Zurück nach Les Beaudottes – Allein im Luftfahrtmuseum – Die Toten von 1870: das Presse-Freikorps – Bondy, die Beresina – Streik bei der RER*... 137

7. *Aulnay-Aubervilliers – Die RER-Kontrolleure haben die Nase voll – Drancy: Cité de la Muette, ein Modell – Von der Sozialwohnung zum Konzentrationslager – Die Barometer-Blume* 167

8. *Aubervilliers: Mit Akim im Jean Bart – Les 4000 von La Courneuve: Wohnsilo implodiert, Wurzeln verloren – Requiem für Le Corbusier – Daoud: «Nationalität Liebe» – Das Unvorhersehbare – Fort d'Aubervilliers, Schrebergärten – Festungen und «fortifs» – Le Landy – Pierre Laval, der Baron des Pariser Gürtels – «Die Kinder von Aubervilliers» – «Ich bin kein Rassist», sagt sie. – Ein Ausflug nach Saint Denis – L'Ecluse des Vertus – Leben in Aubervilliers – Rachid Khimoune, Künstler in der Maladrerie – 17. Oktober 1962, Rue de l'Union*.. 191

9. *La Plaine Saint Denis und die römische Landschaft – Bis die Barbaren kommen – Verbindung – Vorfall am Gare du Nord – Auf zu neuen Abenteuern*............... 257

III. Hurepoix

10. Arcueil gegen Cachan – Der Erfolg eines Kindes aus Arcueil – Geschichten und Legenden über die Bahnlinie nach Sceaux – Willkommen im Hurepoix – Von Camulogen zu Erik Satie: die «Eingeborenen von Arcueil» – Die große Besteigung des Aquäduktes – Das große Republikaner-Bankett und seine Folgen – Begegnung mit der Katze Mar-la-Main und dem Kanarienvogel Fifi... 269

11. Die schönen Damen aus der Rue Houdan – Ode an den französischen Hund – Glanz und Elend der Gartenstädte – Ein weiter Weg – Eine geheimnisvolle Herberge – Der schwarze Pfahl – Wo der Leser neuem Unheil entgeht – Irrungen – Fresnes ohne Frösche, Fresnes ohne Gefängnis – Die Wilden von Villaine – Massy-Bukarest – Ganz weit dort hinten, Les Ulis – Am Ende der Gleise 301

Glossar 331

I

Plaine de France

Einmal im Jahr, am 20. Februar, fuhr selbiger Zug auf dem verlassenen Plateau los und erreichte sein Ziel, einen Badeort in den warmen Gegenden zwischen dem 8. und 12. November. Die Strecke war insgesamt 122 Kilometer lang, und größtenteils ging es durch nebelverhangene, ganz mit Eukalyptus bepflanzte Berge.

Alvaro Mutis, *Die Reise*

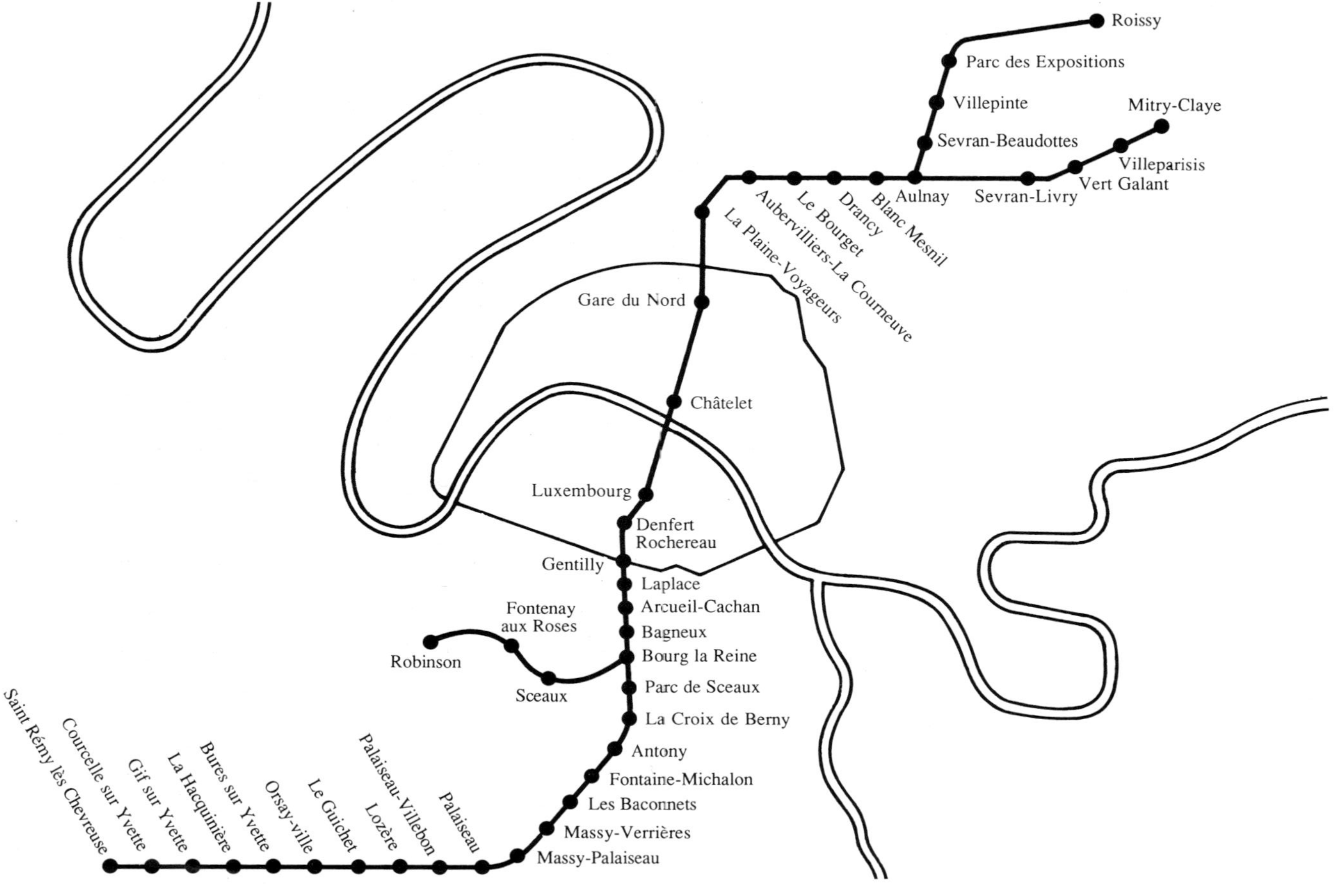

Roissy
Parc des Expositions
Villepinte
Sevran-Beaudottes
Mitry-Claye
Villeparisis
Vert Galant
Sevran-Livry
Aulnay
Blanc Mesnil
Drancy
Le Bourget
Aubervilliers-La Courneuve
La Plaine-Voyageurs
Gare du Nord
Châtelet
Luxembourg
Denfert
Rochereau
Gentilly
Laplace
Arcueil-Cachan
Bagneux
Bourg la Reine
Parc de Sceaux
La Croix de Berny
Fontenay
aux Roses
Robinson
Sceaux
Antony
Fontaine-Michalon
Les Baconnets
Massy-Verrières
Massy-Palaiseau
Palaiseau
Palaiseau-Villebon
Lozère
Le Guichet
Orsay-ville
Bures sur Yvette
La Hacquinière
Gif sur Yvette
Courcelle sur Yvette
Saint Rémy lès Chevreuse

1

Die Station Châtelet und das Phantom der Oper – Durch eine Wüste mit mehreren Millionen Einwohnern? – Geburt einer Idee – Roissy-Beton und Roissy-Dorf

Dienstag, 16. Mai 1989. Um neun Uhr morgens sind sie auf dem Bahnsteig der Station Châtelet-Les Halles verabredet, Richtung Roissy-Charles de Gaulle. Der internationale Flughafen wird ihre erste Etappe sein, das Sprungbrett, das sie an die Orte ihrer großen Rundreise bringen soll: Sie werden einen Monat lang unterwegs sein. Für einen Monat, adieu Paris.

Jeder hat seine Reisetasche gepackt und darauf geachtet, daß sie nicht zu schwer wird: Sie soll sich bequem tragen lassen, doch auch das bißchen Überflüssige enthalten, das noch notwendiger ist als das Necessaire – Wäsche zum Wechseln (Wie wird das Wetter wohl in diesen launischen Frühlingstagen?), das Buch für die Lektüre am Abend, Kartenspiele und Karten zur Orientierung.

Schließlich stehen sie sich am Ende des Bahnsteiges gegenüber, eingekeilt zwischen zwei Reihen von Bildschirmen – die einen sind für den Zugführer bestimmt und geben ihm einen Überblick über die Wagenreihe, die anderen sind für die Fahrgäste gedacht, zur Unterhaltung oder Belehrung, wer weiß. Auf ihnen ziehen, untermalt von gluckernden Rhythmen, Bewegungen in unwirklichen Farben vorüber: Umweltverschmutzung höchsten Grades.

Mit ihren kleinen, geheimen Sorgen stehen sie einander gegenüber, Sorgen, wie sie zu jeder Abreise gehören, diffuse Ängste, die man dem anderen nicht eingestehen darf, die sich auf alles und nichts beziehen: was sie vergessen haben, und wie das Wetter werden oder nicht werden wird; was für Leuten sie begegnen oder auch nicht, und wo sie heute schlafen; und wie sie mit ihm oder er mit ihr auskommen wird in diesen Wochen. Wird sich ihr Reiseplan, so auf die Probe gestellt, nicht in seiner nackten Wahrheit, seiner Absurdität, von seiner bedeutungslosen und nichtigen Seite zeigen? Wer weiß, ob sie sich nicht am Ende eines endlosen Tages sagen werden: Fahren wir nach Hause, es gibt nichts zu sehen. Wer weiß, ob ihnen die Leute nicht entgegenschreien werden: Fahrt nach Hause, es gibt nichts zu sehen.

Eine Reise, bei der sie keinen Boden unter die Füße bekämen.

*

An den Berichten über große Transatlantikreisen liebt François den Augenblick, in dem der Autor zum ersten Mal den Geruch unbekannter Gefilde atmet. So erzählt Jean-Louis Vaudoyer in einem kleinen, blauen Buch, das er eben gelesen hat, wie vor sechzig Jahren auf einem stattlichen Ozeandampfer auf dem Weg nach Havanna «hinter dem Wendekreis des Krebses der Odem der Antillen die Luft mit organischem Duft erfüllte». Doch dazu braucht man gar keinen Wendekreis überschreiten: Organische Düfte liegen ständig über der Station Châtelet-Les Halles. Sein Freund Yves Lacoste, der bedeutende Geograph, eben der, der alles über Geostrategie und Geopolitik weiß, hat es François bestätigt: «Bei der RATP* raufen sich die Ingenieure die Haare, sie finden einfach nicht heraus, woher es kommt, sie haben schon alles versucht, sie haben keinen blassen Dunst.» Anaïk, und mit ihr Millionen von Passanten, lassen sich nicht davon abbringen, daß der Geruch aus der Kanalisation kommt.

---

* Nicht geläufige Abkürzungen, Ausdrücke und Namen sind im Glossar erläutert und werden im folgenden nicht mehr besonders gekennzeichnet.

Da es eine der Grundregeln von Reisenden ist, Erklärungen zu mißtrauen, die auf der Hand liegen, schlägt François vor, der es immer mit der Kultur hat, es müsse von weit her kommen, aus der Station Auber, und zwar durch den Tunnel. Das Phantom der Oper rudere in seinem Boot auf dem unterirdischen See La Grange Batelière herum und wühle dabei Pestschlamm auf.

Seit etwa zehn Jahren tragen die RER-Züge kurze Namen mit vier Buchstaben, je nach Fahrtziel: Alle von A bis J fahren nach Norden, die von K bis Z nach Süden. Oder umgekehrt, das weiß ich nie genau. Manche klingen zärtlich: LILY, EMMA, PAPY. Andere knallhart: KNUT. Eine Zeitlang fuhr PRUT, und dann, eines schönen Tages – was mag in den Köpfen mit den ausgerauften Haaren der RATP-Ingenieure nur vorgegangen sein (oder in denen der SNCF, denn man darf nicht vergessen, daß die RER ein *Verkehrsverbund* ist), eines schönen Tages also, pfft! verschwand PRUT, löste sich in Luft auf. PRUT, KNUT, PAPY, LILY. Jeder dieser kurzen Namen steht für eine *Mission*. So hält GUSS zwischen dem Nordbahnhof und Aulnay sous Bois nicht an Stationen, an denen EPIS stoppt, außer in Le Bourget und umgekehrt natürlich. Oder andersherum, ich weiß nicht mehr. Züge, die bockspringen. *Mission*: Wahrscheinlich ist dies die Sprache der Moderne. Und dann klingt es auch etwas nach Saint-Exupéry. Der Zugführer muß sich ein wenig wie bei der Luftpostgesellschaft Aéropostale fühlen: Flug über den südlichen Atlantik, über die Anden, weit und breit kein lebendiges Wesen. Hauptsache die Post kommt an. Eine heilige Mission, Major Marchand in Faschoda, Missionsgebiete, heilige Märtyrer: Mission, Missionare, Worte, die vieles ausdrücken, unter anderem, daß man zu den Wilden aufbricht.

Der Zug fährt also ein. Er ist blau-weiß-rot wie alle: Vive la France! Zum Glück ist es EMIR, ein Direktzug, der erst in Aulnay wieder anhält, und der Wagen ist fast leer. Um diese Zeit ist die große allmorgendliche Völkerwanderung bereits vorüber, außerdem verläuft sie in Gegenrichtung.

Schönes Wetter für eine Reise im Frühling: Wolkenloser Himmel, an dem das Blau nur im Zenit wirklich blau ist und zum Horizont hin blasser wird, lila, lila-grau, stahlgrau, bleigrau. Etwas schmutzig, dieser Himmel. Besonders wenn man zurückschaut auf die Kirche Sacré-Cœur, die man von hinten sieht.

Doch sollte man nicht vergessen, daß die Scheiben des Zuges selbst leicht grau getönt sind. Einen Sonnenstich bekommt man jedenfalls nicht in den RER-Zügen: Die glatzköpfigen Ingenieure haben vorgesorgt. Und die Leute, wo sind die? Menschliche Wesen sind fast keine zu sehen. Autos, ja. Autos, die in dichten Reihen über die Autobahn flitzen, die eben den Kanal Saint Denis überquert. Autos auf den Bahnhofsparkplätzen, so weit das Auge reicht. Am Ende des Gleises warten auf ein paar Güterzügen gestapelte Neuwagen. Wie da ein Gesicht finden? Die Fenster der Trabantenstädte sind viel zu weit entfernt, als daß man sie ausmachen könnte. Näher liegen verlassene Straßen. Ein lebendiges Wesen? Später, in der Gegend von Roissy, große grüne oder kahle Flächen, Brachland, auf dem rechteckige Gebäude stehen, Blech und Beton, und krüppelige Bäume, dort sehen sie ein Kaninchen. Und bei Aubervilliers-La Courneuve wachsen blaue Iris und Klatschmohn zwischen den Gleisen.

Früher, vor gar nicht allzu langer Zeit, schallten einem aus der Eisenbahnlandschaft politische und soziale Überzeugungen entgegen. Bei Blanc Mesnil behauptet ein uralter Schriftzug noch, daß die Arbeiter vereint eine Fabrik nicht untergehen lassen werden. Dabei hat die Zeit inzwischen sogar ihren Namen verwischt. Heute sind solche Rufe aus der Landschaft nur noch Werbung, leicht schlüpfrig, für Haushaltsgeräte, Möbel und Elektronik. Für die passende Antwort sorgen die *tags*. Oder Graffiti. Die fliegen einem manchmal um die Ohren. Überall, auf Mauern, Brücken, Bahnsteigunterständen. Sogar im Zug. Viel zu oft düster. Manchmal schön. Bleigrau unter bleierner Sonne durch bleigraue Scheiben. Die *tags* verschlingen bereits die Plakate der LUTTE OUVRIÈRE; an der Station Parc des Expositions endlich Gesellschaftliches, endlich Politik. Gestern war das Fest der Trotzkisten von der LUTTE OUVRIÈRE. Dieses Jahr sind unsere Reisenden nicht hingefahren. «Erinnerst Du Dich an damals, als ...? Die strahlende Sonne, das war ein Fest, ein richtiges, sie lagen im Gras unter einem unendlichen Himmel, auf dem die Wolken vorüberzogen, die Tombola mit den lebenden Enten, Arlettes Rede, Sackhüpfen, die Diskussion über Imperialismus und die Dritte Welt, wie die Kinder sich freuen und wir auch, und die Welt, die man verändern wollte?» – «Nein», sagt Anaïk, «ich erinnere mich nicht: Ich war nie auf dem Fest der LUTTE OUVRIÈRE.»

Am Bahnhof von Roissy nehmen sie den Bus, den Shuttle zum Flughafen I, der aussieht wie ein Käse, in dem man sich dreht und dreht. Um halb elf stehen sie vor der großen Abflugtafel. Anaïk ist für Brazzaville, François schwankt zwischen Singapur und Cork. Anaïk protestiert gegen das Häßliche, und François protestiert gegen Anaïks Protestpotential. «Du gehst mir auf die Nerven mit deiner Entrüstung. Fang nur nicht damit an.» – «Aber du fängst doch an. Das fängt ja gut an.»

Sie diskutieren, was ein schöner Flughafen ist. Gibt es das überhaupt? fragt die eine, oder der andere. François spannt den Erinnerungsbogen zurück in die Zeit, als ... in die Zeit, wo ... Orly im ersten Jahr – war das 1963? –, der hohe, funkelnde Bau, stahlblau, klar und rein, einsam am Ende der Autobahn, die darauf zu-, hinein-, darunter herraste. Um Mitternacht hörte er auf zu arbeiten und fuhr vom Herzen von Paris aus nach Orly. Die Flughafenhalle war innen riesig und hell, kristalline Echos, es war Zeit für den letzten Flug und den letzten Kaffee, und in dem japanischen Garten an der Kehre der Rolltreppen zwischen der großen Halle und den Terrassen lebte ein chinesisches Entenpaar. Eingekreist vom gelben Licht der großen Scheinwerfer träumte man auf den dunklen Terrassen und war ein klein wenig glücklich. Doch wo sind die Enten von damals? Verspeist natürlich, wie die vom Fest der Lutte ouvrière. «Du nervst mich mit deinen Erinnerungen», nörgelt Anaïk. Doch François antwortet: «Wozu reist man denn, wenn nicht, um sich zu erinnern?» – «Ein schöner Flughafen», fängt Anaïk wieder an, «das kann ein Hangar am Ende einer Piste sein: Ziguinchor, fröhliche Kinder umringen die alte DC 3 am Ende des Asphalts.» «Oder auch Murmansk, eine Baracke im hohen Norden und dieser Stop unter der Mitternachtssonne, ein seltsamer Zwischenstop, den ich auf dem gewundenen Weg nach Havanna machte?», setzt François noch eins drauf. Darauf Anaïk: «Jedenfalls ist es *nicht* Roissy: Hier komme ich mir vor wie eine Maus in einem Labyrinth.» – «Eher wie eine Ratte», widerspricht François, «und natürlich in einem Käse.» «Nun übertreib mal nicht», antwortet Anaïk.

Einen Tag nach Pfingsten herrscht am Morgen kaum Andrang, das Leben plätschert dahin. Sie machen letzte Besorgungen. In der Buchhandlung finden sie die Karte, die sie in ganz Paris gesucht haben, die kostbare Michelin-Karte 1/15.000, jene magische Karte Nr. 20, die die erste Hälfte ihrer Strecke fast vollständig bis ins kleinste Detail abdeckt: Gerettet!
Sie lassen sich vor einem dünnen Kaffee nieder. Anaïk bekommt einfach kein Glas Wasser dazu. Damit Sie es gleich wissen, Anaïk trinkt Kaffee nie ohne *ihr* Glas Wasser. Übrigens sind die Bestimmungen für den Getränkeausschank in Frankreich wohl eindeutig: Jeder Gast hat das *Recht* auf ein Glas *frisches* Wasser. Kostenlos für den Kunden. Verbindlich für den Wirt.
Bevor es richtig los geht, schreiben sie die letzten Postkarten. Ein wenig aufgeregt sind sie schon, aber nur ganz leicht. Schließlich geht es los: Es ist Zeit, an Bord zu gehen.
Sie begeben sich zur Haltestelle des Shuttle, der sie zum SNCF-Bahnhof zurückbringen soll. Sie wollen nach Roissy-Dorf. Kennen Sie Roissy-Dorf?

*

Die Idee zu dieser Reise stammte von ihm. Natürlich war sie seit langem da, tief in ihm, seit Jahren hielt sie dort Winterschlaf. Vielleicht war sie an die Oberfläche gekommen, vor drei Jahren etwa, als sie zu dritt durchs hinterste China zogen, Nagra, Mikros und Tonbänder mitschleiften, einen Begleiter-Übersetzer-Schnüffler-Troß im Schlepptau. (Das Nagra ist das professionellste Tonbandgerät der Welt, das *non plus ultra*, das Lieblingsgerät von Radio-France, die einen mit Vorliebe ans Ende der Welt schikken, um leichte, luftig-leichte Reportagen zu machen mit diesem schweren, bleischweren Gerät – und die Schnüffler-Chinesen überwachten die Übersetzer-Chinesen, die die Begleiter-Chinesen übersetzten, die überwachen sollten...); und er war sich wie ein Blödmann vorgekommen, der über die Welt der anderen erzählen will, während er sich noch nicht einmal seine eigene Welt erzählen kann. Es ist kinderleicht, kompetent und professionell zu wirken und zu verkünden, daß es in Shanghai zwei Quadratmeter Wohnfläche pro Person gibt, doch weißt du, wie man

eine halbe Stunde von den Türmen von Notre Dame entfernt lebt? Du machst dich über alle Leute lustig, die einen kleinen Trip nach China machen und ein Buch mit zurückbringen, doch was könntest du aus La Courneuve oder Bobigny-Pablo Picasso berichten, wo die Metros hinfahren, die du jeden Tag nimmst, in einem Land, in dem du lebst? Als guter Franzose redest du dauernd über alles und nichts, doch bist du jemals in Sevran-Beaudottes oder in Les Baconnets ausgestiegen, Stationen, an denen du seit Jahren ständig vorbeikommst...
Die Idee jedoch zu eben *dieser* Reise, er weiß genau, wann er sie hatte. Er kann das Jahr, den Tag, die Stunde, ja fast die Minute angeben (er muß dazu nur einen alten RER-Winterfahrplan, Linie B, konsultieren): an einem 2.Januar um halb vier, zwischen Parc des Expositions und Villepinte.

Am Morgen jenes Tages hatte er einen Anruf aus Roissy erhalten: Eine Freundin war auf dem Durchflug. Sie kam aus einem anderen Kontinent und flog in einen anderen Kontinent. Für eine so kurze Zeit hatte er sie dort getroffen, an diesem Ort außerhalb von Zeit und Ort. Sie hatten sich lange nicht gesehen. Wie immer hatten sie sich so viel zu sagen, daß sie nicht wußten, was sie sagen sollten. Und so bald würden sie sich auch nicht wiedersehen. Vielleicht würden sie sich auch nie mehr wiedersehen. Wie jedesmal, wenn sie sich trafen, fragten sie sich, ohne es dem anderen zu sagen, wie das so sein konnte und warum, warum nur. Früher hatten sie davon geträumt, zusammenzuleben und große Reisen zu machen. Sie ergänzten sich, jeder konnte die Welt mit seinen Augen und mit denen des anderen sehen und sprechen und hören, wie der andere sprach und hörte. Und weiterhin hatte jeder für sich gelebt und war gereist, wohl wissend, daß ihnen die Augen, die Stimme des anderen immer und überall fehlen würden, daß ihnen der andere immer und überall fehlen würde. Ein absurdes Mittagessen im Flughafenrestaurant, lächerlicher Luxus, das Gefühl unausgesprochener Worte, Blicke, flüchtig gestreifte Haut, weiche Lippen und gleich wieder der Abschied. Ihr Flugzeug wurde aufgerufen; er hatte sie bis zur letzten Kontrolle begleitet und war dann nach Paris zurückgefahren.

Und während der Rückfahrt – Grau in Grau, regnerisch, verlassen – in diesem außerhalb der Stoßzeit leeren Wagen war ihm die Idee zu dieser Reise plötzlich wie von selbst gekommen, als er durch das Fenster des RER-Zuges die Umrisse der Vorstädte betrachtete, die Augen krank vor Einsamkeit beim Anblick der toten Landschaft an diesem Winternachmittag. Denn er betrachtete all das wie eine Welt außerhalb, als durchquerte er sie geschützt durch das Glas einer Tauchermaske. Schluß mit den großen Interkontinentalreisen, Schluß mit den Entfernungen, die er hinter den beschlagenen Fenstern der transsibirischen Eisenbahn zurückgelegt hatte, ohne viel erkennen zu können, Schluß mit den Himmeln, die er hoch über Wolken und Weltmeeren durchstreift hatte. Alle Reisen waren schon gemacht. Jeder kann sie machen, der sich den Charterflug leisten kann. Alle Reiseberichte sind geschrieben. Und Monsieur Fenouillard aus der alten Bildergeschichte hat die Philosophie der Reisenden längst auf den Punkt gebracht, vom *Hsi Yu Chi* über Christoph Kolumbus zu Paul Morand. Die geheimen Weiten, die zu entdecken blieben, lagen da, vor seinen Augen, unbekannt selbst für jene, die sie täglich durchqueren und häufig auch für jene, die sie bewohnen: Unverständliche, gestaltlose Räume, die keine Geographie mehr besitzen, deren Geographie neu zu schreiben wäre. Ziemlich unbekannt, diese Landschaften, und geheimnisvoll, ja, tatsächlich. Dies war etwas anderes als eine Pauschalreise Lima-Titicaca-Machu Picchu oder eine Fahrt zu den Schlössern an der Loire.

Und vielleicht hatte auch seine Lektüre dazu beigetragen, der er in diesem Zug nachhing, der sich langsam mit weißen, grauen, braunen, schwarzen, gelben oder rosigen Fahrgästen füllte. Eine Rezension von Maurice Nadeau im letzten Heft von *La Quinzaine littéraire* über ein Buch «von erlesener Nonchalance» über den «Bericht einer gleichzeitig sentimentalen und initiatorischen Reise, eine Entdeckung, ein Glücksfall»: *Donau* von Claudio Magris, erschienen in einem Verlag mit dem hübschen Namen L'Arpenteur, Der Geometer. So las er also zwischen Aulnay sous Bois und La Plaine Voyageurs:

> Der Plan erinnert an Aufgaben, wie wir sie in den höheren Grundschulklassen gestellt bekamen: Folgt dem Lauf des Rheins oder des Mississippi oder der Donau und erzählt,

was ihr unterwegs seht. Eine reizvolle Arbeit, die es jedoch mit unseren armseligen Kenntnissen aus dem Kopf zu machen galt. Claudio Magris macht sie wirklich ... Mit der Farbe des Himmels als Zugabe, der Atmosphäre im Wiener Café Central, der Breite der Donau bei Budapest, einem Abstecher (mit dem Wagen) in die ungarische Pußta ... hinein in die Disteln von Baragan ...
Nehmt einen Atlas. Alle Länder, die die Donau durchquert oder deren Grenze sie bildet: ...

Kaum zu Hause, hatte er zum Atlas gegriffen. Doch natürlich war er nicht fündig geworden. Also wandte er sich der Michelin-Karte «Umgebung von Paris» zu (der grünen, 1/100.000, ehrlich gesagt, ein viel zu kleiner Maßstab), zeichnete mit einem rosa Leuchtstift den Verlauf der Linie B der RER nach, die den Großraum Paris von Norden nach Süden durchzieht, oder genauer gesagt von Nord-Osten nach Süd-Westen, von Roissy-Charles de Gaulle nach Saint Rémy lès Chevreuse, und sah sich dabei an, welche Gegenden er durchquerte. Er stellte fest, daß die Linie im Herzen der Plaine de France anfängt, um mitten im Hurepoix zu enden. Das immerhin sind wirklich heimatliche Gegenden, es riecht nach Scholle. Ganz oben liegen die Wälder des Valois, wo Gérard de Nerval sang, tanzte und wen auch immer küßte (bevor er sich erhängte, nicht weit von der Station Châtelet-Les Halles – Rue de la Vieille Lanterne, eine Verlängerung der Rue de la Tuerie, die seit langem abgerissen ist – in einer viel kälteren Winternacht als dieser: «Warte heute abend nicht auf mich, die finstere Nacht wird schlaflos»). Und ganz unten liegen die Weizenfelder der Beauce, in denen Péguy umherwanderte, betete und weiß Gott was tat (bevor er sich am Ufer des Ourcq, am anderen Ende der Karte, eine Kugel in den Kopf schießen ließ, an einem sonnigen Septembertag des Jahres 1914 – sich töten ließ und dabei schrie: «Schießt, so schießt doch, verdammt noch mal.»).

Dann nahm er sich den Plan der RER vor und stellte fest, daß an der Strecke 38 Bahnhöfe liegen, einschließlich derer, die an dem unterirdischen Streckenteil durch Paris liegen, auf etwa sechzig Kilometern, und daß er bei einem Bahnhof am Tag knapp einen Monat für eine solche Reise brauchte, wenn er die in Paris auslassen und ein paar kleinere streichen würde. Ein Monat, in dem er, so beschloß er, nicht nach Paris zurückkehren würde.

Und am Ende der langen Reise, drei Kilometer vom Bahnhof Saint Rémy lès Chevreuse entfernt, könnte er in Milon la Chapelle das alte Haus seiner Kindheit, den alten Wohnsitz der Familie, aufsuchen. Und endlich glücklich leben wie Odysseus oder *leben wie Gott in Frankreich*.

Es wäre eine echte Reise. Jeden Abend müßte er sich auf die Suche nach einem Hotel machen oder Unterkunft bei Freunden finden. Apropos, hatte er eigentlich viele Freunde um Massy-Palaiseau oder Aubervilliers herum? Er bemerkte auch, daß er dem Reißbrett entsprungene, neue Städte und alte, gewachsene Vorstädte, Industriegebiete und andere vielleicht noch landwirtschaftlich genutzte Gegenden durchqueren würde. Aus den Karten ging das nicht klar hervor (die vom Institut géographique national und vom *Nouvel Observateur* vermerkte rechts von der Autoroute du Nord bei Roissy «Tulpenfelder»; das wäre zu überprüfen). Und ohne sich allzu weit von der Bahnlinie zu entfernen, lebten in diesem Gebiet verteilt rund zwei Millionen Menschen in fünf Departements, Paris gar nicht mitgerechnet. Wäre es möglich, darunter Spuren der Vergangenheit, Spuren der Plaine de France und des Hurepoix zu finden? Doch was interessierte ihn mehr: das Darunter oder das Darüber? Die Vergangenheit oder die Gegenwart?

Danach griff er zum Telefon, rief Anaïk an und fragte sie, was sie von der Idee halte, die ihm da gekommen sei, zugegeben, sie sei ein bißchen absonderlich, vielleicht auch etwas dämlich...

«Ich bin dabei», sagte Anaïk.

So hatte der Plan Gestalt angenommen, und so hatten sie beschlossen, sich gemeinsam auf die Reise zu machen.

*

Sie kennen sich schon seit Jahren. Eines Tages vor langer Zeit, als François noch Bücher von anderen machte, war Anaïk mit einem dicken Packen Fotos zu ihm gekommen, die sie im Elendsviertel am Chemin des Alouettes, dem Lerchenweg in Carrières sur

Seine aufgenommen hatte, wo sie aus Gründen, die sie für sich behielt, mehrere Monate gelebt hatte. Er hatte die Fotos nicht veröffentlicht, er veröffentlichte nie Fotos, was übrigens ein Fehler war. Möglicherweise hatten die Bilder von Anaïk, die ja eben erst anfing zu fotografieren, auch noch etwas Unfertiges. Doch wäre er nicht imstande gewesen, ihr das zu erklären, und sie damals ebensowenig, es zu begreifen.

Als er wenig später seinen Freund Georges Pinet besuchte, der Rechtsanwalt in einem Kollektiv war – damals glaubten viele Genossen an die Kollektivarbeit, damals glaubte man an die Großzügigkeit, da kann man mal sehen, wie weit das zurückliegt... – als er seinen Freund Georges Pinet also in seinem Maulwurfshügel voll linker Anwälte am Boulevard Ornano besuchte, fragte die Telefonistin, deren blaue Fingernägel ihn faszinierten, ihn plötzlich, während er am Eingang wartete: «Du, ich möchte gern, daß du mir erklärst, was du von meinen Fotos hältst.» Er hatte also von den blauen Nägeln zu den blauen Augen aufgeblickt und entdeckt, daß die Telefonistin die Fotografin mit dem Vornamen Anaïk war; er hatte ihr erklärt, daß er außerstande sei, ihr zu erklären, warum er es ihr nicht erklären könne, und seine Erklärungen mußten überzeugend geklungen haben. Denn von da an hatten sie sich immer wieder getroffen, hatte sie ihm immer wieder ihre Fotos gezeigt. Er sagte immer wieder, daß sie ihm gefielen, daß er ihr jedoch nicht sagen könne, warum oder wie, daß es einfach so sei, eine natürliche Reaktion, ein natürliches Angezogensein, die Gewißheit, daß etwas geschehe, wenn er sie betrachte und er sich ihnen nicht entziehen könne. Manchmal hatten sie sich monatelang nicht gesehen. Es gab Jahre, in denen sie ihm kein anderes Lebenszeichen gab, als daß sie ihm von Zeit zu Zeit einen Abzug schickte: Gestrandete Schiffer im toten Seine-Arm von Conflans, Zigeuner in Annecy, die alte Lebensmittelhändlerin aus der Rue de l'Ouest; wie Familienfotos, einfach, um von sich hören zu lassen. Er wußte, daß irgendwann der Augenblick käme, wo sie ihm auch die anderen zeigen würde. Er wartete, und es war immer wieder das gleiche beunruhigende und beglückende Entdecken.

Anaïk wohnte in der Impasse de l'Ouest, doch verbrachte sie ihr Leben an Grenzen. Dazu konnte sie nach Afrika fahren, wie sie es für ein Jahr getan hatte, doch ebensogut konnte sie im vierzehnten Pariser Arrondissement bleiben. Das Montparnasse, in dem sie wohnte, war nicht das des Boulevards, der Lichter und des Hochhausturmes, es war ein Viertel am Ende der Welt mit kleinen Straßen und mit kleinen Leuten. Mit achtzehn machte sie ihre ersten Fotos von ihnen und sie damit zu ihrer einzigen Familie. Heute gibt es das alte Viertel nicht mehr. Anaïk verfolgte seinen Abbruch, Straße um Straße und Haus für Haus, bis ihr eigenes an die Reihe kam. Sie sah die Alten gehen, in Vorstädte verbannt, die ihnen Angst machten. Sie sah die Bauarbeiter kommen, Portugiesen und Maghrebiner. Sie sah, wie sich in den zum Abriß bestimmten Wohnungen vorübergehend Leute einrichteten, mittellose Bewohner, Hausbesetzer, obdachlose Familien, Immigranten aus Afrika und Asien, sah illegale Einwanderer und Dealer herumlungern. Als alles fertig war, als andere Bewohner, diesmal jedoch fremd und anonym, ihre neuen Wohntürme in Besitz genommen hatten, geschützt durch elektronische Codes und Gegensprechanlagen, als es ihr selbst geglückt war, in einer Sozialwohnung aus den zwanziger Jahren am inneren Gürtel von Paris unterzukommen, zwischen dem äußeren Boulevard und dem Périphérique, der Stadtautobahn, am äußersten Ende des vierzehnten Arrondissements, hatte sich Anaïks Familie unendlich vergrößert: Neue Zweige waren ihr in den Metrogängen gewachsen, auf den rostigen Schienen des kleinen Eisenbahnringes, in den Schlafstädten, in Vorstadthäuschen, in den Kranken-Pflege-Alten-Sterbehäusern von Kremlin-Bicêtre und Nanterre, bei den Prostituierten von Pigalle, den Zigeunern an der Porte de Vanves, auf allen Wegen, die im Herzen der Städte offenbar nirgendwohin führen und die Eilige weder nehmen noch kennen.

Jedes Foto von Anaïk hatte eine lange Geschichte. Es waren keine Schnappschüsse. Sie bedeuteten niemals einen Angriff. Weder heimlich geschossene Fotos noch Bild-Vergewaltigungen. Aber auch keine Inszenierungen. Gesichter tauchten nicht aus dem Unbekannten auf, um in die Anonymität zurückzusinken: Jedes hatte einen Namen, jedes war mit Erinnerungen verknüpft, mit vertrauten Gesprächen, gemeinsamem Essen, etwas geteilter Wärme und gemeinsam verlebten Stunden. Ihre Geschichte war immer eine *Fortsetzungs*geschichte. Deshalb sagte François meistens, daß sie mit arabischen Märchen oder afrikanischem Palaver zu tun hätten. Es waren Fotos, die sich Zeit ließen. Mit Anaïk durch Paris zu streifen, bedeutete, sich irgendwann an einer Trottoirbiegung von Monsieur Marcel oder Mademoiselle Louise anhalten zu lassen. Sonderbare Menschen, meist sogenannte Außenseiter, Asoziale oder gar Clochards; und das ist heute nicht anders. Das einzige, was Anaïk diese ganzen Jahre hindurch wirklich nicht schaffte, war, ihre Fotos zu verkaufen. Vielleicht wußte sie nicht, wie sie es anstellen sollte. Allzu häufig mißfielen ihre Fotos, irritierten: Warum fotografierte sie *ausgerechnet das*? Das ist eben die Welt, die wir vor Augen haben und nicht sehen, diese Grenzwelt, die jedem von uns etwas Angst oder sogar große Angst macht. Falls wir bemerken, daß es auch unsere Welt ist. Daß auch wir eines Tages da hineingeraten könnten. Aber nein: unmöglich, undenkbar und unerträglich. Genug vom Elend. Und wenn diese Grenzen nun die des Todes wären? «Aber klar doch», sagte Anaïk, «ich habe die Grenzen des Todes gesucht.» Und je einfacher ihre Fotos waren, um so mehr forderten sie alle heraus, die überall den Schrecken sahen, wo sie Zärtlichkeit hineingelegt hatte.

Vielleicht sagte auch etwas in ihr nein, weigerte sich im letzten Augenblick, ihre Arbeit zu veröffentlichen, anonymen Blicken preiszugeben, wie man auch sein Familienalbum nicht jedem zeigt?

Um von ihrem Beruf zu leben, machte Anaïk komische andere Fotos: Modefotos, Standfotos für den Film, Bühnenfotos. Doch es gelang ihr nicht, an der Oberfläche der Aufführungen zu bleiben, in der Konvention der Masken. Wenn die Schauspieler mittelmäßig oder einfach nervös waren, schmeichelten ihnen die Bilder nicht, und auf ihrem Gesicht sah man die Wahrheit durchscheinen, nicht die ihrer Rolle, die sie hätten betonen sollen, sondern die ihrer Ängste. Das war grausam, und dafür wurde sie nicht bezahlt. Also hat Anaïk alle möglichen Jobs gemacht, die Art von Jobs, die diesen Namen kaum noch verdienen, die selbst im Grenzbereich liegen: Modell in den städtischen Ateliers von Paris, Hamburger-Braterin in Fast-Food-Buden, Vorführerin in Kaufhäusern. Manchmal sagte sie, daß alles sinnlos sei. Da sie von ihren Fotos nicht leben könne, müsse sie eben ohne sie leben. Doch konnte sie ohne leben? Sie fotografierte weiter. Trotzdem fing sie an, zu veröffentlichen. Ist es wirklich Zufall, daß sie ihre erste große Ausstellung in Berlin machte, der begrenztesten aller Grenzstädte? Eines Tages sagte sie zu François, daß sie nicht begreife, was geschehe, doch sie sehe, daß die Welt auf ihren Fotos nicht aufhöre, sich immer mehr zu weiten und zu öffnen. Und zu lächeln.

*

Anfangs hatten sie Witze darüber gemacht wie über eine etwas spaßige Idee. Wenn François von nun an Freunde über Pläne für mehr oder weniger weite Reisen reden hörte – Tourismus-Geschäfte-Familienangelegenheiten-andere Gründe, Nichtzutreffendes bitte streichen –, wagte er sich mit seinem Scherz vor: «Also, ich plane eine *große* Reise: Ich werde die Linie B der RER *machen*.» Darüber wurde gelacht, übrigens nicht immer so sehr, wie er hoffte. Im allgemeinen fand man den Scherz etwas kindisch und versnobt. Überrascht entdeckte er, daß eine Reihe von Parisern die Linie B der RER nicht kannte. Er mußte erklären, daß sie bei Roissy anfing usw. Dann erinnerten sich manche: «Ach ja, das ist die Strecke, auf der dauernd gestreikt wird.»

Im Laufe der Wochen dann, wenn sie sich trafen oder telefonierten, hatten sie wieder darüber gesprochen, und die Idee wurde weniger spaßig. Schließlich nahmen sie das Spiel ernst. So ernst, daß sie begannen, Regeln aufzustellen.

Sie würden also für einen Monat von zu Hause wegfahren, sich verabschieden von den Ihren, wie man in irgendein anderes Land reist, das man sich ansehen will. Er würde schreiben, sie fotografieren. Es wäre eine Reise ins Blaue, keine Reportage. Sie hatten gar nicht vor, alles zu sehen, alles zu begreifen und alles zu erklären. Die Grundregel, also jene, die alle anderen bedingt, war, die RER zu nehmen, Station für Station, jedesmal auszusteigen, eine Unterkunft zu suchen und herumzuspazieren. Sie würden sich Landschaften ansehen, sie je nachdem, mal bewundern, mal scheußlich finden, Spuren der Vergangenheit suchen, Museen besichtigen und Veranstaltungen besuchen, wenn sich die Gelegenheit böte. Sie würden versuchen, die Geographie der Orte und der Menschen festzuhalten, ihre Gesichter zu sehen. Wer waren jene, die dort gewohnt hatten? Wie hatten sie gewohnt und geliebt, gearbeitet und gelitten? Wer lebte heute dort? Es würde eine Vergnügungs- und Bildungsreise: irgendwo zwischen Töpfers *Reise im Zickzack* und der *Tour de France von zwei Kindern* aus der Volksschule, doch ohne den Schweizer Akzent vom einen und das Moralinsaure vom anderen. Sie würden im Frühling reisen, im Mai, denn dann sind die Tage länger, und sie hatten keinen Grund, sich um das Vergnügen frühlingshafter Milde zu bringen.

Reisevorbereitungen? Zuerst müßten sie die Reiseführer studieren. Die erwiesen sich als enttäuschend. Zum einen sind moderne Führer nicht mehr wie früher nach dem Wegprinzip konzipiert, sondern in alphabetischer Ordnung. Ebenso wie man mit einer Uhr mit Flüssigkristallen die Zeit nicht mehr vergehen *sieht*, indem man die Zeiger verfolgt, sondern Sekunde um Sekunde als isoliert «angezeigte» Einheit sieht, und nichts die vorhergehende mit der folgenden verbindet, zerhackte Zeit, Zeit in Scherben, ebenso *sieht* man mit modernen Führern den Raum nicht mehr: keinen Eisenbahnweg, keine Straße, keinen Ariadnefaden für den Fußgänger. Nichts verbindet die Orte. Durchs Alphabet wie Schachfiguren zufällig nebeneinandergestellt, zerhackter Raum, Raum in Scherben.

Die modernen Führer über den Großraum Paris enttäuschen, weil sie alles zum Verschwinden gebracht haben, was zwischen wichtigen Punkten liegt, was für den Reisenden den durchschrittenen Raum füllt und in ihren Vorläufern mit ein paar Zeilen abgehandelt wurde: Manchmal reichte eine Zeile, um den Leser den durchquerten Raum *begreifen* zu lassen. Welcher Führer erzählt heute noch wie der *Guide bleu* von 1921:

> Die Strecke nach Villers Cotterêts geht in La Plaine Saint Denis (4 km) von der nach Saint Denis ab.
> 7 km. *Aubervilliers-La Courneuve*. Im S. *Aubervilliers* (Straßenbahnen von *Paris-Place de la République* und *Opéra*) 40.180 Einw., trug früher den Beinamen Aubervilliers les Vertus wegen der lange Zeit berühmten Wall-

fahrten zur Kirche Notre-Dame des Vertus, ist heute eine volkreiche Industriesiedlung (...). Im N. *La Courneuve* (wird ebenfalls von der Eisenbahn angefahren, S. 211), 56.645 Einw., Industrieortschaft am Crould (...). 10 km. *Le Bourget-Drancy*, Station für Le Bourget, 1 km nach N. und 2 km nach S. Drancy. *Le Bourget*, 5.523 Einw. am Bach La Molette, war vom 28. bis 30. September 1870 Schauplatz der ... *usw.* Das Gleis führt rechts am Verteilerbahnhof von Le Bourget entlang. Man kommt durch eine weite Ebene, die ... *usw. usf.*

Oder auch:

> Die weite *Plaine de France*, die die Eisenbahn im Nordosten durchquert, schwach gewellt durch die kaum wahrnehmbaren Täler des Rosne und des Crould, wasserarme Bäche, ist von fruchtbaren Kulturen bedeckt und völlig unbewaldet. Fast alle Straßen sind gepflastert. Für Ausflüge im eigentlichen Sinn – Spaziergänge, Radtouren und Spazierfahrten – bietet sie sich nicht an. Gleichwohl befinden sich in fast allen Dörfern interessante Baudenkmäler.

Dann suchen Sie mal in den blauen oder grünen Führern von heute Aubervilliers, La Courneuve oder Drancy; selbst wenn Le Bourget drinsteht, welcher erzählt Ihnen wohl, daß die Molette dort fließt. «Vorstädte» und «Umgebung» von Paris werden nunmehr eins mit der «Ile de France», und die ist nur noch lesbar in der alphabetischen Folge ihrer Baudenkmäler und «Sehenswürdigkeiten»: Saint Denis (die Basilika), Sceaux (das Museum), Versailles (das Schloß). Pech für jeden, der nach ein paar Orientierungspunkten in den ausgedehnten Zwischenräumen seiner Strecke sucht. Pech für den Reisenden. Der Raum existiert nur noch in Form *ausgewählter Stücke*. Im Pariser Raum reist man nicht mehr. Man bewegt sich fort. Man springt von einem Punkt zum anderen. Dazwischen liegt der undifferenzierte Zeit-Raum der Fahrt im Zug oder im Auto; ein graues Kontinuum, das nichts mit der äußeren Welt verbindet.

Wie kann man sich sonst Unterlagen verschaffen? Zum Glück gibt es alte Führer und alte Wegbeschreibungen.

Und um eine Reise in die heutigen Vorstädte vorzubereiten, sollte man sich da überhaupt in Soziologie, Demographie und Wirtschaft vertiefen, die Geschichte der Arbeiterwanderungen studieren, des sozialen Wohnungsbaus, den Plan Delouvrier, das Ordnungsschema für den Pariser Raum? Sollte man sich vornehmen, offizielle Stellen zu besuchen, Gemeindeverwaltungen und die verschiedenen Büros und Behörden? Nein und nochmals nein, es sollte keine Reportage werden. Es sollte nur ein Blick sein, ihr persönlicher und sonst nichts. Ein aufmerksamer Blick, in den sie dieses gewisse Etwas legen würden, das ein Freund von François, Miguel Benasayag, in einem hübschen Buch über das Glück so definiert hat: «Statt vorbeizugehen, sollte man sich sagen: es geht mich an.»

Eine Zeitlang wollte François eine Radioserie aus dieser Reise machen, die er sich als ein Pendant zu seiner Durchquerung Chinas im Winter vor drei Jahren vorstellte. Schließlich hoben sie sich diesen Plan für später auf. Die dauernde Anwesenheit des Tonbandgerätes, dieses zusätzlichen Reisebegleiters, machte ihnen Angst, der Zwang, die Notwendigkeit, um jeden Preis Aufnahmen zu machen, um am Ende der Reise Bandmaterial zum Montieren und Senden zu haben. So etwas kann man nicht halb tun. Sie wollten eine gewisse Freiheit behalten. Sie hatten ja schon Notizen zu machen und zu fotografieren. François würde wahrscheinlich zum persönlichen Gebrauch, als Gedächtnisstütze, sein Taschen-Sony mitnehmen. Doch sie wollten immer, je nach Interesse, nach Neugier oder Neigung und auch je nach Sonne oder Wind, frei bleiben, *nicht* aufzuschreiben, *nicht* zu fotografieren, wenn ihnen nicht danach war. Sie beschlossen also, diese Reise als eine Art Erkundungsfahrt mit Blick auf mögliche Radiosendungen anzusehen. Bei der Rückkehr würden sie ja sehen.

Und wenn alles gut liefe, würden sie ein Buch machen.

An eine Verhaltensregel wollten sie sich unbedingt halten: Sie würden nicht so tun als ob. Sie waren, was sie waren und nichts anderes. Sie waren Spezialisten für gar nichts. Sie waren auch keine naiven Touristen. Sie waren Leute aus Paris, sie würden vielleicht ein Buch machen, vielleicht auch nicht, doch sie würden nicht mogeln, sich nicht verstellen. Sie hatten keine Fragen zu den großen Gesellschaftsproblemen zu stellen und keine Erklärungsansätze zu erarbeiten. Dazu mußten sie nur die Zeitungen aufschlagen, fernsehen und hundert Bücher lesen. Fragen ließen sie sich von selbst stellen: die befragen einen dann schon. Sie würden nichts erzwingen. Sie würden nur ganz Alltägliches tun. Sie ließen die Zeit verstreichen, jeden Tag, und folgten ihrem Rhythmus. Sie fuhren nicht bei der Rallye Paris-Dakar mit. Sie suchten nichts Außergewöhnliches. Sie suchten keine Sensationen.

Schüchtern begannen sie, Freunde zu befragen. Wieder ernteten sie ein ironisches Lächeln, waren jedoch überrascht, im allgemeinen ernst genommen zu werden und sogar auf Begeisterung zu stoßen. Sie wurden mit literarischen Referenzen bedacht: Nostalgiker erinnerten an Cendrars, Doisneau, Prévert und Queneau; andere zitierten Célines *Reise ans Ende der Nacht*. Gewitzte erkundigten sich: «*In Wirklichkeit* fahrt ihr natürlich mit dem Wagen?»; andere sprachen geschäftstüchtig vom Sponsoring und wieder andere von Subventionen, die sie im Kulturministerium oder bei den Generalräten der Regionen loseisen könnten, die angeblich großzügig seien mit Schriftstellern, die sich für ihr Departement interessierten. Den Begriff der Departements-Literatur vertieften sie nicht. Das war vielleicht ein Fehler.

Eine Frage kehrte regelmäßig wieder – und die sollte sie die ganze Reise über begleiten: «Das ist ja alles ganz schön, doch was genau habt ihr *im Hinterkopf*?» Das war ernsthaft gefragt, und wenn sie zu erklären versuchten, daß sie nichts *im Hinterkopf* hätten, mit der alten Leier wieder anfingen, Reise ins Blaue, bei der man herumreist, ohne zu verweilen, Umherreisen, Vergnügungsreise, kamen sie sich fast verdächtig vor. Schuldig, so zu tun, als ob nicht seriös wäre, was wirklich nicht seriös war.

Sie entdeckten, daß viele Pariser die Vorstädte als einen formlosen Brei ansahen, eine Wüste mit zehn Millionen Einwohnern, eine Aneinanderreihung ununterscheidbarer, grauer Bauten, ja, als ein kreisförmiges Fegefeuer, und im Zentrum Paris-Paradies. Die Vorstädte waren etwas, das sich «rundherum» befand. Ödland. Ein Terrain für Weltschmerz. Eine Landschaft wie ein Steinbruch, ein bißchen kaputt, in dauernder Umbildung, völlig neu zu gestalten. Sie erfuhren auch, daß es viele Leute gibt, die sich nur mit der Umgestaltung der Vorstädte beschäftigen, daß es im Centre Pompidou am Centre de création industrielle, dem Zentrum für Industriedesign, eine Vorstadt-Beobachtungsstelle gibt. Und sie kamen sich ziemlich mickrig vor.

Sie selbst jedoch, die beide Pariser waren und damit die langsame Verwandlung ihres lebendigen Viertels in ein Schaufenster-Viertel, ein Museums-Viertel, seit Jahren miterlebten – sie in Montparnasse und er in Saint Paul, in der Nähe der Rue Saint Antoine –, sie hatten ein ganzes Volk von Handwerkern, Angestellten und Händlern von dannen ziehen sehen, alles, was eine Pariser Straße ausmachte. Sie selbst waren eisern geblieben, doch hatten sie die einfachen Leute, die Alten, die jungen Paare und somit auch die Kinder verschwinden sehen, vertrieben durch Renovierung, Mieterhöhung und Wohnungsverkauf. Wohin waren sie gegangen? An die Peripherie. In die Vorstädte. Paris war ein Supermarkt und ein Kulturdisneyland geworden. Wohin war das Leben entschwunden? In die Vorstädte. Das «Rundherum» konnte also kein Ödland sein, sondern volles Land: voller Welt und Leben. Die wirkliche Welt und das wirkliche Leben. Der einzige Weltschmerz, den sie kannten, war der, den sie in allen Winkeln ihrer Stadt sahen und spürten. Und wenn das Zentrum sich geleert hatte, nur noch ein Schein-Zentrum war, hieß das nicht, daß sich das echte Zentrum nunmehr im «Rundherum» befand?

Es wurde also Zeit, sich auf die Suche nach dem echten Leben zu machen.

Wahrscheinlich war es das, was sie *im Hinterkopf* hatten.

Sie waren überrascht und erfreut zu hören, daß sie ernst genommen wurden von anderen Freunden, die in den Vorstädten lebten, weil sie dorthin ausgewandert waren, oder von den jüngeren, weil sie dort geboren waren. «Ihr werdet andere Landschaften, Dinge und Menschen sehen. Ihr werdet sehen: Auf einem Kilometer wechselt man von einer Welt in eine andere.» Für Akim, der in Aubervilliers geboren ist, ist La Courneuve schon anderswo. Für Philippe, den es nach Massy verschlagen hat, liegt Les Ulis bei den Wilden. Andere nutzten die Gelegenheit, um eine bisher ungestillte Neugier zu befriedigen: Yves bat sie, nachzusehen, ob dort, wo die Gasometer von La Plaine Saint Denis stehen, tatsächlich Schilf wächst. Und Anne trug ihnen auf, sich nach den Schrebergärten zu erkundigen.

2

«*Es gibt nichts zu sehen.*» – *Seminar auf einer Autobahn* – *Ein Gallier wacht am Fenster* – *Ein paar große Invasionen* – *Als Alexandre Dumas mit der Postkutsche durch die Plaine de France fuhr* – *Les 3000 von Aulnay: Quer durch La Rose des Vents* – «*Wir sind hier zu Hause.*» – *In Garonor gab es nichts zu sehen*

Dienstag, 16. Mai, Fortsetzung. Wo werden sie heute abend wohl schlafen? Sie wären gut beraten, nicht bis zur letzten Minute zu warten, ehe sie sich darum kümmern. Und wenn auch nur, um sich zu erleichtern und die schweren Taschen abzustellen. Sie werden sich schließlich nicht den ganzen Tag mit den Taschen auf der Schulter herumquälen. Das ist Forschergrundsatz: Zuerst errichtet man ein Basislager und geht danach auf Abenteuer aus. Lange vor der Abfahrt haben sie sich immer wieder gesagt, daß es für die erste Nacht nicht schwierig würde. Um einen Flughafen wie Roissy herum wimmelt es von Hotels. Ja, aber die Hotels in Roissy sind eher Drei-Sterne-Luxus. Sheraton, Méridien, Novotel und Ibis kommen nicht in Frage. Sie sind häßlich, was nicht so schlimm ist, und sie sind teuer, was ein Hindernis ist. Dagegen liegt ganz in der Nähe von Roissy der große Umschlag- und Lagerplatz Garonor, wo sich alle Brummi-Fahrer Europas treffen. Dort gibt es bestimmt Hotels, wie sie sie suchen. Es wäre sowieso Unsinn, sich Garonor und das Industriegebiet Parc des Expositions dicht daneben nicht anzusehen. Zusammen mit dem Flughafen bilden sie den Wirtschaftspol der gesamten Region. Doch wie kommt man nach Garonor?

Am SNCF-Bahnhof – ein Betonkasten auf einem Asphaltsee, umgeben von weiteren Betonkästen, krampfartiges Brummen der nahen Triebwerke, penetranter Kerosingeruch – erforschen sie an den Haltestellen, wohin die Busse fahren. Ein Mann mit einer eigenartig betreßten Mütze spricht Anaïk an: «So reisen Sie also immer noch? Und wo soll's diesmal hingehen?» – «Nach Garonor.» – «Na dann», sagt der Mann, «was wollen Sie denn in Garonor?» – «Besichtigen natürlich.» – «In Garonor gibt es doch gar nichts zu sehen. Außer kräftigen Fernfahrern...» (*Er macht ein angewidertes Gesicht.*)

«Das ist ein alter Bekannter», sagt Anaïk zu François. «Er hält mich für verrückt. Erinnerst du dich an den Tag im letzten März, als ich einen Test unter Originalbedingungen machen wollte, an Ort und Stelle? Eine Vor-Enquete, um zu sehen, wie eine Reise wie diese ablaufen könnte, was für Leute wir treffen würden, was für Fotos wir machen könnten und dergleichen mehr.» – «Ja», sagt François, «ich erinnere mich vor allem, daß du mich aus einer Telefonzelle in Roissy-Dorf angerufen hast. Es wurde dunkel und du hast gesagt, es regne Bindfäden und es stinke dir. Daß du Schafe gesucht hast, um sie vor Flugzeugen zu fotografieren (oder umgekehrt), weil du *wußtest*, daß es auf Flughäfen *immer* Schafe gibt, um das Gras kurz zu halten. Daß du die Schafe nicht gefunden hättest und eine Dame vor ihrer Haustür, der einzige Mensch oder fast wenigstens, den du überhaupt getroffen hast, dir erklärt hätte, daß es hier keine gäbe, sondern nur etwas weiter weg bei Gonesse und du aber in Roissy wärst. Durchnäßt und ganz steif gefroren hast du in einem verlassenen Dorf gesessen und auf einen Bus gewartet, der nicht kam. Ich erinnere mich sogar noch, wie ich dir gesagt habe, daß ich dieses originelle Foto schon hundertmal auf Postkarten gesehen habe.» – «Stimmt», antwortete Anaïk, «und das hat meine Laune nicht gerade gehoben.» – «Dabei hatte ich dich gewarnt: Wenn man zum Karakorum fährt, schaut man nicht ein Vierteljahr vorher auf einen Sprung vorbei, nur mal nachsehen, für eine Stunde oder zwei, wie der Karakorum eigentlich aussieht. Oder man mogelt.» «Auf jeden Fall», fährt Anaïk fort, «hält der Typ mich für verrückt. Als ich ankam, habe ich ihn gefragt, wie man zum Dorf Roissy kommt. Er sagte: Was wollen Sie denn da, in Roissy-Dorf ist nichts zu sehen. Ich antwortete: Ich will es besichtigen. – Dann fahren Sie lieber zum Flughafen, hat er vorgeschlagen: Da können Sie die Läden angucken. Und als ich später triefend zurückkehrte, hat er wieder gefragt, ob es mir gefallen hat, und ich habe ‹ja› geantwortet, ich schwärme für Regenwetter auf dem Land, und da hat er angewidert den Kopf geschüttelt. Genau wie jetzt.»

Inzwischen hat sich eine Männerrunde mit und ohne Mützen gebildet und kommentiert die ganze Sache. Nein, in Garonor ist nichts zu sehen. «Es muß aber doch ein Hotel dort geben», fragt Anaïk praktisch. – «Ein Hotel? Hier, genau gegenüber liegt das Novotel.» – «Ein *kleines* Hotel», präzisiert Anaïk mit dem optimistischen Hintergedanken, daß die Einheimischen immer die richtigen Ecken kennen, «ruhig, gemütlich.» – «So was finden Sie doch nicht in Garonor», setzt ein Rundlicher an. – «Aber nein», kommentiert der Chor. – «Ich weiß, was Sie suchen», sagt der Rundliche, «das Hôtel des Charmilles in Thillais.» – «Gehen Sie lieber Chantilly besichtigen», bringt ein anderer zwischen zwei heulenden Jumbos heraus. Und einen Augenblick lang mischt sich ein Hauch von Sahne und Rosen unter das Kerosin und zieht vorbei und verfliegt hoch über dem Kontrollturm.

François entziffert die Busfahrpläne. Er erfährt, daß sie von hier aus gen Osten fahren könnten. Damit kehrten sie den verheißenen Vorstädten den Rücken zu und erreichten Täler und Wälder voll frischer Luft und Literatur: Der L 06 etwa brächte sie nach Dammartin en Goële und nach Othis. Dort fänden sie die schöne Seele des Gérard de Nerval auf der Suche nach den Geistern von Sylvia und der schönen Adrienne, einem Sproß der Valois, die später ins Kloster ging; von Mädchen aus diesem Nebelland, die Romanzen voller Melancholie und Geschichten von Prinzessinnen sängen. Wenn Gérard um ein Uhr morgens aus dem Theater kam, beschloß er einfach so, aus Spleen, egal bei welchem Wetter, aufs Land zu fahren. Dann stürzte er durch die Markthallen, um die letzte Postkutsche zu erreichen. Die

Postkutsche nach Norden und Osten, nach Senlis oder Soissons fuhr damals an der Passage du Grand Cerf in der Rue Saint Denis ab. Das war 1852, den Nordbahnhof gab es bereits, doch Gérard fuhr nicht gern Eisenbahn. Gebt ihnen die Peitsche, Kutscher und Postillione. «Wie traurig ist des Nachts diese Straße nach Flandern, die erst schön wird, wenn sie die Waldregion erreicht. Immer nur die beiden einförmigen Reihen von Bäumen, die undeutliche Gestalten verzerrt zu karikieren scheinen.» In La Patte d'Oie, an der Gänsefußkreuzung in Gonesse, mußte die Postkutsche nach Osten abbiegen und zwangsläufig Roissy durchqueren, zwischen «Flecken aus Gras und aufgeworfener Erde» der Plaine de France hindurchfahren, die heute durch die Autobahn und die Rollbahnen zubetoniert sind. An Samstagen, Sonn- und Feiertagen fährt der L 06 weiter nach Ermenonville, und Gérard könnte ihnen als Führer auf den Spuren der flüchtigen Schritte Jean-Jacques Rousseaus dienen: Mit ihm würden sie die Wälder durchstreifen, über denen noch die Herbstnebel hingen (mitten im Mai?), und sie würden sehen, wie sie sich langsam auflösten und die himmelblauen Spiegel der Seen daraus auftauchen. Bevor Gérard den Nebeln folgte, könnte sein Schatten ihnen in der Nähe der Insel, auf der Rousseau begraben wurde, eben noch die Felsen voll poetischer Inschriften zeigen, die sie beim Durchstreifen des Waldes fänden:

> Dieser Ort ist Schauplatz kühner Rennen
> Des Hirsches Liebesglut sie nennen.

Doch der L 06 kann sie an Sonn- und Feiertagen auch zum Mer de Sable bringen, einem Vergnügungspark, in dem es einen kleinen Westernzug und Indianer gibt. Hätte das dem Autor von *Sylvia* nicht auch gefallen, ihm, der ein Stückchen weiter noch, in Meaux nämlich, so hingerissen war von der Merino-Frau, daß er 25 Centimes bezahlte, um ihr Haarkleid zu bewundern: «einen wundervollen Pelz aus feinster Merinowolle»? Und nicht nur zu bewundern, für den Preis durften die Schaulustigen sich auch noch «von der Echtheit durch Berühren der Wolle» überzeugen, von «der Elastizität, dem Geruch ..., usw.» François hat die Wunder im Mer de Sable noch nie gesehen und träumt schon lange davon, mit seiner Tochter Julia hinzufahren. Doch Julia führe vielleicht lieber in den Asterix-Park, noch so einen Vergnügungspark. Ein anderer Bus geht von hier aus nämlich genau nach Norden, zum Asterix-Park. Außerdem gibt es noch den L 05, der nach Saint Pathus und Saint Soupplet fährt. François weiß nicht, was es dort gibt, doch zumindest sind es sympathische Heilige. Der 350er hingegen fährt ganz einfach nach Paris zum Gare de l'Est, seine Haltepunkte tragen nüchternere Namen, sie heißen Descartes oder Lenin – und Garonor.

Sie steigen also in den 350er. Wenige Menschen, und schweigsame Menschen. Der Rundliche ruft hinter ihnen her: «Und vergessen Sie nicht: Hôtel des Charmilles in Thillais.» – «Und sehen Sie sich Chantilly an», schreit der andere. Der 350er fährt los. Endlos dreht er durch schneckenförmige Kurven, die die Trabanten des Flughafens umgeben. Es ist schwierig, sich zu orientieren.

Schwierig, wie gesagt. Ich betone es noch einmal: Hier hat der Raum nichts Geographisches. Er ist ein Nebeneinander waagerechter und senkrechter Stückelungen, die unmöglich mit einem Blick zu erfassen sind: Zwischen den künstlichen Böschungen, wo über- und untereinander Verbindungswege manchmal in langen Kurven kreisen, mit weit mehr als 180 Grad fast kreisförmig – eine Drehung nach links, eine nach rechts, und immer wieder befindet sich die Sonne da, wo man sie nicht erwartet, bei einer Drehung hinten und bei der nächsten immer noch hinten – zwischen Gebäuden, die hier und da aufragen, die Aussicht verstellen, Würfel, Türme, kaum identifizierbar, fast anonym, auf den ersten Blick jedenfalls unbrauchbar als Anhaltspunkte, an denen man sich orientieren könnte. Und die Rollbahnen, die über den Kopf führen, die Eisenbahnschienen, die Autobahnen, die man wieder und wieder schneidet, die Brücken und Tunnel, und all diese fahrenden Autos, die einander überholen, sich vermischen und trennen, halten Sie sich links, halten Sie sich rechts, und niemals ein Fußgänger, der all dem einen Maßstab gäbe. Nein, das ist kein Raum, es sind, danke Georges Perec, *Räume, auf die sich nichts mehr reimt,* schlecht verklebte Raumteile, und immer der Eindruck, es fehle ein Stück des Puzzles, damit all das – wieder – einen Sinn bekäme. Doch wer verlangt von Ihnen, allem einen Sinn zu geben, wo es doch nur dazu da ist, durchquert zu

werden, und das schnell und im Auto. Bereit, sich darin zu verlieren und zu kurven, immer weiter zu kurven. Vorläufige Räume.
Der 350er fährt in Richtung Gare de l'Est *über* Garonor noch einmal an dem Riesencamembert Flughafen I vorbei. Viel tiefer, als sie es sich je hätten vorstellen können, sammelt er am Rand einer kleinen, stillen Haltestelle drei Fahrgäste ein, weiß der Himmel, nach welch seltsamen und komplizierten Wegen diese Mäuse dort am Ende des Labyrinthes gestrandet sind, fährt endlich auf die Autobahn A 1, auf der er sich Paris so schnell nähert, daß sie sich bereits am Gare de l'Est sehen, Reise zu Ende, welche Schande; doch dann fährt er wieder von der Autobahn ab, kurvt und kurvt, um sie nach einer halben Stunde am Eingang von Garonor abzusetzen, Lagerhaus an Lagerhaus, so weit das Auge reicht, massenweise Schilder berühmter Firmen und endlose Reihen abgestellter Laster. «Garonor ist aber öde», stellt Anaïk vorsichtig fest. – «Ja», sagt François wissend, «du wirst schon sehen, nachts ...»

Es ist ein Uhr und niemand draußen zu sehen. Im Informationsbüro sind die Topfblumen eingeschlossen, und in einer riesigen Cafeteria essen die Angestellten zu Mittag. Eine Kneipe, eine einzige, Le Baronor. Dort fragen sie nach: Das Fernfahrerhotel liegt gleich dahinter, aber es hat nur wenige Zimmer; es ist belegt. Gibt es noch eins? Niemand weiß es genau. Das Fimotel, für das sie die Werbung gesehen haben? Ja, vielleicht. Dahinten rüber. Oder auch da rüber. Sie gehen über riesige Wendeplätze zwischen riesigen Lagern hindurch. Die Sonne brennt. Die Taschenriemen schneiden ihnen in die Schulter. Am äußersten Südzipfel schließlich, nach einem Durchgang, an dem Bahngleise auf ihren letzten Schwellen einbrechen, zwischen neuen Lagerschuppen und hinterm Zaun die Autobahn A 1, wo Laster und Autos Stoßstange an Stoßstange fahren, weshalb sie einmal mehr schreien müssen, um sich zu verständigen, zum Glück haben sie sich nicht viel zu sagen; dort liegt schließlich das Fimotel. Ein kleiner Kasten von fast menschlichen Ausmaßen, der der teuflischen Autobahn mit seiner ganzen Terrasse voll fröhlicher, roter Sonnenschirme zulächelt. Und ein paar Bäume, wodurch es etwas überraschend und ländlich nach «Waldessaum» aussieht. Auf der anderen Seite der Autobahn, am unerreichbaren anderen Ufer, fahren Planierraupen und Kipplaster geschäftig hin und her. Die Eingangshalle ist schallisoliert, harmonisch eierschalfarben und leuchtend rot, es ist sehr kühl, die Begrüßung charmant: Wo haben Sie ihren Wagen geparkt, ja, es gibt Zimmer. Sie stehen erst heute abend zur Verfügung, denn tagsüber werden sie für Seminare als Büro genutzt. Tatsächlich findet ein Seminar statt: Es ist angeschlagen. Ein Seminar für Führungskräfte. Von Fordingsbums: Fordur, Fordum, Fordings? Und die Führungskräfte sind auch da. Sie purzeln herein, lauter Männer in dunklen Anzügen, außer einem unleugbar weiblichen Geschöpf, welche Eleganz, welcher Charme, welche Geschäftstüchtigkeit, eine echte *executive* aus der Computerbranche, sie nimmt sie bei den Hörnern, wickelt sie um den kleinen Finger, hält die Fäden, mit Zuckerbrot und Peitsche. Auf der Autobahnterrasse schlürfen sie Kir, drängen sich dann in den Speisesaal.

Also geben unsere bereits jetzt zerschlagenen Reisenden ihre Taschen ab und lassen sich auf der frei gewordenen Terrasse nieder, verschmähen das Feinschmeckermenü der Fordingsda und bestellen Sandwiches, eine Coca-Cola und Kaffee (mit frischem Wasser). Und immer wieder stellen sie fest, wie sehr sie sich freuen, einen so angenehmen Hafen gefunden zu haben, sie sind ihre heimliche Sorge los, sind beglückt über diese Sonnenterrasse, die nur eine leicht getönte Glaswand vom Autobahnzaun trennt – wahrscheinlich zur Geräuschdämmung. Euphorisch sitzen sie unter ihrem Sonnenschirm und machen Pläne und schreien natürlich, denn die Wand dämmt kaum, und Anaïk macht Fotos. Dann machen sie sich zu Fuß wieder auf den Weg durch die Lagerhallen zum 350er, der sie in anderer Richtung zu ihrem fernen, sehr fernen Ziel bringen wird: Roissy-Dorf.

Als der 350er von der Autobahn abfährt, macht er zwischen Lagerhallen, Büros und vielleicht sogar Wohnhäusern eine andere Rundreise, alles ist mit Büschen und gelben Hinweisschildern bepflanzt: Rue de la Jeune Fille, Route du Noyer du Chat. Am Chemin du Chapitre steigen redselige Afrikaner zu. Endlich lebendige Wesen, wirklich lebendige, normal lebendige.

Und um drei Uhr schließlich, nachdem sie unter den spöttischen Blicken des Mannes mit der eigenartig betreßten Mütze umgestiegen sind, der sich freut, die beiden Überkandidelten wieder vorbeikommen zu sehen (Haben sie Ihnen gefallen, die kräftigen Fernfahrer?): Roissy-Dorf, das man übrigens, das wird ihnen jetzt klar, Roissy-Stadt nennen sollte, Place des Pays de France. In einer Flut sich überlagernder Geräusche, an der die Flugzeuge seltsamerweise nicht den größten Anteil haben, eher schon die Lastwagen, die durch die Hauptstraße pflügen, und als Kontrapunkt dazu in den hohen Tonlagen die Vögel. Auf einem Foto oder in einem Stummfilm wäre das der Inbegriff provinzieller, ja ländlicher Ruhe.

Auf der Karte sieht es aus, als liege Roissy ganz im Flughafenbereich. Die Fahrt jedoch dauerte ziemlich lange mit ihren irreführenden Wegen und Umwegen, als sei man weit weg. Kein Flugzeug überfliegt die Ortschaft. Vielleicht ist das die berühmte Stille im Auge des Zyklons. Und kein Mensch ist zu sehen. Ein paar vierstöckige, eher schmucke Backsteinhäuser, Marke besere Sozialbauten einer Kreisstadt, wechseln ab mit Herrenhäusern vom Ende des 19. Jahrhundert, mit Bäumen, Blumen und leeren Flächen. Es gibt nur wenige Geschäfte: einen Antiquitätenhändler, der wie so oft eher ein Trödler ist, und einen Haushaltswaren-Kramladen, der es wohl leider nicht mehr lange machen wird.

In der Nähe der Kirche markieren große, edle Schwarzzedern den Standort des Schlosses, das einem Mr. Law gehörte (wegen Bankrott bekanntlich nur für kurze Zeit).

*

In der Kirche Saint Eloy herrschen Kühle und Andacht. Bäuerlich und bodenständig steht sie mit einem fest auf seine Strebepfeiler gestützten Glockenturm und Rundbogengewölben über ihren dicken Kapitellen. Eine Kirche, deren «Unterbau» (augenscheinlich ein paar am Fuß eines Pfeilers gefundene Steine) von einigen Archäologen auf das vierte Jahrhundert datiert wird, von anderen auf das achte, also fast zeitgleich mit dem guten heiligen Eligius und dem guten König Dagobert. Im 16. Jahrhundert wurde sie wieder aufgebaut, im 19. renoviert und im 20. endlich wie überall an den Zeitgeschmack angepaßt, also abgekratzt, geschmirgelt, aufgehellt, so daß der Stein sichtbar wird, die

Roissy

Formen in ihrer Ursprünglichkeit und Einfachheit reiner erscheinen, historische Entschlackung, lauter Dinge, die in der wirklichen Geschichte niemals vorkamen, denn die wirkliche Geschichte ist eher eine Anhäufung, Mischung, Verwirrung und sogar Gerümpel. Doch das ist eine andere Geschichte. Die Mauern filtern die Geräusche, wählen aus der Klangmasse aus, entfernen das Brummen, verstärken das Piepsen eines Mauerseglers, das Quietschen einer Bremse an der Kreuzung.

Hinter der Kirche folgen sie einer Lindenallee; und hinter dem Friedhof müßte man nur den Fußweg weitergehen und käme durch die Felder nach Tremblay oder Le Mesnil Amelot. Aber nein: Die Wege nach Thillais oder Mauregard sind abgeschnitten; hinter den erst kürzlich gepflanzten Bäumen liegt schon wieder und immer wieder der Flughafen und damit die verknäulten Fangarme der Autobahnzubringer. In Richtung Gonesse, einst berühmt für feine Weißbrötchen und Spitzen, wurde auf dem alten Grund und Boden Chaos angerichtet: das Versuchsgelände der Bergwerksverwaltung, Lager und sogar eine Anlage zum

Tontaubenschießen. Bekommt man in Roissy en France einen Belagerungskomplex? Neben der Kirchentür liegt ein Mann im Fenster und schaut und wacht. Er ist aus Roissy, ist seiner Heimat treu geblieben, der Franzose, der Gallier aus der Plaine. Ein dickes Büschel grauer Haare quillt aus seinem offenen Hemd. Sie plaudern. Fotos. Ein ganzes Leben in Roissy. «Werden heute noch viele Kinder in Roissy geboren?» fragt François. Die Frage war schlecht gestellt. «In Roissy wird man nicht mehr geboren. Man wird in Gonesse geboren.» Er sollte wissen, daß in Tausenden französischer Dörfer die Melderegister unter «Geburten» endgültig leer sind. Man heiratet dort, läßt sich scheiden, stirbt. Doch man wird nicht mehr dort geboren. Geboren wird man im Nachbarort, im Krankenhaus oder in der Privatklinik.

Vor dem Ersten Weltkrieg hatte sein Vater einen vierhundertdreißig Hektar großen Hof mit vierzig Pferden und vierzig Ochsen. Und wie viele Leute hatte er, um das Ganze am Laufen zu halten? Damals brachten Fuhrleute die Zuckerrüben zur Raffinerie nach Saint Denis oder Stroh, wenn gerade Strohmarkt war. Mit zurück brachten sie den Schlamm aus der Pariser Kanalisation, «feste Abfälle» für die Felder, weshalb die Straße, an der sie dann oft anhielten, besonders rutschig und wohlriechend war. Die Pferde kannten das so gut, daß sie von selbst an den Lieblingskneipen ihrer Kutscher anhielten. (Es war üblich, die Felder mit der Pariser Scheiße zu düngen, normalerweise getrocknet und mit Abfällen vermischt: Als besonders aufmerksamer Reisender beschrieb M. Ardouin-Dumazet 1906 den Rand der Plaine de France folgendermaßen: «Kein Busch, nur eine Reihe Pappeln in großer Entfernung; im Hintergrund zeigen sich hie und da Baumgruppen. Aus den Gemüsefeldern glänzt es wie Myriaden blasser Sterne. Es sind Glassplitter, gemischt mit dem Kot von Paris, dem Haupt-, wenn nicht einzigen Dünger.»)

Den Hof gibt es nicht mehr. Abgerissen. Sein Vater, an der Front verwundet, mußte ihn 1919 verkaufen. Die Gemeinde ehrte ihren Helden, indem sie ihn zum Bürgermeister machte. Für zwei Jahre. Das Kriegerdenkmal wurde eingeweiht und das Heldentum dann eingemottet. Er blieb in Roissy und gründete ein Geschäft, eine Fabrik: «Die Glasperle», mit einer Filiale in

Paris, im zwanzigsten Arrondissement. Er beschäftigte Italiener, die in Murano gelernt hatten. Das waren nette Leute. Er selbst ging im Collège Stanislas in Paris zur Schule, Latein, Griechisch, wissen Sie, es gab eine verflixte Regel, das Verb wird nicht in den Plural gesetzt, wenn das Subjekt ein Neutrum ist, τα ζοα τρεχει. Irgendsoetwas, aber eigentlich war das nicht sein Bier. Er reiste, um die Perlen zu verkaufen, war jedoch nicht besonders geschickt, es gab einen Konkurrenten, er erinnert sich, daß in einem Kurzwarenladen in Orléans... Und dann war wieder Krieg, keine Italiener mehr, wegen Mussolini hatten die Leute es auf sie abgesehen, das Messer im Rücken, als ob die Ärmsten etwas dazu gekonnt hätten. Also mußten sie nach Hause zurück; das war schade, denn es ging ihnen gut hier. Und nach dem Krieg, Glas ade. Er machte weiter mit Zelluloid, und jetzt waren die Arbeiter Polen. Dann stellte er Matrizenblau her, wissen Sie, diese violette Paste für die Speisekarten von Restaurants, bis er sich zur Ruhe setzte.

«Roissy en France... Wenn meine Mutter einmal im Jahr in Paris ihre Bestellung beim Kaufhaus Le Bon Marché aufgab, wurde sie gefragt: Wo ist das denn? Roissy, davon hatte nie jemand gehört.»

Seine Söhne – oder seine Enkel? Mit Polinnen verheiratet. Seine Tochter hat einen Amerikaner mit einem italienischen Namen geheiratet, der dort an der Universität unterrichtet. Ob er sie schon besucht hat? Klar doch, er hat seine Weltreise mit dem Flugzeug gemacht. Er hat Japan gesehen und Alaska, Anchorage, wo ein riesiger (ausgestopfter?) Eisbär einen begrüßt, wenn man aus dem Flugzeug steigt, Formosa, nein, Taiwan, wie es jetzt heißt. Flughäfen hat er eine ganze Menge gesehen. Doch über Roissy ist er nie gekommen. Nein, immer über Orly. «Sehen Sie mal, wie schlecht das organisiert ist.»

«Der Flughafen, der ist einfach so vom Himmel gefallen, eines schönen Tages 1964. Klar, heute ist Roissy reich. Doch alles ist künstlich. Wo ist in Roissy das wirkliche Leben? Sie haben gesagt: Mit den Gebühren braucht ihr dann keine Steuern mehr bezahlen. Doch wir bezahlen immer noch welche. Sie geben aber auch derartig viel Geld aus.»

Doch sein altes, niedriges Haus ist wunderschön... Von

drinnen ruft eine Frauenstimme den Gallier. Das Fenster schließt sich, und ein Spitzenvorhang fällt.

«Die Alten sind aber auch nie zufrieden», stellt François fest.

*

Ja, mit seinem «Wohnen in renovierten Häusern auf dem Land», seinen «schönen Spaziergängen durch Felder und Wiesen wie einst», die nirgendwo hinführen, beängstigend im leichten Kerosingeruch, seinen verlassenen Bauernhöfen, der Wohnanlage für die Flughafenpolizei und den Sozialbauten für die Zöllner, seinen fünf Grundschul- und drei Kindergartenklassen (Zahlen von 1979), seiner Schwimm-Tennis-Allzweckhalle und all dem, was man so zum Leben und Überleben braucht, ist Roissy-typisch-französisches-Dorf künstlich. Aber ich frage Sie, was soll man denn tun, um nicht zu verschwinden? Es ist so perfekt und, ja, so typisch, daß man sich fragt, wo man ist, und wo die Kulisse angeklebt ist. Aber vielleicht ist dieses ganze Provinz-Frankreich nur ein Wachsfigurenkabinett, das darauf wartet, ein Kulturdisneyland zu werden.

«Weißt du», sagt Anaïk, «am Tag meiner Vor-Enquete in Roissy, als es so regnete…» – «Ja, ich weiß, du hast keinen Menschen getroffen.» – «Doch, genau das. Nachdem ich dich angerufen hatte, ist es dunkel geworden, es regnete immer noch Bindfäden, ich habe mich zur Bushaltestelle geflüchtet. Da traf ich eine Gruppe von Teenies. Sie sagten, sie wären da, weil sie keinen Ort hätten, an dem sie sich treffen könnten. Sie sagten, die Jugendhäuser der Umgebung seien eben für die Jugendlichen der Umgebung, nicht für die aus Roissy. Für sie in Roissy gäbe es nichts. Man würde sich in Roissy nur langweilen, Roissy sei echt tödlich.» – «Die Jungen sind aber auch nie zufrieden», stellt François fest. «Sie haben gesagt, wenn ich wiederkäme, würde ich sie ganz leicht finden. An der Bushaltestelle.» – «Du siehst ja, sie sind nicht da. Sie haben dir Quatsch erzählt.» – «Es ist ja auch nicht die richtige Uhrzeit», antwortet Anaïk.

An der Haltestelle ein Plakat:

In den Nebenräumen des Hotel Ibis
veranstaltet der Verein «Weißes Haar» einen
GROSSEN WETTBEWERB in REVOLUTIONSBELOTE

Zwei Mädchen von den Antillen warten auf den Bus. Die Backsteinhäuschen leben im Zeitlupentempo. Der Antiquitätenhändler tankt Hitze auf dem Bürgersteig. Fotos. Der Bus fährt los..

*

La Plaine de France: Ihre Form ist klar umrissen auf der Karte von Cassini – oder vielmehr der Karte der Cassinis, denn mehrere Generationen brauchte es, von der Herrschaft Ludwigs XV. bis zu der Napoleons I., bis zwanzigtausendklafterweise diese erste wissenschaftliche Karte von Frankreich erstellt war. Ein Wunderwerk, die Cassini-Karte. Die Plaine de France erscheint darauf als ein Plateau mit äußerst spärlich verteilten Dörfern, umringt von den Wäldern von Ermenonville und Montmorency und von Brüchen wie im Süden, wo heute der Canal de l'Ourcq fließt. Im Norden führt nur eine Straße hindurch, die große, gerade Pflasterstraße mit Pappeln am Rand, die nach Soissons und Maubeuge führt und dabei zwangsläufig Roissy durchquert, nachdem sie bei La Patte d'Oie in Gonesse von der Straße nach Lille abgebogen ist, dort, wo am 27. August 1783 zu Tode erschrockene Einwohner ein fürchterliches Monstrum mit Mistgabeln durchbohrten und mit Schrot beschossen, das mit einem dämonischen Pfeifen verschied und dabei mephitische Dämpfe verbreitete, nachdem der Pfarrer es mit Weihwasser besprengt und ihm die bösen Geister ausgetrieben hatte. Da nutzte es auch nichts mehr, wenn auch verspätet, folgenden HINWEIS AN DIE BEVÖLKERUNG anschlagen und ausrufen zu lassen:

Die Regierung hält es für angebracht, eine Entdeckung bekannt zu geben, weil sie beim Volk Schrecken auslösen könnte. Als man den Gewichtsunterschied zwischen der sogenannten *brennbaren* Luft und unserer Atmosphäre berechnete, fand man heraus, daß ein Ballon, mit dieser brennbaren Luft gefüllt, sich von selbst zum Himmel erheben müßte.

(...) Eine Taftkugel, bestrichen mit elastischem Gummi, von sechsunddreißig Fuß Umfang erhob sich am Champs de Mars bis in die Wolken, wo man sie aus den Augen verlor. Vom Wind wurde sie nach Nordosten getragen, und es läßt sich nicht vorhersagen, wie weit sie getragen wird. Der Versuch soll wiederholt werden mit wesentlich dickeren Bällen. Jeder, der derartige Bälle am Himmel entdeckt, die aussehen wie ein verdunkelter Mond, soll wissen, daß es sich nicht um Schreckensgestalten handelt, sondern um ein mit Papier bedecktes Gerät aus Taft oder leichtem Leinen, das keinen Schaden anrichten kann und bei dem sich vorhersagen läßt, daß es eines Tages nutzbringend im Dienste der Gesellschaft eingesetzt werden kann.

So weckte die Notlandung des ersten, zum Glück unbemannten Wasserstoffballons der Herren Charles und Robert kein besonders luftschifferisches Interesse bei den Bewohnern der Plaine de France. Vielleicht das einzige Zeichen eines aufkeimenden Interesses für die Luftfahrt: Der Familienname *Pigeon* (Taube) kommt in der Gegend um Roissy ungewöhnlich häufig vor.

Später kam dann die Eisenbahn. Sie umrundete die Ebene, machte eine Insel daraus, zwei Hauptstrecken nahmen sie in die Zange, und wollten die Einwohner von Roissy den Zug nehmen, so mußten sie entweder oben auf der Karte, in Goussainville, einsteigen, oder unten, in Tremblay.

Von Norden nach Westen wurde in der Plaine de France besonders häufig zum Angriff geblasen. Kaum zu zählen, wieviele Horden, Armeen, Banden, Kompanien, Kreuzfahrer, Bauern, Religionskrieger, Mitglieder der Heiligen Liga oder der Fronde, Römer, Hunnen, Franken, Normannen, Armagnaken, Burgunder, Engländer, Spanier, Lothringer und so weiter bis hin zu den Kosaken und Preußen hier durchzogen. Invasionen gab es zu allen Zeiten. Die letzten waren während des Kaiserreichs, im Krieg von 1870 und in den beiden Weltkriegen. 1814 durchquerten nicht weniger als vier feindliche Armeekorps – Langeron, Kleist, Blücher und York – die Plaine. 1815 stellte Grouchy – der bei Waterloo unter bekanntlich fürchterlichen Umständen noch einmal davongekommen war – vor Gonesse jene 40.000 Mann auf, die Napoleon so dringend erwartet hatte, weshalb die Roissyaner zusehen mußten, wie ihr Dorf von den Kosaken verwüstet wurde. 1870 steckten französische Truppen während des Rückzugs auf Befehl die Höfe an: Einen Teil der Brände konnten die Roissyaner löschen. So kampierten denn 10.000 preußische Soldaten und 1000 Pferde brüderlich vermischt im Dorf, und da sie hungerten und froren, aßen sie alles Eßbare, und verbrannten alles Brennbare – vor allem Türen und Fenster, was nicht besonders schlau war. 1914, auf ein Neues: Am 2. September wird die Dorfbevölkerung unter grauenhaften Umständen auf Ochsenkarren evakuiert, außer neun Personen, die dableiben, darunter der Geistliche und die Besitzerin des Tabakladens. Die französische Armee sammelt sich wieder, bereitet ihre Verteidigung vor (im Oktober verlegt Gallieni sogar sein Hauptquartier nach Roissy), es ist die Marneschlacht, und diesmal bekommen sie Roissy nicht. Gleichwohl werden in Gonesse Ulanen gesichtet, während ein Teil der französischen Kräfte in einer großen Drehung die Ebene durchquert, um Meaux und die Marne zu erreichen. Die Dorfbewohner kehren zurück, und Einwohner Auguste Pigeon schreibt, daß «selbstverständlich jedes Haus geplündert worden war.» Von der französischen Armee, um genau zu sein. Doch die Besitzerin des Tabakladens verlor keine Zeit: Der Weinpreis stieg von zehn auf fünfzehn Sous der Liter. Sodann erfährt man vom Tod des ersten Roissyaners; Henri Pigeon starb an der Marne. Auf dem Kriegerdenkmal in Roissy stehen vier Pigeon: Eloi, Henri, Jules und Eugène. Für den Krieg 14/18 insgesamt vierunddreißig Namen. Roissy hatte Anfang des Jahrhunderts 850 Einwohner. 1916 wurden 70 Männer mobil gemacht. Rechnet man alle hinzu, die bereits gefallen waren, und die nachfolgenden Jahrgänge, dann müssen mehr als hundert Roissyaner an der Front gewesen sein. Es läßt sich also sagen, daß einer von drei Männern, ein Drittel der arbeitsfähigen Bevölkerung, der Jugend, die beim Ball am 14. Juli 1914 getanzt hatte, im Laufe dieser vier Jahre getötet wurde. Die Verletzten gar nicht mitgerechnet oder die für ihr restliches Leben an Körper und Seele Verwundeten. Dann kam der Zweite Weltkrieg: 1940 wird Roissy der Zusammenbruch erspart, 1944 sprengen die Deutschen die Kreuzung vor der Kirche, die FFI greifen an, und die Amerikaner befreien Roissy am 30. August.

In Friedenszeiten lag Roissy zwar an der großen Straße, doch man hielt dort nicht an. Alexandre Dumas stellte am 31. Juli 1830 keine Ausnahme von der Regel dar. Noch berauscht vom Juliaufstand 1830 erfuhr er an jenem Tag, daß es in Paris bald kein Pulver mehr geben würde. Dabei fürchtete man eine Gegenoffensive der Truppen von Karl X. Er entsann sich, der Sohn eines Generals der Republik mit dem Beinamen Horatius Coclès du Tyrol zu sein, und stürzte sich auf der Stelle in diese heldenhafte Mission. Suchte den immer so forschen General Lafayette auf und schlug ihm vor, Pulver dort zu holen, wo er wußte, daß es welches gab: in der Garnison von Soissons nämlich. Die kannte er gut, war er doch in der Nähe geboren, in Villers Cotterêts, und wollte, tot oder lebendig, dieses Pulver herschaffen. So kommen wir zu einer sehr genauen Beschreibung des Weges von Paris nach Soissons durch die Plaine de France, zu einem Fahrplan mit der exakten Zahl von Poststationen, die genau mit jener übereinstimmt, die auf der Cassini-Karte eingezeichnet sind. Die erste Station war Le Bourget: Der begeisterte Postmeister dort lieh ihm sein Privat-Kabriolett, half ihm, eine große Trikolore zu nähen, die dann im Fahrtwind wehte. Er brauchte eine Stunde von Le Bourget bis zur nächsten Station, Le Mesnil Amelot, auf der anderen Seite von Roissy, das er demnach in dieser Kutsche im Galopp durchquerte, was eine Geschwindigkeit von vier Meilen oder sechzehn Kilometern in der Stunde macht. Er schaffte es, diese Geschwindigkeit von einer Poststation zur nächsten zu halten und wechselte in Dammartin, Nanteuil und Levignan die Pferde. Dies erschien ihm wohl als die phantastischste Leistung des ganzen Unterfangens. Dabei mußte er einem widerborstigen alten Postillion auch noch die Flinte an die Schläfe drücken. Fassen wir das Weitere zusammen: Alexandre Dumas war wirklich ein Held. Er stürmte nämlich allein oder fast und ohne Blutvergießen den Platz von Soissons und brachte das Pulver mit. Denn als die Frau des Oberst, die schon beim Aufstand von Toussaint Louverture auf Santo Domingo dabeigewesen war, den (künftigen) Vater der *Drei Musketiere* in ihren Salon stürzen sah, schrie sie: «Mein Gott, die Neger kommen!» und fiel in Ohnmacht, was dem Widerstand der Truppe den entscheidenden Schlag versetzte.

Roissy und die Plaine de France waren also unbekannt (und nicht nur bei den Verkäufern im Bon Marché) und schienen abseits vom Lauf des Jahrhunderts zu leben. Durch diese lang anhaltende Abgeschiedenheit, weil sie ihren ländlichen Frieden allzu lange bewahren konnten, wurden sie letzten Endes erwählt, plötzlich in die Moderne gestoßen zu werden. Erst ein Roman machte den Namen Roissy in den fünfziger Jahren allgemein – und auf skandalöse Weise – berühmt: Ein Schriftsteller suchte den Namen eines Ortes in der Nähe von Paris, der trotzdem sehr abgelegen und unbekannt sein sollte, und wählte selbstverständlich Roissy: *Die Geschichte der O.* Vielleicht sollte man im Ort das Herrenhaus suchen, an dessen Mauer die Glückselige O. angekettet, maskiert, dann ausgepeitscht, sodomisiert, beleckt, infibuliert und was weiß ich sonst noch wurde: Auf der Belle Ile kann man zwar die Grotte des Porthos ansehen und in Verona den Balkon der Julia, doch in Roissy-Stadt gibt es keine Tafel, die den örtlichen literarischen Ruhm herausstreicht.

Und danach kam natürlich der Flughafen.

Bis dahin war Roissy alles in allem ein Bauerndorf etwa zwanzig Kilometer vor Paris. Die Ebene war fruchtbar, die Bauern waren reich: jedenfalls jene sechs, die 1896 mehr als hundert Hektar bewirtschafteten – was die zweiundzwanzig Landwirte angeht, die weniger als einen einzigen hatten, sind wir da nicht so sicher. Es war eine Weizen- und Zuckerrübengegend, wo die Frauen Chantilly-Spitze klöppelten. 1896 hatte das Dorf seinen Arzt-Apotheker, einen Musiklehrer, neun Kolonialwarenhändler, drei Schuster, einen Tabakladen und nicht weniger als vierzehn Cafés und Schenken. Dieser bescheidene Wohlstand verkümmerte in den zwanziger Jahren. Bis 1950 blieb die Bevölkerungszahl stabil, rund 950 Einwohner, sie sank sogar etwas. Im Vergleich dazu war die von Aulnay, fünf Kilometer südlich, von 680 Einwohnern (1870) auf etwa 50.000 im Jahre (1950) gestiegen. Inzwischen war das einheimische Landwirtschaftsproletariat, das bereits mit den schüchternen Anfängen der Mechanisierung schrumpfte, von weniger undankbaren Beschäftigungen am Rande von Paris angezogen worden. Die Arbeit in Roissy machten erst Bretonen, dann Polen. Bis zu dem Tag, als die Landwirtschaft keine Arbeitskräfte mehr brauchte. Und dann gab es überhaupt keine Landwirtschaft mehr.

*

Zurück zum RER-Bahnhof, um die erste Etappe der Reise mit dem Zug zu machen: Roissy – Parc des Expositions. Der Bahnhof ist riesig und scheint schon bereit zu sein für den Hochgeschwindigkeitszug TGV. Eine eindrucksvolle Anzahl von elektronischen Drehkreuzen streckt dem Reisenden ihre Arme und ihre grünen Leuchtpfeile entgegen und wartet auf Fahrkarten. Nun hat der Reisende aus New York oder Cotonou bekanntlich weder Fahrkarten noch die örtliche Währung, um sie zu bezahlen. Dazu kommt, daß der Bahnhof von Roissy als einziger des gesamten Netzes keinen Fahrkartenautomaten hat. Und da nur selten zwei Schalter gleichzeitig geöffnet sind, bilden sich unordentliche Schlangen Unglücklicher, die ihr Gepäck schieben und ziehen, die versuchen zu verstehen und sich verständlich zu machen, was zwecklos ist, da die Schalterklappe jeden Versuch eines Dialogs mit dem Beamten sowieso vergeblich macht. François findet, daß 16,20 Francs für zwei Kilometer teuer sind, zumal die Fahrt von einer Station zur nächsten auf der übrigen Linie 3,40 Francs kostet, doch schon wird er im Gedränge weitergeschoben.

An der Station Parc des Expositions sind sie die einzigen, die aussteigen auf den verlassenen Bahnsteig eines neuen, bereits heruntergekommenen und gähnend leeren Bahnhofes. Das Ausstellungsgelände im Osten ist geschlossen, morgen oder an einem anderen Tag soll eine neue Messe eröffnet werden, für Handelsverbindungen, Hohlblocksteine oder auch Bücher. Ach nein, die Buchmesse ist dieses Jahr in Paris, an der Porte de Versailles. Bleibt der Westen, das Einkaufszentrum. Der Bahnhof liegt am Rand eines Geländes, das ein Park sein soll. Wer sagte noch, daß «der Vergnügungspark und das Einkaufszentrum die beiden Symbole der Moderne» seien? Daneben stehen Betongebäude, die eine Cafeteria und ein vom Zug aus unsichtbares Hotel beherbergen sollen, das sie aber zu spät entdecken. Ein leerer Bus hält vor dem leeren Bahnhof. Es ist der kostenlose Pendelbus, der Busfahrer macht Anaïk an, Anaïk ruft François, der Bus dreht die üblichen Runden und setzt sie auf einem der riesigen Parkplätze aus, von denen Supermärkte meist umgeben sind. Es ist kaum jemand da, nur ein Meer von Krempel, philippinische Möbel und Walkmen aus Singapur, sämtliche Produkte der Vier Drachen und schwedische Möbel. So schnell wie möglich suchen sie das Weite, was wollen sie hier, sie wußten, daß diese Reise keinen Sinn hat. Jetzt haben sie den Beweis, bitte weitergehen, es gibt hier nichts zu sehen. Der Busfahrer macht Anaïk immer noch schöne Augen, strahlendes Lächeln, Sonnenbrille, ein Playboy am Steuer seines Cabrio. Foto. Eine junge Frau aus Quebec, die in Sevran wohnt. «Das ist aber anders hier als in Montreal», sagt François listig. «Nun ja, eigentlich nicht», antwortet die Frau aus Quebec.

Die nächste Station ist ebenso modern, leer und verdreckt: Villepinte. Das Besondere an diesem Bahnhof ist, daß er weit weg von jedem bewohnten Ort und auch weit weg von Villepinte liegt, mitten auf einer großen, weiten Fläche, die auf den Karten wie eine Grünanlage wirkt, von Autobahnen und Schnellstraßen auf allen Seiten gesäumt und von undeutlichen punktierten Linien durchzogen. Sie gehen hinaus in die Sonne auf den Parkplatz, wo Autos in endlosen Reihen schlafen. Orange und rote Schilder entlang eines sehr langen Bürgersteiges ohne Unterstände weisen auf die Haltestellen einer Buslinie mit zahlreichen und für den ungeübten Reisenden schwer verständlichen Varianten hin. Noch ist keine Stoßzeit, es steht kein Bus da, auch kein Fahrgast. Doch man spürt es, alles ist bereit, um beim ersten Knopfdruck lebendig zu werden, Bild ab, Ton ab, damit die Menge sich drängt, die Busse sich füllen und die Autos sich stauen. Das Gefühl, daß die Zeit stillsteht, der Raum unfertig ist, verursacht fast Übelkeit.

Ein schwarzes Kind kommt in den Bahnhof mit seinen grellbunt übereinander gemalten, teerglänzenden *tags*; es geht wieder raus und ruft seiner Mutter angeekelt zu: «Da drinnen ist ja *gar nichts.*»

Auf der Karte haben sie gesehen, daß sie Garonor und ihr Hotel wieder erreichen könnten, wenn sie Villepinte im Osten den Rücken kehren und auf der anderen Gleisseite auf die fernen Wohnblocks zulaufen, die den Horizont säumen, eine öde, ausgetrocknete Fläche überqueren, auf der ein paar Bulldozer wogen, und dann an der Nordautobahn entlanggehen. Warum sollen sie sich eigentlich dem Gesetz der entlegenen Vorstädte beugen: warten und immer wieder warten?

Ein paar einsame Fußgänger verteilen sich im Netz der neu angelegten Straßen, die vom Bahnhof abgehen. Oder sie laufen querfeldein. Ebensogut können sie es ihnen nachtun. Auf nach Westen also, der untergehenden Sonne entgegen, da braucht es keinen Kompaß: Die Hinweisschilder nutzen nicht viel. Diese Fläche trägt einen Namen: Parc du Sausset (Le Sausset ist oder vielmehr war ein Bächlein, daß durch die Plaine de France plätscherte). Doch im Augenblick ist der einzig richtige Name für diesen Ort *no man's land*.

Eines Tages wird es hier einen See, Hügel, Bäume, Büsche und was weiß ich noch geben. Es wird eine Landschaft entstehen. Doch wird es hier eines Tages auch Menschen geben? Zur Zeit gibt es nur weiße Betonabsperrungen, die nichts einzäunen, Reihen von Zwergpappeln, eine ganze rachitische Baumschule, hie und da stehen Betonpfeiler, die später einmal Lampen, Schilder, unendlich viele Schilder tragen sollen:

MEIN DEPARTEMENT TANKT SAUERSTOFF

Es heißt, der Parc du Sausset sei eines der wichtigen Bauvorhaben von «Banlieue 89», einem Plan zur Verbesserung des Lebens in den Vorstädten, eine große Idee von Roland Castro, dem Stadtplaner des Staatspräsidenten. In früher Jugendzeit war Roland ein großer maoistischer Leader. Er erklärte, daß die Phantasie an die Macht gehöre.

Komplizierte Kreuzungen. Sie kürzen ab. Vor ihnen läuft ein Mann, ein Afrikaner, der seinen Koffer auf dem Kopf trägt. Er verläßt die Straße und entfernt sich über das Brachland. Weiter hinten kommen eine Frau und ihre Kinder aus dem Gestrüpp. An den Grenzen der Welt gibt es manchmal solche augenscheinlich unbewohnten Gegenden, wo man auf Straßen dann Leute auftauchen sieht, die irgendwelchen unwahrscheinlichen Zielen entgegengehen.

Parc du Sausset

Autos fahren vorbei, und drinnen sitzen eigentlich Menschen. Der Asphalt, auf dem sie gehen, trägt den Namen Camille Pissarro. Sie gehen an einem hohen rostigen Gitter entlang mit Schildern:

JAGEN VERBOTEN

Brombeerdickicht mit unreifen Beeren und vor ihren Füßen ein totes Kaninchen.
Am Ende ihres Streifzugs treffen sie auf eine vierspurige Straße, die unter dem Gewicht der Laster erbebt. Sie halten sie für eine Autobahn, dabei ist es nur die Avenue Henri Matisse, imposant und leergefegt. Von den Malern kommen sie zu den Entdeckern, von Renoir zu Bougainville, und zuletzt zu den Sternbildern.
Sie betreten eine weitläufige Trabantenstadt. Ohne es zu bemerken, haben sie das nördliche Ende von Aulnay sous Bois erreicht. Lange Wohnblocks mit fünf Stockwerken (so spart man Aufzüge) und nur wenige Hochhäuser. Alles ist rosa gestrichen und sieht von weitem adrett aus. Abgetretener Rasen. Kränkliche

Büsche. Auf dem Boden zeigen Erd- und Betonrechtecke an, wo tote Bäume stehen. Die Wände starren vor Dreck. An monotonen Fassaden gehen sie die Avenue entlang. Auf einem Balkon im zweiten Stock üppig wuchernde Pflanzen und Blumen, die ein Mann in spätnachmittäglicher Ruhe gießt. Anaïk möchte ihn fotografieren. Barsch lehnt er ab und antwortet auf die Komplimente, daß es seinen Blumen dieses Jahr gar nicht gut gehe: Es liegt an den Nachbarn. Die Türen des Hauses sind äußerst knapp bemessen, als wäre es billiger, sie eng zu halten. Eine trägt frische Brandspuren. Ein Decaux-Reklameschild preist die Vorteile der Sauberkeit. Unter dem Gekritzel, das auf das Plexiglas geschmiert und das nicht einmal ein *tag* ist, das eigentlich gar nichts ist, läßt sich entziffern: *Die Straße ist keine Mülltonne – Sauberkeit hinterläßt keine Spuren.*

ILE D'OLÉRON, INSEL DES LICHTES

verkündet ein Aufkleber an einem rostigen Auto.

Um diese Stunde spielen Kinder, Mütter kommen von ihren Einkäufen zurück, Männer basteln am Auto. Das Schild, die Kinder: Fotos. Von der anderen Straßenseite, von einem Platz, halb aufgegebener Sportplatz, halb Spielplatz mit ein paar Bänken aus Beton und Bohlen, rufen zwei Mädchen zu ihnen herüber.

Eine hat ein Kind im Kinderwagen, die andere einen Husky bei sich. Sie ist sehr blaß und hält eine welke Rose in der Hand, die, wie sie sagt, aus ihrem Garten stammt. Sie hat genau über der angezündeten Tür gewohnt. Sie wartet auf ihren Verlobten. So möchte sie auch leben: Herumspazieren. Fotografieren. Menschen. Dinge. Frei sein eben. Damit ihre Brötchen verdienen. Arbeiten Sie für *Oxygène?* Das ist die Zeitung des Departements 93. Die beiden lesen sie. Das hier ist eines von diesen Vierteln, echt das Letzte ... La Rose des Vents, Les 3000 von Aulnay: Sagt Ihnen das nichts? Dabei sind sie echt berühmt. Ganz übler Ruf. Brüche, Überfälle, vor allem Drogen. In der Gosse findet man Spritzen. Neulich erst ist ein Junge an einer Überdosis gestorben. Stand sogar in der Zeitung. Sie haben ein Komitee gegründet, das seinen Namen trägt: das Komitee Rodrigo. «Aber hier sind wir

Aulnay. La Rose des Vents

zu Hause.» Anaïk macht Fotos. Die beiden. Das Kind. Der Hund. Die beiden, das Kind und der Hund.
«Aber hier sind wir zu Hause. Wenigstens hat man hier Luft und Platz. Man kann atmen. Kommen Sie aus Paris? In Paris würde ich ersticken. Wie kann man nur in Paris leben? Sie machen's richtig, hier herumzubummeln: Es gibt hier in der Gegend tolle Sachen zu besichtigen. Kennen Sie das «Alte Land»? Schwer zu beschreiben, aber schön ist es. Es ist was Besonderes, wie auf dem Land. Und der Parc du Sausset? Wenn Sie nach Garonor gehen, sehen Sie sich den Parc Ballanger an, dort sind Enten und Ziegen.» Was sie täten, wenn sie die Wahl hätten? Die eine würde gern in Châteauneuf sur Loire wohnen, das kennt sie aus den Ferien. Die andere in der Charente. Dort vertrauen sich die Leute gegenseitig. In einem Häuschen wohnen. «Sie schicken uns doch die Fotos?» Anaïk schickt immer die Fotos.

Zurück zu den Häuserblocks. Anaïk fragt eine Dame in einer

langen, seidig glänzenden Tunika mit einem Tuch um den Kopf, ob sie sie fotografieren darf. Sie hat ein kleines Mädchen mit kurzen Zöpfen an der Hand und wartet, daß ihr Mann den Wagen zu Ende auslädt. Madame Zineb hat weit auseinanderstehende Schneidezähne, «Glückszähne», wie man sagt, und eine senkrechte blaue Linie auf der Stirn. Seit einundzwanzig Jahren wohnt sie in Aulnay. Sie ist in Tlemcen geboren. Sie hat neun Kinder. Zwei ihrer Töchter sind da, sie kommen gerade von der Arbeit und fragen sie aus. Arbeiten Sie für *Oxygène*? Madame Zineb lächelt: «Es tut mir gut, daß du mich fragst, ob du mich fotografieren darfst.» Es ging ihr nicht so gut, Weltschmerz. Sie betrachtet die Besucher: «Sie haben die gleichen Augen.» Blaue Augen, Augen von anderswo. Sie bittet sie zum Tee herein. Anaïk zögert. François lehnt ab, weil es spät wird, es ist schon nach sieben, und sie haben noch einen weiten Weg vor sich. Oder, wie es ihm Anaïk später vorwirft, weil er sich geniert. Die Fotos werden sie schicken. Sie kommen wieder. Adressen. Telefonnummern. Madame Zineb lächelt traurig.

(*Oktober 1989*: Rückkehr zu Les 3000. Anaïk hat Madame Zineb die Fotos gebracht, und diesmal haben sie gemeinsam Tee getrunken. Madame Zineb hat von ihrem Mann erzählt, der auf dem Bau war und jetzt arbeitslos ist. Von ihren Kindern, die alle in Frankreich geboren sind. Mehrere waren da: ein Sohn, der sieben Jahre klassische Gitarre und Klavier gelernt hat; eine Tochter, die in Paris in einem Ministerium arbeitet und gern eine Arbeit hätte, bei der sie freier wäre, Fotografin zum Beispiel; eine Tochter, die keine Stelle hat und gern als Empfangssekretärin, Reisebegleiterin oder Dolmetscherin arbeiten würde. Madame Zineb hat von ihren Enkelkindern erzählt. Über ihre schönen Erlebnisse: Die Reise mit ihrem Mann nach Mekka. Und von den Sorgen heute, den Drogen, die die Jugendlichen runterziehen. Sie wünschte sich eine strengere Regierung. Es ist schon ein Kreuz mit den Drogen.

Anaïk nutzte diese erneute Fahrt nach Les 3000, um den riesigen *tag* zu fotografieren, den sich der Apotheker beim besten Sprayer von La Rose des Vents bestellt hat, weil er es satt hatte, daß irgendwer seine Rolläden irgendwie bekritzelt.

Sie hat den Künstler gesucht, einen Jugendlichen. Sie hätte ihm gern gratuliert.)

*

Von Les 3000 hatten sie bereits gehört. Eine Freundin, die im Krankenhaus von Aulnay arbeitet, hatte ihnen erzählt, was sie im Laufe der Jahre erfahren hatte, durch die Familien, gerüchteweise und durch ihre Arbeit. Les 3000 im Abseits. Weder Zug noch Metro. So weit weg vom restlichen Aulnay wie auch von allem anderen. Abgeschnitten von den anderen Vierteln, von den anderen Siedlungen durch die Autobahn wie durch einen Graben. Es grenzt an eine andere Autobahn und hat nur einen einzigen Zugang. Anfang der siebziger Jahre wurde dort gebaut, weil gleich nebenan das neue, große Citroën-Werk stand.

La Rose des Vents, Les 3000 oder «der Dampfer». Warum? Wegen der Architektur? Doch wo sind die Decks, die Gangways und Brücken? Außerdem, wer wagt es, hier überhaupt von Architektur zu sprechen? Vielleicht weil die Siedlung einsam wie auf hoher See daliegt? Ein Dampfer, sagte ihre Freundin, auf dem sich die Passagiere für lange, reglose Reisen einschiffen und dabei immer auf der Durchreise bleiben. Sie kamen aus Paris oder sonstwo her, aus Wohnheimen, Absteigen und fanden dort ihre erste Wohnung. Wer konnte, versuchte nach ein paar Jahren etwas Besseres zu finden: näher am Zentrum, näher an der Metro. Wer seine Raten nicht mehr bezahlen konnte, arbeitslos oder überschuldet war, zog schließlich auch wieder weiter: eine neue Völkerwanderung. Doch wohin? Über die Grenzen des Departements hinaus, an den Rand der Ile de France, in noch ärmlichere, noch abgelegenere Siedlungen: nach Creil, Compiègne oder Dreux. Sie hatte von sechzig verschiedenen Ethnien berichtet, die die Cité bevölkern. Von Konflikten und Sozialarbeiterinnen, die es nicht länger aushielten, denen polygame Väter und deren «weitere Ehefrauen» Kopfzerbrechen und Alpträume bereiteten. Von jugendlichen Räubern am Schultor und in einer bestimmten Unterführung in der Nähe, die man auf keinen Fall nehmen durfte. Und von Einwegspritzen im Rinnstein.

Doch diese Freundin wohnt in Paris. «Ich als jemand, der in einem Vorort arbeitet, leide darunter, daß ich niemals richtig dort wohne, nicht einmal für ein paar Stunden. Es gibt nichts. Kein ruhiges Bistro, keinen Ort, wo man für eine Stunde oder zwei Ruhe fände. Keinen Ort, an dem man mal spazieren gehen könnte. Ich kenne einen Polizisten aus Aulnay, der in Paris in meinem Viertel arbeitet. Er erzählt mir von den Straßen und Händlern bei mir. Es gefällt ihm dort. Doch was kann ich ihm über Aulnay erzählen?»

Später werden sie sich genauer informieren, sie werden begreifen, daß das erste Problem von Les 3000, ihr ursprünglicher Fluch, nicht Drogen, Delikte, Intoleranz, Analphabetentum und Rassismus waren. Das wirkliche Problem von Les 3000 hieß Citroën. Les 3000 wurden in der Euphorie 1971 geboren. Citroën eröffnete sein Werk, Citroën brauchte Arbeitskräfte, ungelernte Arbeiter. Die zuletzt kamen, waren vor allem Maghrebiner und Türken, extra angeworben, um Lücken vor Ort zu stopfen, und mußten untergebracht werden. Die Sache wurde der Gesellschaft Logement français übertragen und einem Stadtplaner anvertraut, über den erzählt wird, daß er sich nur für die Luftaufnahmen interessierte. Klar, aus dem Flugzeug verwischen sich Fragen des allzu dichten Aufeinanderlebens, schlechter Dichtung und Dämmung und der Materialqualität. Allein die großen Volumen zählen. Man dachte im Großen: 16.000 Einwohner waren vorgesehen. Der kommunistische Gemeinderat träumte gewiß von einem strahlenden Proletariat in einer glücklichen Siedlung. Man sollte auch bedenken, wie es vorher war. Die Zeit der Elendsviertel ging eben erst zu Ende. Man hatte das Gefühl, eine riesige, verdienstvolle Anstrengung zu unternehmen, um jedem eine anständige Wohnung zu geben. Es war noch gar nicht lange her, daß die französischen Bourgeois erklärt hatten, wozu denn eine Badewanne überhaupt gut sei, wenn die Arbeiter doch nur ihre Kohlen darin lagerten. Und dann stellen Sie sich erst die Türken vor! Doch es war an der Zeit, das Wohnungsproblem weniger provisorisch, weniger schändlich und letztlich rationeller zu lösen als mit Absteigen und Elendsvierteln. Man würde diesen Leuten ein richtiges Zuhause geben. Helle Wohnungen und alles, was man in den Jahrzehnten davor unter dem Namen «moderner Komfort» bewundert hatte. Arbeit gab es gleich nebenan. 11.000 neue Stellen, davon 8.500 allein bei Citroën. Garonor wurde gebaut, und eine Reihe anderer Industrieansiedlungen entstand zwischen Autobahn und Flughafen. Um die Wohngebiete von der Fabrik zu trennen, wurde der Stadtpark von La Rose des Vents geplant. Aus der Luft sah das hübsch aus. Öffentliche Verkehrsmittel wurden gar nicht erst vorgesehen, um Arbeit weiter weg zu suchen. Das Besondere beim Entstehen von Les 3000 auf den Zuckerrübenfeldern war, daß nicht geplant war, die verschiedenen Gesellschaftsklassen zu mischen, wie in Sarcelles etwa. Abgesehen von den Führungskräften der Nachbarunternehmen, die auch dort wohnen konnten, blieb man unter sich. Das gesellschaftlich Notwendige fand sich vor Ort: Krippen, Schulen, Ambulanzen und Turnhallen. Wirklich ein kleines Paradies.

Die Siedlung war noch im Entstehen, als schon die Krise kam. Von 1975 an baute Citroën Personal ab. Und alle anderen auch: Ideal Standard in Aulnay machte dicht, 2960 Arbeiter auf einen Schlag ohne Beschäftigung. 1978-79 strich Citroën 1132 Stellen und in den folgenden Jahren immer mehr. Wie sollte man weiter auf dem Dampfer wohnen? Anderswo Arbeit suchen. Weit weg, sehr weit weg. Stundenlange Wege. Arbeitslosigkeit. Rückkehrhilfe? Sie wurden nicht mehr gebraucht. Auch weil immer häufiger von Toleranzschwellen die Rede war, weil die Wohnungsämter und Gemeinden so ziemlich überall begannen, mehr oder weniger offen eine Quotenpolitik zu machen, nach der Ausländer und Farbige über einen bestimmten Prozentsatz hinaus abgelehnt wurden, diente eine Siedlung wie Les 3000, wo diese Schwelle von Anfang an überschritten war, als Überlauf für alle, die anderswo abgelehnt wurden und die in der sozio-politischen Amtssprache, die immer neue Wortschöpfungen hervorbringt, als «anfällig» eingestuft werden. Für viele davon lautete die Frage nicht mehr: Wie soll ich aus Les 3000 herauskommen, sondern: Wie kann ich es schaffen drinzubleiben. 1989 werden in Aulnay 180 Wohnungen geräumt, 400 weitere Anträge liegen vor. Dabei leben wir nicht unter Wölfen. Eine Räumung steht erst an, wenn alle Mittel, die ganze Flickschusterei sozialer, mitmenschlicher und karitativer Hilfe, erschöpft sind. Inzwischen ließ Logement français 600 Wohnungen leerstehen, um Schleusen zwischen den verschiedenen ethnischen Gruppen zu schaffen. Verzichtete die Gesellschaft damit auch auf die Rentabilität? Nein, denn die Aktion wurde aus dem FAS, einem Sozialfonds, finanziert. Doch aus welchem Budgettopf des FAS wurde bezahlt? Aus dem für Wohngeld für Gastarbeiter. Und wer finanziert den? Aber sicher doch, die Gastarbeiter selbst. Die Sache mit den leerstehenden Wohnungen ging jedoch schlecht aus: Wohnungen wurden besetzt. Es kamen die Hausbesetzer aus dem Ilot Châlon, die, vertrieben durch die Sanierung des Viertels um den Gare de Lyon, einem wichtigen Drogenumschlagplatz, eine neue Bleibe suchten. Besonders Pfiffige schufen gar ein Netz von Parallelvermietungen: Vor allem Afrikaner ließen sich linken; sie bezahlten für falsche Verträge, erhielten falsche Quittungen für Wohnungen, die in Wirklichkeit nur besetzt waren.

Was tun? Bereits 1979, noch unter Giscard, wurde mit der Sanierung der Siedlung begonnen. Dabei war sie noch keine acht Jahre alt ... Die Fertigteile lösten sich auf, der Spannbeton entspannte sich. Es wurde saniert, neu gestrichen. Verrückt, was in den Pariser Vorstädten gepinselt wird. Warum verteilen sie nicht gleich rosa Brillen an alle? Mit den rausgeschmissenen Milliarden, sagen die Realisten – die optimistischen oder die pessimistischen? – hätte man alles abreißen und Einfamilienhäuser für alle bauen können. Die kommunistische Gemeindeverwaltung hatte zu kämpfen. Also wurde die Operation HVS, menschliches Wohnen, gestartet; Les 3000 mußten einfach *verändert* werden, und alle Bewohner sollten mitmachen. Zehn Jahre später ist nicht klar, ob Les 3000 sich verändert haben, doch das sagt sich so einfach, wer weiß schon, was geschehen wäre, wenn man nichts unternommen hätte ... Ende 1979 startete die Stadtverwaltung eine noch umfassendere Operation: VIA, Leben in Aulnay, eine große Kampagne mit Diskussionen, einem aktiven Gemeinschaftsleben, sogar mit einem *Radio VIA*. Als Mitterrand 1981 an die Macht kam, verdoppelte sich die Aufmerksamkeit noch. Les 3000 wurden zur «empfindlichen Insel» erklärt und zu einer ZEP, einer «Zone mit vorrangiger Erziehung»: Heute gibt es zehn Nachhilfegruppen für die Kinder der Siedlung. Citroën wird nie wieder Stellen für Hilfskräfte schaffen und die anderen Unternehmen auch nicht. Hingegen gibt es Bedarf im Tertiärbereich: Wenn die Kinder also gute Schulabschlüsse machen ... Inzwischen ist mindestens eine ganze Generation verloren. All jene Jugendlichen, die herumgelungert haben, die noch herumlungern und nie erfahren haben, was richtige Arbeit ist. Heute sind sie zwanzig, fünfundzwanzig Jahre alt. Sie haben den Zug verpaßt. Doch ist es ihr Fehler, wenn der Zug nie hier vorbeikam? Sie werden älter. Sie haben gelernt, anders zu leben und schlecht zu leben. Aber zu leben. Kinder von Arabern oder nicht, alle sitzen im gleichen Boot. «Ich mach doch hier nicht den Araber», sagen manche zur Sozialarbeiterin. Hier geht es nicht um die «Rasse», sondern um das Bild vom Vater, der seine ganze Kraft, sein Leben gegeben hat, um arbeitslos, zermalmt, besiegt zu enden. Sie wollen die Stärksten sein. Deshalb sagen sie der Sozialarbeiterin auch: «Sie haben wohl nicht alle, für 6000 Francs im Monat zu schuften.» Man kann sein Geld nämlich auch leichter verdienen. Und das nimmt einem jede Lust, es «ehrlich», durch dumme Jobs zu verdienen, die meistens genauso sinnlos sind und um die man betteln muß. Ja, es gibt das leichte Geld. Sogar wenn man es nicht selbst verdient, sondern nur sieht, wie andere es verdienen: Einbrüche, Drogen. Drogen? Alle reden darüber. Um dagegen zu kämpfen, gibt es dieses Jugend-Komitee Rodrigo mit dem Namen eines Kameraden, der an einer Überdosis gestorben ist. Sind sie wirklich so verbreitet? Die Stadt hat die berühmten Spritzen im Rinnstein gezählt: 20 im Monat, für 12 bis 13.000 Bewohner, das ist beunruhigend, jedoch nicht die Schwemme, von der alle reden. Doch die Leute haben Angst. Die Alten? Richtig, sagen sie, es ist nicht komisch, auf eine Bande von herumlungernden Jugendlichen zu treffen, wenn man nach Hause geht. Und der Ruf von Les 3000? Sehen Sie doch mal zu, wie sie aus der Siedlung rauskommen, wenn einem dieser Ruf anhängt! Der Süden von Aulnay wiegt sich in Sicherheitsträumen. So landet man immer wieder in Les 3000. Man bleibt verschanzt hinter dem Riegel der Autobahnen. Hinter dem Parc du Sausset. Ausgeschlossen. Sonntags geht man zum afrikanischen Markt und findet alles wie da unten und billiger als da unten, und sogar Wunderpulver und Wunderheiler.

In Les 3000 wählt ein großer Teil der Bevölkerung nicht, da er nicht die französische Staatsbürgerschaft hat. Ein anderer Teil jedoch verschafft sich Gehör. So mußte sich die kommunistische Partei 1988 eingestehen, daß in manchen Arbeitersiedlungen 38% die stramm rechte Front national gewählt hatten.

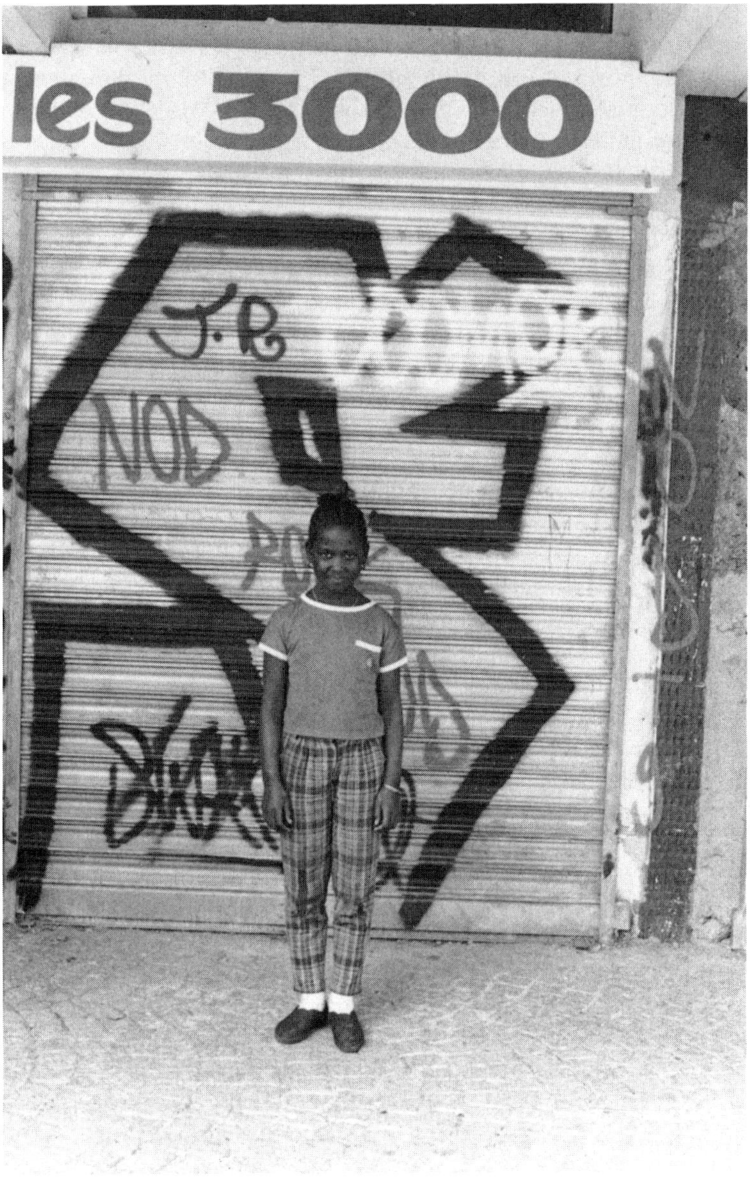
les 3000
J.R
NOD

Heute stellt die traditionelle Rechte den Gemeinderat. Wie auch in Villepinte. Weiß sie andere Lösungen? Keiner hat Lösungen. Sie versucht nur durchzuhalten, zu verhindern, daß es zum Knall kommt. Wie lange noch? Wenn der Parc du Sausset fertig ist, wird La Rose des Vents noch isolierter sein. Natürlich wird der Parc du Sausset mit seinen Seen ein wertvoller Ruheplatz für Zugvögel werden. Außerdem braucht Paris bekanntermaßen *grüne Lungen*.

Sie trafen und treffen Leute, die Robert Ballanger gekannt haben, den kommunistischen Bürgermeister und Senator, nach dem der Stadtpark von La Rose des Vents heute benannt ist. Der war schon ein richtiger Kerl, einer der ganz besonderen Spezies alter französischer Kommunisten, eine in diesem Land vorkommende Mischung aus Radikalsozialismus und Stalinismus, beides durch und durch. Ballanger glaubte an Les 3000. Er hatte das Elend kennengelernt, die Arbeitslosigkeit und hatte sich für die Volksfront geschlagen. Er betrachtete diese Wohnungen nicht als Kaninchenställe, nicht als Löcher zur Lagerung von Menschen. Er sah, daß sie endlich modernen Komfort, Licht, Krippen und Gemeinschaftseinrichtungen boten und war stolz, sie bauen zu lassen. Eines muß man Robert Ballanger lassen: Er wohnte selbst in Les 3000. Er starb dort. Das rechnet ihm seine Partei hoch an. Vorher hat sie ihn jedoch von seinen Aufgaben entbunden: Er sei senil, hieß es. Ach, wie schön muß La Rose des Vents gewesen sein in jenen Frühlungstagen, als Citroën noch einstellte.

*

An dem Schild, auf dem steht, daß die Straße keine Mülltonne sei, fotografiert Anaïk spielende schwarze Kinder. Sie stellen sich in Pose. Schön sind sie, die Kinder der Plaine de France. Nur an wenigen Stellen der Erde wirken die Kinder so gesund, frei und spontan in ihren Kleidern, ihren Körpern und Gesten, ihrem Ausdruck. Neben dem Schild steht auch noch ein Wagen, auch er mit unentzifferbarem Gekritzel besprüht. Der Besitzer ist Senegalese, wie er sagt. Und wieviel PS hat der Motor? Sechzig? Er ist kaputt. François beschließt, daß jetzt der Zeitpunkt gekommen ist, ein trauriges Liedchen von Robert Desnos vorzutragen:

Mit einem Pferd
oder Kamel
kann man bis Senegal kommen.
Mit sieben Pferdestärken
über Täler und Hügel
auch ins Spital kommen,
sogar ins Grab.
Am schönsten jedoch
sind die Strafzettel.

Aus der Ferne und selbst wenn man ein wenig näher kommt, wirkt La Rose des Vents gegen Abend, im Licht der schräg stehenden Sonne, die sie in Pastelltöne taucht, friedlich. Nicht einmal grau oder düster. Einfach vor Benutzung abgenutzt. Doch wie sagten die Mädchen: «Hier sind wir zu Hause.» «Vielleicht mögen sie Les 3000?» fragt Anaïk. Sie würden sie schon gern mögen, sie jedenfalls nicht verleugnen. Denn niemand kann ihnen das nehmen: Was auch geschehen mag, hier ist ihr *Zuhause*.

Doch was vermag alle Pinselei und alles Flickwerk gegen die

innere Wunde einer Trabantenstadt wie dieser? Was fehlt, sind nicht Bänke, nicht Bäume oder Wiesen, selbst wenn es einem gelänge, sie zu erhalten und zu pflegen. Was fehlt, ist viel schwerwiegender. Von Anfang an haben diejenigen, die Les 3000 *entwarfen*, eine Dimension einfach vergessen, einfach weggelassen. Senkrechte Linien: Häuserblocks. Waagerechte Linien: der Boden. Doch wo bleibt die dritte Dimension? Glaubte man wirklich, sie würde einfach so entstehen am Schnittpunkt zweier ebener Flächen? Zu teuer, die dritte Dimension. Man geht entlang an hohen Mauern: eine Tür, Fenster, eine Tür, keine Fenster. Manchmal ein Geschäft: ein flaches Schaufenster. Was liegt hinter all dem? Niemals Tiefe. Wo sind die Höfe, die Schlupfwinkel, der Laden in einer schattigen Ecke, das Dachfenster, durch das man die Wolken vorbeiziehen sieht und den Schwanz der Katze der Concierge, zum Faulenzen die Café-Terrasse mit ihrer Markise, die die Gäste in orangefarbenes Licht taucht? Blinde Siedlungen.

Es ist noch weit nach Garonor. Hat auch François der Sicherheitswahn erfaßt? Es gefällt ihm gar nicht, daß die ganze Zeit über, während sie sich mit den beiden jungen Frauen unterhielten, drei oder vier Kerle untätig um sie herumstrichen, sich zusammenschlossen. Es gefällt ihm gar nicht, daß diese Jungen ihnen folgen, manchmal sogar vor ihnen hergehen auf der Avenue und sie beobachten, während Anaïk ihre Fotos macht, dann andere herbeirufen. Es gefällt ihm auch nicht, daß Anaïk ihre Handtasche ständig offen läßt, weit offen. «Vielleicht möchten sie mich gern fragen, ob ich sie fotografiere und trauen sich nicht?», sagt sie. Vielleicht. François möchte in Garonor ankommen, bevor es dunkel wird. «Trotz alledem, es war nicht nett, wir hätten die Einladung zum Tee von Madame Zineb ruhig annehmen können», wiederholt Anaïk.

Um nach Garonor zu gelangen, muß man Les 3000 durchqueren: die Rue Paul Gauguin, am Parc Robert Ballanger entlang, dann durch die Rue Michel-Ange, von niedrigen Häusern gesäumt, einfamilienhausähnlich, ansehnlicher, gut abgeschlossen, wo ihnen ein paar mürrische Bleichgesichter begegnen, die von großen Hunden gezogen werden. Dann auf die Avenue Georges Braque, eine zweispurige Nationalstraße, wo sie wieder LKWs treffen und wo Menschen fehlen. Dieser Weg ist nicht gedacht, um zu Fuß zu gehen. Dahinter ein Industriegebiet. Dann der Boulevard André Citroën, ein riesiger Kreisverkehr und die Brücke über die Autobahn A 3, die an dieser Stelle geteilt ist. Einsames Gehen im eiligen Verkehr, wo einem nur andere Einzelgänger eilig und blicklos begegnen. Hinter der Autobahn zeichnet sich rechts die blinde Masse von Garonor ab. Doch an dieser Seite liegt kein Eingang. Es geht am Zaun entlang, mehrere Kilometer vielleicht. Links hinter einem anderen Zaun breitet sich im sinkenden Tag eine komplizierte und verbotene Landschaft aus: ein kleines Tal und im Hintergrund etwas, das wie eine Kläranlage aussieht, wie ein kleiner, ausgetrockneter See, mitten zwischen wilden Blumen und sehr hohen Bäumen, zwischen Felsen und hohen Ruinen: ein Bauernhof, Lagerschuppen oder eine Fabrik, längst aufgegeben. Und noch weiter hinten, wenn man den anderen Hang wieder hochgeht, eine glatte Fläche achtstöckiger Häuser, Metall und Spiegel: das Geschäftszentrum Paris-Nord. Sie durchqueren eine Baustelle, und ein Schild eröffnet ihnen, daß hier das Bürohaus Bonaparte entsteht:

BONAPARTE: DIE KLUGE WAHL

ruft das Schild in der Wüste. Aus der Wüste taucht eine schwarze Frau auf, die hin und her wankt und sie nach dem Bus fragt. Gibt es denn einen Bus?

Und dann endlich, als sie erschöpft glauben, sich verirrt zu haben, nachdem sie an einem Friedhof vorbeigekommen sind und sich in der Ferne arrogante Wohnblocks abzeichnen, kommen sie am äußersten Ende von Garonor an, und schließlich taucht das Fimotel auf im wiedergefundenen Dröhnen der Autobahn A 1. Das Fimotel mit seinem kessen Federbusch aus Bäumen, freundschaftlich, so von hinten und fast überraschend. Der Fahrer eines Busses mit englischen Touristen verfolgt ihre Ankunft mit dem finsteren Blick, den man für Landstreicher übrig hat.

Im Fimotel haben die Forzu, Fordings, Forklums sich endlich den Bauch vollgeschlagen und drängen sich auf Kommando der Ciceronenfrau in Autos. Wohin geht es? Paris in zwanzig Minuten, ein Zug durch die Gemeinde? Da erreichen mit einem weiteren Bus holländische Rentner ihr Nachtquartier: eine hübsche Europatour durch die Autobahn-Motels.

Jetzt gilt es, Garonor in seinem Element zu sehen: nachts also. Im Schatten der immer noch leeren Lagerhäuser brechen sie wieder auf. Und am Ende ihres erneuten Marsches treffen sie nur auf verschlossene Türen. Außer dem Baronor, das um halb zehn schließt. Nur ist es bereits neun Uhr. Doch die Wirtin sagt, sie könnten ruhig bis elf bleiben. «Es stört sie niemand.» In der Cafeteria gibt es nur noch vertrocknetes Hähnchen. Sie sind die letzten. Sie gehen mit ihren Tabletts bis nach hinten, wo ein bißchen was los zu sein scheint. Kartenspieler. François verfolgt ihr Spiel: Poker, Rommé? Es gilt: 100, 200 Francs. Das sieht nach hohem Einsatz aus. «Wir mögen keine Kiebitze», sagt einer. «Beruhige dich, du weißt doch, wir spielen sowieso nur Mau-Mau,» antwortet ein anderer. «Sie sind doch hoffentlich keine Journalisten?» Nein, sie sind keine Journalisten.

Als sie nach Hause gehen, stolpern sie zwischen Scheinwerfern durch die Dunkelheit, für Augenblicke immer wieder geblendet durch Lichter, wie Hasen oder Igel vom Strahl herumstrolchender LKW-Scheinwerfer erfaßt, und wiederholen, daß sie in Garonor nichts gesehen haben.

Garonor

3

Ein wunderhübscher, kleiner Strand – Villepinte: die erbauliche Geschichte eines Sanatoriums – Tremblay «Vieux pays»: eine Wanderung ans Ende der Welt – Ein Jumbo, eine Lerche – Betrug – Krokodile im Kanal – Monsieur Salomon «aalt sich»

Mittwoch, 17. Mai 1989. Die Nacht war lau und schön. Der Lärm der Autobahn hätte sie am Schlafen hindern können, doch zum Glück reisen sie in einem Land, in dem Klimaanlagen weder ausfallen noch höllisch brummen und in dem man die Fenster also zu lassen kann.

Am nächsten Morgen finden sie ihre geliebte Terrasse in strahlender Sonne wieder. Es wird einem immer noch schwindlig angesichts der in wenigen Metern vorbeibrausenden LKWs hinter der Glaswand. Die Forzus sind verschwunden. «Ich habe den Eindruck, weit weg zu sein,» sagt François. «Ich habe sogar eine ganze Weile gebraucht, bis mir klar wurde, daß es nicht normal ist, 45 Francs für ein Gespräch nach Paris zu bezahlen.» «Das Hotel liegt an der Autobahn wie andere am Meer. Die Terrasse ist der Strand. Das Rauschen der Autos ist das des Ozeans. Ich finde sogar, daß dieses Himmelblau irgendwie an Meeresgrau erinnert. Und die Benzindämpfe brennen in den Augen wie die Gischt», entgegnet Anaïk.

Laut Programm müßten sie jetzt in Villepinte wieder in den

Zug steigen: nächste Station, Sevran-Beaudottes. Doch sie haben Villepinte noch nicht besichtigt. Sie haben es sogar links liegen lassen.

Sie müssen sich klarwerden, wie sie vorgehen wollen. Der Tag gestern hat ihnen gezeigt, daß es 1. nicht unbedingt Hotels in Bahnhofsnähe gibt (Manchmal werden sie also im weiten Umkreis suchen müssen, was ihre Reise sehr kompliziert); daß 2. die Bahnhöfe nicht unbedingt in der Ortschaft liegen, deren Namen sie tragen; daß sie 3. folglich ihre tägliche RER-Fahrt von einer Station zur nächsten als einen Bruchteil der Strecke ansehen müssen, die sie tatsächlich zurücklegen, wenn sie die Umgebung ein wenig kennenlernen wollen; daß 4. die Gemeinden so ineinander verzahnt sind, daß sie sich aus Versehen, wie am Vortag in Les 3000 von Aulnay, in einer Stadt wiederfinden können, wo sie erst einige Tage später hinwollten.

Kurz, sie werden das Prinzip der täglichen Strecke von einem Bahnhof zum nächsten beibehalten, es jedoch lockerer handhaben, bereit sein, zu springen, zurückzukehren, zurückzuhüpfen. Deshalb werden sie heute abend in Villepinte schlafen. Mitten im Dorf gibt es sicher ein Hotel – da, wo auf der Karte Rathaus, Kirche und Sanatorium eingezeichnet sind.

Doch niemand kann ihnen den direkten Weg sagen, auf dem sie von Garonor nach Villepinte kommen. Kommt gar nicht in Frage, daß sie die Tour vom Vortag mit Gepäck noch einmal machen. Bleibt also nur die Rückfahrt nach Roissy. Eine halbe Stunde auf den Bus warten, der auf einer verlassenen Straße hinter dem Hotel abfährt. Umsteigen in Roissy-Bahnhof, an den Spaßvögeln mit ihren Mützen vorbei, die jedesmal spöttischer grinsen. Vor der Schalterklappe Schlange stehen. Diesmal ist die Menge japanisch. Wieder 16,40 Francs bezahlen: «Flughafengebühr» bellt der Beamte. Es ist nach elf, als sie schließlich auf dem immer noch völlig menschenleeren Bahnsteig von Villepinte stehen.

Anaïk fotografiert den leeren Bahnhof: Beton, *tags*, so zerfetzte Plakate, daß Raymond Hains vor Neid erblassen würde, dem François früher einmal im Pariser Nachtleben begegnet ist auf der Suche nach zerfetzten Plakaten – raffinierte Kunstwerke, die man von Bretterzäunen ablösen mußte und die heute im Pariser

Museum für moderne Kunst hängen. Sie fotografiert die widerlich dreckige, moosgrün gekachelte Unterführung. Die Teilstrecke von Roissy nach Aulnay wurde gleichzeitig mit dem Flughafen gebaut: Die Bahnhöfe sind modern, sie stammen von richtigen Architekten, von solchen, die ihr Handwerk beherrschten. Elegante Bögen, luftige Pfeiler, Zeltdächer, klare Linien, die edle Verbindung von Beton, Glas und Holz. Jetzt ist alles verdreckt.

Draußen liegt immer noch die stumme Weite des Parkplatzes in der stechenden Sonne, rachitische Tamariskenbüsche und Sträucher mit weißen Blüten (deren Namen sie nicht kennen, vielleicht eine Heckenrosenart? Sie haben kein Botanikbuch dabei), die Reihe der Bushaltestellen. Im Winter bei Dunkelheit, in Kälte und Regen muß das Warten hier fürchterlich sein. Der Bus nach Villepinte ist der 648er.

Ein Mann mit indischem Aussehen (ein Mauritier?) wirkt noch verlorener als sie. Sie möchten ihm gern helfen. Doch im Verlauf des Gespräches erfahren sie, daß er sich genau auskennt. Er ist nicht hilflos, nur sehr, sehr müde. Er ist um halb fünf aufgestanden.

Villepinte

Aus Stains kommt er. Dort hat er als Streckenwärter gearbeitet. Zur Zeit bekommt er noch 80% des Arbeitslosengeldes, aber das reicht nicht. Also ist er wegen einer Stelle so früh aufgestanden, doch er hat sie nicht bekommen. Anstatt sich danach wieder schlafen zu legen, ist er zu einem Freund in Villepinte gefahren, der vielleicht Arbeit für ihn wüßte... Und dieser Freund hat ihn zu einem Freund geschickt in Les 3000 von Aulnay, der vielleicht... Und nun hat er schon ein paarmal versucht, ihn von einer Telefonzelle aus anzurufen. Ob er wohl trotzdem hinfahren soll? Er weiß es nicht mehr. Er redet. Er muß reden. Eine Viertelstunde, zwanzig Minuten. Dann kommt sein Bus, und er rennt hinüber zur Haltestelle am anderen Ende vom Bürgersteig. Er war nur zum Reden an die Haltestelle des 648er gekommen.

Dann taucht der 648er endlich auf. Ohne anzuhalten fährt er leer an ihnen vorbei, macht eine große Runde und versteckt sich hinter einem Gebüsch. Ein Mädchen, das gerade aus dem Bahnhof kommt, beruhigt sie: «Um 11 Uhr 07 kommt er zurück.» Dann tauchen zwei krumme, alte Damen auf, begrüßen sich und erzählen über ihren Notar und die Wechselfälle des Lebens. Das Mädchen fragt schüchtern vortastend: «Aha, Sie wollen sich die Gegend ansehen.» Sie wundert sich nicht. «Hier herum gibt es schöne Ecken.» Die Damen mischen sich ein: Vieux Pays, das Dorf, den Kanal. Das Mädchen wohnt in La Haie Bertrand, neue Einfamilienhäuser, von denen eine Hälfte vom Bauträger Les Castors (den Bibern) errichtet wurde. Das ist die nächste Haltestelle. Ihre Eltern kommen aus Paris, aus dem elften Arrondissement; sie hatten anfangs eine Sozialwohnung in Aulnay, aber sie hat schon immer hier gewohnt. Es gefällt ihr. Sie lebt auf dem Land und hat absolut keine Lust, später woanders zu wohnen. Und garantiert nicht in Paris. Dort würde sie ja ersticken. Paris, das kennt sie gut, sie geht nämlich ins Lycée Racine, und später will sie Chefsekretärin werden. Nein, nicht daß ihr das besonders gefiele, doch irgend etwas muß man ja tun. Sie nimmt den Bus *plus* die RER *plus* die Metro. Das geht noch. Besonders wenn man von einer Vorstadt zur anderen muß, ist es oft viel schwieriger. Eine Freundin von ihr wohnt in Villepinte und arbeitet in Bondy, dabei ist das nicht weit, aber es dauert jedesmal anderthalb Stunden. Was sie in ihrer Freizeit macht? Oh, sie ist schüchtern, am liebsten bleibt sie zu Hause. Sonntags zieht sie mit ihren Hunden los. Nein, Angst hat sie nie, aber natürlich nimmt sie nicht spät abends die RER.

Der Bus kommt zurück und bringt seine paar Fahrgäste in die Ebene. Im Norden Bäume, durch die man bis Roissy sehen kann und aus denen der grünliche Umriß eines Ibis-Hotels mit seinen Bullaugen auftaucht. Das Mädchen steigt an seiner Haltestelle aus: Schmucke Einfamilienhäuser aus glänzenden Backsteinen, das Ganze wohlweislich eingefriedet. Nächste Haltestelle ist das alte Villepinte – das Dorf. Dort steigen sie aus. Drei Stunden haben sie von Garonor aus gebraucht. Mit dem Auto hätten sie es in zehn Minuten oder einer Viertelstunde geschafft. Vielleicht gibt es ja einen Bus quer durch. Die RATP hat große Anstrengungen unternommen, um Busverbindungen zwischen den Vorstädten zu schaffen. Doch wie soll der Ortsfremde sie finden? Ein Tip für Reisende: Es ist zwecklos, sich auf den aufwendigen Wälzer *Die Pariser Vorstädte, Pläne, Einbahnstraßen, Busse*, erschienen bei L'Indispensable (Ausgabe von 1989), zu verlassen: Was Villepinte angeht, da nennt er *keinen einzigen* Bus. Es ist nutzlos oder sogar gefährlich, sich vor Ort zu erkundigen. Die Einheimischen, die sie fragen, nehmen nämlich nie den Bus oder kennen nur *ihren* Bus oder – das kommt am häufigsten vor – haben keine Vorstellung, wo der Ort, den man ihnen nennt, wohl liegt, und das aus dem einfachen Grund, weil sie meist keine Einheimischen sind. Man kann wirklich nur mit dem Auto herumfahren. Alles andere wäre wie zu Zeiten von Segelschiff und Öllampe.

«Apropos Segelschiffahrt,» sagt François, «hier ein Spruch, der genau auf uns zutrifft: Das Segelschiff ist das unpraktischste, langsamste, ermüdendste und kostspieligste Mittel, von einem Punkt zu einem anderen zu gelangen, an dem man nichts zu suchen hat.»

Ein ehemaliges Bauerndorf wie Roissy. Es ist Mittag, auf dem Rathausplatz kein Mensch. Eine elektronische Anzeigentafel. «Nachrichten» flimmern vorüber: das Tagesmenü der Schulkantine, dann

MUTTERTAG
Ein Gedicht für Mutti
Die prämierten Gedichte werden
auf den Leuchttafeln angezeigt.

Es gab Bauernhöfe. Geblieben ist die Kirche, düster, verschlossen, die an die düsteren Wirtschaftsgebäude des Sanatoriums angrenzt, das heute das Krankenhaus ist. Ein großer Backsteinbau mit einem Türmchen, ein Schloß aus dem 19. Jahrhundert. Im Hof ein paar schwarze Krankenpfleger in weißen Kitteln, die Türen zu den großen Wäschekammern stehen offen. Auf der anderen Straßenseite in einem anderen Park, das Centre Sainte Marie für Behinderte. Alles ist ruhig. Zwei Nonnen gehen vorbei. Anaïk will sie nicht fotografieren. «Ich mag keine Nonnen.» – «Du willst doch nicht behaupten, daß du nur fotografierst, was du magst», sagt François. «Doch», antwortet sie. Kein Hotel in Sicht.

*

Villa Picta: Villepinte stammt vielleicht noch aus der Römerzeit. Es war ein abgelegenes Bauerndorf auf dem Weg von Gonesse nach Tremblay mitten in einem Landstreifen, der ungefähr in Nord-Süd-Richtung liegt. Nach Süden hin, drei Kilometer von hier, grenzten diese Ländereien an den Wald von Bondy, dann, nachdem er gegraben worden war, an den Canal de l'Ourcq. Später wurde die erste Eisenbahnlinie nach Soissons am Kanal entlang gebaut, in den zwanziger Jahren folgten die ersten Siedlungen und schließlich, nach dauernden Beschwerden, wurde die Station Vert Galant eingerichtet. Die Stadt wuchs langsam auf das Dorf zu, bis insgesamt eine mehr oder weniger lose Stadtstruktur entstanden war. Heute ist das alte Dorf nur noch die nördliche Außenstelle einer Gemeinde, die umso dichter besiedelt ist, je mehr sie zum Kanal hin abfällt. Vor ein paar Jahren gab es die Landgemeinde noch mit ihren großen Gehöften und einigen Bürgerhäusern inmitten von Bäumen. Im Süden lag die Gemeinde der Proletarier, die aus den Arbeitervierteln von Paris hergekommen waren. Pfiffige Siedlungsbauer hatten sie hergebracht, indem sie Gelände zerstückelten und wieder weiterverkauften, nachdem sie es mit einer Art Straßennetz überzogen hatten aus Feldwegen, mit Schlacke bedeckt. Sie sorgten weder für fließendes Wasser (jeder Neuankömmling mußte seinen Brunnen graben) noch für Licht oder eine Kanalisation. In den ersten Wintern versank das Land der «Pioniere» in Wasser und Schlamm. Ihre Häuser waren meist Holzbaracken. Es gab also ein Notabelndorf und ein Armendorf, bevor daraus die heutige Ortschaft mit fast 20.000 Einwohnern wurde.

1899 schrieb Monsieur Bidet, der Schulmeister:

> Einige Familien stehen einer Belehrung nicht völlig ablehnend gegenüber, manche der Wohlhabenderen helfen dem Lehrer sogar, der sich nicht vergebens auf sie stützt. Doch die Arbeiter sind von fünf Uhr morgens bis sechs oder sieben Uhr abends nicht zu Hause und von empörender Gleichgültigkeit. Auf die Vorhaltungen des Lehrers, der die meisten von ihnen aufgezogen hat, antworten sie, daß sie «überhaupt keine Zeit haben, sich um ihre Kinder zu

kümmern und sich auf ihn verlassen, was deren Belehrung angeht».

Zwar müßten die Mütter diese Aufgabe übernehmen, doch natürlich fehlt es ihnen in diesem Bereich an Energie, und die Kinder nutzen ihre Schwächen aus... Die Jungen werden nach der Schulentlassung Landarbeiter und die Mädchen Näherin oder eher noch Wäscherin. Solange die Alten denken können, war es immer so, und das wird sich wahrscheinlich nicht so bald ändern.

Damals hatte die Schule von Villepinte fünfundvierzig Schüler. Der Lehrer war wie üblich auch Gemeindeschreiber und beklagte sich über die Unmenge an Arbeit, die ihm daraus erwuchs: «Die zahlreichen Sterbefälle, die allein das Schwindsüchtigen-Spital liefert, kosten bereits seine gesamte Zeit...»

Die Schwindsüchtigen: Jene Herde blasser Mädchen in Schwarz, die jahrelang durch Villepinte geisterte. Hier im Schloß ließ sich vor mehr als einem Jahrhundert das Barmherzige Werk für ausgezehrte Mädchen nieder, das erst das Asyl von Villepinte und als dann der Koch-Bazillus entdeckt wurde, 1880 das Sanatorium von Villepinte, das älteste in Frankreich, wurde. Die Entstehung geht auf die Schwestern von Marie-Auxiliatrice in der Rue de Maubeuge in Paris zurück, die sich darauf spezialisiert hatten, Leiber zu pflegen und Seelen zu retten. Ein frommes Buch erzählt, wie der Himmel ihnen durch den Mund eines Kindes den Gedanken dazu eingab:

Eines Nachts lag im Pavillon de Coulanges ein krankes Mädchen im Sterben. Es schlief, erwachte dann plötzlich mit brennenden Augen und rief die Schwester. «Was ist Ihnen, mein Kind?», fragte sie es. «Oh, Schwester, ich habe im Traum ein schönes, großes Haus auf dem Land im Grünen gesehen, in das viele ausgezehrte Mädchen hineingingen und von den Schwestern dort aufgenommen wurden: Manche wurden gesund, andere starben, doch alle hatten strahlende Gesichter! Ich will mein Leben opfern, damit Jesus diesen Traum Wirklichkeit werden läßt.» Das Kind verschied im ersten Morgenschein.

Die Bewohner von Villepinte scheinen die Einrichtung des Asyls nicht sonderlich begeistert aufgenommen zu haben. Ein Beschluß des Gemeinderates zeigt, daß sie sich darüber beklagten, daß dort entschieden zu viel gestorben werde. Sie waren schließlich nicht krank, sie starben normal, also sahen sie auch nicht ein, wieso sie für die Erweiterung des Friedhofs bezahlen sollten.

> Die Bevölkerung wird niemals zustimmen, daß die sterblichen Überreste der Menschen auf der vorderen Hälfte des Friedhofs ausgegraben werden, um durch Fremde aus allen Ländern ersetzt zu werden ... Außerdem schickt die Rue de Maubeuge ihre Kranken nur wenige Tage vor deren Tod hierher, um die Lasten und Kosten einer Beerdigung zu sparen, denen sie sich in Paris nicht so leicht entziehen könnten wie in Villepinte.

Da wurde den Schwestern ein ziemlich übles Kalkül zugetraut. Doch die Bewohner von Villepinte fühlten sich überfahren. Und wie immer kamen die Vorschriften aus Paris. Dieses Paris, das seine Überzähligen, seinen Ausschuß überall in den beiden Departements Seine und Seine et Oise ablud. Seine Gasometer und Fabriken, seine Müllkippen und Rieselfelder, seine Friedhöfe und Heime für Alte und Bedürftige. Und ihnen brummte Paris die Schwindsüchtigen auf. Der Lehrer und der Gemeinderat beklagten, daß Paris das Fremde abschiebe und bei ihnen unterbringe, und das in seiner unerträglichsten Form: Krankheit und damit Tod. Natürlich waren die Leute in Villepinte nicht bösartig. Großzügig brachten die Bauern Erträge aus ihren Gärten und von ihren Jagden ins Asyl.

Die Sache läuft und entwickelt sich. Zwischen 1881 und 1890 kommen fast 8000 Kranke. Es entstehen neue Gebäude. Schlafsäle, strikte Hausordnung, Disziplin und sittsame Zerstreuungen. Uniform für alle Pensionärinnen – schwarze Schürze, weißer Kragen – vom kleinen Mädchen bis zur Erwachsenen. Traurige, fürchterliche Postkartenbilder aus der damaligen Zeit, die sich so fromm und beruhigend geben wollen: Nähstube, Luftkuren und Spaziergänge. Die Zeitung *Le Figaro* ruft zu Spenden auf und sammelt in der besseren Gesellschaft. 1931, zur Fünfzig-

Jahr-Feier führt die Duchesse d'Uzès den Vorsitz, und Kardinal Verdier gibt seinen Segen. Die Marquise de Montaigu, die Comtesse de La Rochefoucauld, der Marquis de Rochambeau, sowie Monsieur Panhard, «der ergebene Präsident des Verwaltungsrates», nehmen teil. Eine Rose in der Hand, die berühmte Rose von Villepinte, trägt eine junge Pensionärin ein Verschen vor.

Kaum erblühtes Blümlein, sag allen, die dich leben lassen
Merci!
Und du Knospe, die noch wachsen will
Lächle der Zukunft entgegen und sag der Morgenröte
Merci!

Zu ergänzen ist, daß das Sanatorium von Villepinte bis 1950, als der allgemeine Gebrauch von Antibiotika die Einrichtung überflüssig machte, die Spitze des Fortschritts und der Forschung im Kampf gegen die Tuberkulose darstellte. Bereits 1897 war dort ein bakteriologisches Labor eingerichtet worden, und es wurde mit neuen Behandlungsmethoden experimentiert wie etwa der «Luftkur». Heute wird das Sanatorium anders genutzt, hauptsächlich zur Krebsbehandlung. Die Zahl der Betten ist wesentlich geringer, manche Gebäude wurden abgerissen.

*

Kein Hotel in Sicht, aber ein Café. François erinnert sich an Zeiten, als er in der Pariser Umgebung lange Wanderungen durch Feld und Wald unternahm. Jedes Dorf hatte seinen Kolonialwarenladen mit Ausschank, und man konnte dort ein Zimmer mieten. Im tiefsten Winter war es oft nicht geheizt, doch man schlief gut. Hier sieht sie die Wirtin mißtrauisch an, und der Wirt behauptet, daß es kein Hotel in der Umgebung gebe. Vielleicht in Richtung Bahnhof Vert Galant? Ja, vielleicht. Er kommt nicht aus der Gegend. Er ist erst seit zwei Jahren da. Sie glauben doch wohl nicht, daß er da Zeit zum Spazierengehen hatte. (Deshalb kennt er wahrscheinlich auch das Hotel Ibis nicht, das wie ein dicker, schwärender Pudding kaum einen Kilometer weiter emporragt.) Ja, ist nicht schlecht hier, er kann sich über die Kundschaft nicht beklagen. «Außer einem kleinen Teil, Sie verstehen schon, was ich sagen will.» Nein, verstehen sie nicht. In dem Café werden auch Tabakwaren und Zeitungen verkauft. *Le Monde* gibt es nicht, jedoch gut sichtbar *Présent*, die Zeitung der Front national. Aber *Présent* liegt in den meisten Kneipen der Gegend gut sichtbar aus.

Der Wirt nimmt ihre Taschen für eine Stunde oder zwei in Verwahrung. Die Wirtin bleibt mürrisch: Es könnte ja einer auf die Idee kommen, im Dorf Villepinte eine Bombe zu legen. Bei Sonnenschein machen sie sich auf nach Tremblay Vieux Pays. Immer der Straße nach kommen sie am Tierfriedhof vorbei: den sollte man besichtigen.

Die Straße verläuft gerade, kaum Autos, zwei Radfahrer in Rennkleidung strampeln mit gesenktem Kopf vorbei, ohne sie zu sehen. Und da liegt auch schon der Friedhof, wo, wie sie in einer Monographie gelesen haben, «Hunde, Katzen, Affen, Vögel, Kaninchen, usw. ruhen». Sie hätten gern genauer gewußt, was diese *usw.* sind. Durch die Gitter bellt der Wächter: «Wir schließen um zwölf. Kommen Sie um zwei wieder. Bis dahin

Tremblay Vieux Pays

können Sie ja den Menschenfriedhof ansehen gehen. Der liegt gegenüber, und der Eintritt ist frei.»
 Die Straße führt quer durch ausgedehnte Felder. Erbsen in Blüte, Weizen und Mais stehen dicht. «Der Geruch hier kommt mir bekannt vor», stellt Anaïk fest. «Es ist der Geruch meiner Kindheit.» Der Geruch nach verfaulten Rüben aus dem letzten Winter, der hartnäckig aus dem Boden aufsteigt. «Ein widerlicher Geruch», fängt Anaïk wieder an, «es riecht nach Tod.» Am Ende der Straße, nach zwei oder drei Kilometern, die Umrisse von langgestreckten Gehöften unter hohen Bäumen, hinter denen man in regelmäßigen Abständen glänzende Flugzeugrümpfe oder Jumboschwänze auf dem Weg zu ihrer Startbahn vorbeikriechen sieht. Man sieht, und vor allem, man hört in Schüben höllisches Dröhnen. In der Gosse finden sie zerquetscht und fast im Boden eingetrocknet tote, rötlich-schwarze Schlängelchen. Es sind die abgeschnittenen Zöpfchen einer Afrikanerin.
 Und schließlich Tremblay Vieux Pays. Aus der Nähe betrachtet sind die Gehöfte nur noch Ruinen. Die Häuser sind vermauert. Sie

gehen ins Dorf und landen auf dem Kirchplatz. Vor einem Restaurant mit zahllosen Aufklebern für Kreditkarten parken dicke Autos. Ein Metzger bietet ein Essen zum Bombenpreis, da sind sie mißtrauisch. Etwas im Hintergrund liegen eine Feuerwehrkaserne aus Metall mit türkisfarbenen Zwischenwänden und ein paar neue Einfamilienhäuser. Der Flughafenzaun verläuft ein paar Schritte weiter nördlich hinter zwei oder drei ansehnlicheren Häusern und hohen Bäumen. Zwei Gehöfte mit riesigen, rechteckigen, verlassenen Höfen, deren lepröse Wirtschaftsgebäude bereits das Aussehen galloromanischer Ruinen annehmen; Traktoren rosten, Wäsche trocknet. Das Heulen der Triebwerke an immer derselben Stelle zermalmt alles, und in den Ruhepausen singen Hunderte von Vögeln. Sind das die *Singdrosseln*, auf die der Prospekt des Parc du Sausset besonders hinweist? Ungewöhnlich in dieser Verlassenheit am Ende der Welt: eine Gartenliege und ein Sonnenschirm warten auf jemanden, der hier seine Ruhe genießen will. Vor der Kirche, verschlossen und mittelalterlich, streckt der Soldat auf dem Kriegerdenkmal gänseschiß-grünen Lorbeer mit blutroten Flecken ins Leere. Sie suchen sich ein Plätzchen hinter der Kirche und lassen sich im schmutzigen Gras unter Linden nieder. Ein paar Schritte weiter picknicken Türken vor der offenen Tür ihres alten Wagens. Anaïk reinigt ihre Objektive mit einem Gummibällchen: «Ich versteh' nicht, warum es hier so viel Staub gibt», seufzt sie.

Ein paar Schritte auf der Departementstraße bringen sie noch näher an die Rollbahnen. Ein Silberstreifen in den Bäumen, ein Haufen Abfälle, sie stehen am Rand eines Feldes, an dessen Ende der Kontrollturm auftaucht. Sie suchen ein gewisses «Blaues Schloß», das auf den Karten eingezeichnet ist, finden es nicht, treffen dafür Madame Agnieszka, die nur noch wenige Zähne hat und kaum Französisch spricht. «*Dzien dobry*», sagt François höflich. «*Dzien dobry panu*», antwortet Madame Agnieszka, doch das Polnisch des einen ist noch begrenzter als das Französisch der anderen. Es stellt sich jedoch im Gespräch heraus, daß sie 1947 aus Polen gekommen ist, immer hier auf den Bauernhöfen gearbeitet hat und daß sie das «Blaue Schloß» nicht kennt. So: Sie ist die einzige Person im «Alten Flecken», deren Stimme sie gehört haben.

Sie kehren dem Dorf den Rücken zu, um auf einem Weg quer durch die Felder wieder nach Villepinte zu gehen. Sie kehren auch der Parade der startenden Flugzeuge den Rücken zu, doch andere überfliegen sie in geringer Höhe. Sie kehren dem Ende der Welt den Rücken zu. Der «Alte Flecken» ist wie das Ende der Welt. Dahinter verläuft der Zaun, und hinter dem Zaun sind die Flugzeuge, die in andere Länder fliegen. Doch noch weiter? Gibt es noch eine Welt dahinter? Steht hinter den Rollbahnen wirklich wieder ein Zaun, ist es möglich, daß dort wieder Felder beginnen, Dörfer, Straßen, Städte und das bis zum Nordkap? Ist es möglich, daß man wieder Leute trifft? Tremblay Vieux Pays, eine bombardierte Landschaft an der Front, wo das Leben ausgesetzt zu haben scheint, auf wackligen Füßen steht wie ein Zeltlager in Ruinen, wo fettiges Papier verstreut liegt, kurz bevor man endgültig aufgibt. Ist dies hier nicht der letzte Hafen vor dem Ende der Welt, und ist Madame Agnieszka nicht das letzte menschliche Wesen? *Finis terrae*, Finistère, Land von anderswo, wo einen das Gefühl beschleicht, dort angekommen zu sein, wo alles aufhört: Wenn an den Grenzen Labradors etwa die letzte Straße an einer Kornblumenstaude plötzlich aufhört vor der grenzenlosen Weite voller Zwergtannen, und man weiß, daß von hier an auf Tausenden von Kilometern niemand lebt, daß nur noch ein paar zeitweilig genutzte Hütten dastehen, wo indianische Jäger Unterschlupf finden, und wo vielleicht, weit weg, sehr weit weg, am Rand des Baffinmeeres und bis zum Packeis in Richtung Nordpol ein paar legendäre Inuit leben. An den Rändern von diesem Ende der Welt traf François an einem Sommerabend, als der Sonnenuntergang nie aufhörte, einen freundlichen Wal.

Sie schwitzen, sie haben Hunger und malen sich die Sandwiches aus, die sie im Café von Villepinte erwarten. Lerchen steigen aus dem grünen Weizen auf, und ihr durchdringender Schrei entfernt sich zur Sonne hin. Sie scheuchen ein Rebhuhn auf, finden Kaninchenkot im Ginster und blaue Blumen, Butterblumen und Löwenzahn mit Pusteblumen, deren Fallschirmchen man spielerisch in alle Richtungen pusten kann. Weiter unten in Richtung Departementstraße zeigt eine Betonfläche die Stelle an, wo, wie ein Schild verkündet, ein «Platz für Landfahrer» angelegt

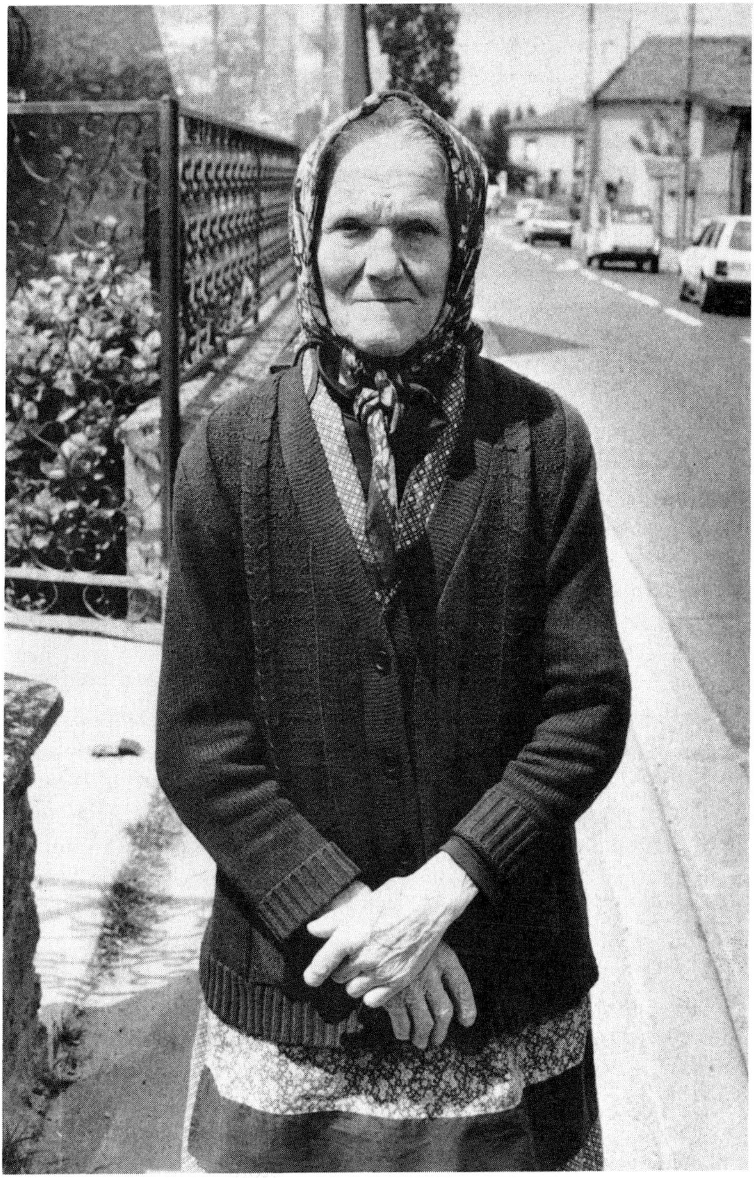

wird. Es dürfte schwer sein, sie noch weiter weg als in diesem Loch unterzubringen. Sie kommen in ein Wäldchen, wo der drekkig-trübe Sausset fließt. Zwei kleine Mädchen plantschen darin. Sie gehen unter dem Bogen einer aufgegebenen Brücke durch, der quasi tausendjährigen Ruine einer Eisenbahnstrecke, die niemals in Betrieb genommen wurde – was gab es dazu Wahlversprechen und Petitionen! Zurück zum Café. Doch im Café gibt es nichts zu essen. Keine Sandwiches. «Der Bäcker hat zu. Er macht um drei wieder auf.» Es ist schon weit nach drei? «Ja, kommt ganz darauf an. Wenn er Gemüseholen gefahren ist, wird's später. Warten Sie lieber nicht.»

Sie gehen mit ihrem Gepäck zur RATP-Bushaltestelle an der Kirche. Immer noch zu, die Kirche. Der Bus fährt ganz durch Villepinte und setzt sie vor dem Bahnhof Vert Galant ab, an einer anderen RER-Strecke. Es gibt ein Hotel, wieder ein Ibis, doch es ist kein Zimmer frei. Und noch eines, zwei Sterne mit Aufzug, Telefon und Fernseher im Zimmer und sogar *Canal plus*. Ein beflissener Herr zeigt Mitleid, ist untröstlich, aber heute beginnt die ...-Messe (ein Wort mit «Tex»). «Die Gäste reservieren ein Jahr im voraus. Sehen Sie sich nur meine Liste an. Glauben Sie mir, es ist nicht meine Art, Leute auf der Straße stehen zu lassen, normalerweise rufe ich Kollegen an, doch in dem Fall *weiß ich*, es ist zwecklos. Bis nach Paris ist *alles* ausgebucht.» Das Gespenst der Rückkehr zum Gare du Nord erscheint wieder. Doch der Mann ist in Ordnung. Er hilft ihnen trotzdem aus der Patsche. Er hat noch ein Zimmer. Es hat eine kleine, nun ja, Eigenheit. Er möchte ihnen gern behilflich sein. Ob sie es sehen wollen? Sie sehen es sich an. Ist er noch geblendet vom langen Aufenthalt in der Sonne, der Hitze auf der Straße? François sperrt die Augen auf und sieht nur ganz Gewöhnliches, zwei Betten, das Waschbecken im Zimmer, es ist etwas dunkel, aber komfortabel. Es gibt einen Tisch zum Arbeiten, und das ist die Hauptsache. François möchte nämlich seine Aufzeichnungen auf den neuesten Stand bringen. Anaïk sagt nichts. Sie gehen wieder hinunter, Klick-klack, die Kredit-Karte, 350 Francs, man hat Vertrauen, und dann sind sie wieder in *ihrem* Zimmer. François läßt sich aufs Bett fallen. Da erst fesselt etwas direkt zu seinen Füßen seinen Blick, etwas Dickes, Riesiges, Ungeheuerliches, und scheint plötzlich das ganze Zimmer einzunehmen. «Was ist denn das?» – «Das», antwortet Anaïk spitz, «ist ein Lokus.» Das Ding wird übrigens vervollständigt durch ein Schild, daß keinen Zweifel läßt, wozu es da ist:

> Dieser Apparat ist
> AUSSCHLIESSLICH
> für Fäkalien bestimmt.

Wie man es auch anstellt, es ist unmöglich, sich im Zimmer zu bewegen, ohne an dieses thronende Ding zu stoßen. «Es gibt kein Telefon», bemerkt Anaïk. «Und keinen Fernseher», stellt François fest. Adieu *Canal plus.* Sie sind sowieso zu müde. «Was machen wir denn morgen, wenn alle Hotels ausgebucht sind?» – «Ich habe auf der Straße eine Werbung gesehen für ein Hotel in Sevran-Beaudottes», sagt Anaïk. Und François spottet: «Bravo, wo doch alle ausgebucht sind.» – «Ich habe von einer Zelle aus angerufen. Für morgen haben wir dort zwei Zimmer», setzt Anaïk hinzu. Plötzlich erscheint ihnen das Leben weniger düster unter dem dicken, schwarzen Auge des Riesenlokus.

Canal de l'Ourcq

Canal de l'Ourcq

Tun wir was, verlassen wir dieses Loch, gehen wir wieder raus in die Sonne. Hinter dem Bahnhof liegt der Kanal, dessen undurchdringliches, grünes Wasser träge zwischen hohen Bäumen fließt. Auf der anderen Seite ein Hang mit einem Wäldchen, Überreste des Waldes von Bondy, der Waldpark von Sevran, wo früher die staatliche Pulverfabrik lag. Es ist ein lauer Spätnachmittag. Drei Kilometer laufen sie den ehemaligen Treidelpfad entlang, auf dem Radfans, Joggingfreunde und Hundeausführer eilig vorbeikommen. *Große* Hunde. Das Tier des Jahres ist eindeutig der Husky. Fischer erzählen ihnen die Geschichte von dem Krokodil, das im vorigen Monat im Kanal gefunden wurde. «Ganz bestimmt. Das Foto war in der Zeitung, in *Dialogue*. Sie können ja nachschauen.» (Ja, es stimmt. Später finden sie das Foto. Der Mann, der das Krokodil entdeckt hat, ist zu sehen, wie er die Stelle zeigt, an der er das Krokodil gesehen hat. Sie finden ebenfalls das Bild vom *Ungeheuer von Aubervilliers*, das etwas weiter aus dem Canal Saint Denis gefischt wurde: «Es handelt sich um eine seltsame Schlammschildkröte, deren Maul wirklich an das eines Krokodils erinnert, nur daß es sich in einer Art Rüssel fortsetzt.»)

Bei der Schleuse von Sevran, da wo das Wäldchen aufhört, sitzt Monsieur Salomon vor seinem Häuschen auf einem Campingstuhl und schöpft frische Luft. Er trägt Shorts und ein ausgeschnittenes Unterhemd. Mit seinem Hund Mickey «aalt er sich», wie er sagt. Er liest die Gratiszeitung des Departments, *93. Die Kleinanzeigen*, das vertreibt die Zeit. Früher war er Landarbeiter im Departement Aisne, das waren schlechte Zeiten, dann kam er her als Maurer. Heute ist er in Rente, und er ist glücklich. Er wäre es noch mehr, wenn seine Frau nicht noch immer im Krankenhaus läge. Man hat ihm eine Hypothek auf sein Häuschen aufgebrummt, damit er für die Kosten aufkommen kann. Er kann nur abwarten. Was nützt es auch, sich Sorgen zu machen. Bis zu dem Tag, an dem er sich zur großen Reise auf dem *Bahnsteig der Ausgestreckten* einfinden wird. Doch jetzt ist es Zeit, sich sein Süppchen zu kochen. Ein Foto? Gern, doch er mißtraut der Sache: «Was soll das kosten?»

Schön ist der Kanal, über dem sich die buschigen Baumwipfel treffen. Ein Steg, von dem aus Efeu bis ins Wasser hängt. Kein einziges Schiff. Sie laufen bis Freinville, zur Westinghouse-Siedlung hinter der Schleuse, bis zu den Kodak-Werken und gehen dann am anderen Ufer wieder zurück. Das einzige Restaurant, das sie in Villepinte gesehen haben und dessen Namen Anaïk so gut gefiel, *Bar des amis, Chez Zézette et Coco*, ist geschlossen. Es gibt zwar das des Hotels mit weißen Tischdecken und kleinen Lichtern: Die Aussteller der «???tex-Messe» sind nach Hause gekommen und stochern in Lachsschaum mit jungen Gemüsen. *Mampf-mampf*. Fahren wir mal nach Aulnay, das ist eine richtige Stadt. Mit der RER.

Aulnay, es wird langsam dunkel, am Platz eine Pizzeria und etwas weiter, am Ende der Straße, das Neonschild eines China-Restaurants mit Tischen in einer Laube. Huhn mit Zitronenmelisse, ein scharfes Gericht aus Sezuan, Wein, es ist wie in Tausendundeiner Nacht. Und das chinesische Restaurant hat ein Hotel. Ein chinesisches Hotel? Ja, in zwei Tagen sind zwei Zimmer frei. Beschlossene Sache. Das Leben lächelt ihnen zu.

Nachts mit der RER zurück. Die Nacht ist warm und sehr

afrikanisch. Mädchen am Wagenende tanzen und schreien laut. An der Station Vert Galant holt Anaïk sie auf dem Platz ein: «Ihr habt aber hübsche Frisuren.» Foto. «Im Zug haben wir uns geprügelt», sagen sie und lachen.

Gare du Vert Galant

4

Ruhe in Sevran Beaudottes – Ein Bahnhof mit schlechtem Ruf – Geschichten über Supermärkte – «Da isses brenzlig» – Ein Stadtteilzentrum – Eine glückliche Kindheit in Sevran Beaudottes? – Der letzte Bauernhof – Ein Briefträger-Geograph – Aulnay-Bondy, die «Cowboy-Strecke» – Ein verwurzelter Einfamilienhausbesitzer

Donnerstag, 18. Mai. Die Nacht ist hart. Leuchtreklamen durchfluten zuckend das Zimmer, und Güterzüge kreischen. Am nächsten Morgen beschließt François zu arbeiten. Jetzt, da er den lang ersehnten Tisch endlich hat, ans Werk. Er zieht sich ins Zimmer zurück, das selbst an einem so sonnigen Tag düster bleibt. Er muß die Stehlampe anmachen. Die ist nicht eingesteckt. Dazu muß er eine andere Schnur abziehen, die in der einzigen Steckdose steckt. So weit, so gut. Und da sie immer noch da steht, die Riesen-Riesensanitäranlage, nutzen wir auch die. Gut. Danach die Wasserspülung. Doch was ist nun los? Alles, was in dem Gerät war, steigt vom Boden auf und überschwemmt den Schaumstoffteppich. So ein Leichtsinn! Die Schnur, die er abgezogen hat, um klar zu sehen, war die Schnur des ZERKLEINERERS von diesem vermaledeiten Apparat. Rette sich, wer kann! Er watet aus diesem zur Falle gewordenen Zimmer.

Weg, nichts wie weg hier, zuträglicheren Orten entgegen. Die RER: Umsteigen in Aulnay, um nach Sevran Beaudottes zu fahren, ihrer dritten Station auf der Strecke. Da sind sie. Der Bahnhof von Les Beaudottes liegt unter der Erde. Vom Zug aus sieht er neu aus. Von nahem besehen ist der Beton schon wie verfault. Die Wände haben senkrechte, gewellte Streifen, abwechselnd Beton und orangefarbenes Metall, was vom Bekleben abhält, für die Sprayer jedoch eine echte Herausforderung bedeutet. Der Bahnhof von Les Beaudottes hat einen üblen Ruf, vor allem den, ein großer Drogenumschlagplatz zu sein. Daß er unter der Erde liegt, gibt den Gerüchten sicher noch Nahrung. Eine neue Stadt, die mit einem Schlag auf dem platten Land auftaucht, hat keine Geschichte, also auch keine Geheimnisse. Und wo könnten Geheimnisse besser gedeihen als unter der Erde?

Im Winter ist der Bahnhof wie ein riesiges Eisluftgebläse, doch im Gegensatz zu Villepinte gibt es auf dem Vorplatz echte Busunterstände, Arkaden aus blauen Metall, zu denen man durch Galerien aus Plexiglas gelangt. Sie landen im schon strahlenhellen Morgenlicht auf einem riesigen Forum, einer Art Campus, begrünt, unfertig und von neuen, nicht sehr hohen Häusern umstanden. Im Hintergrund erhebt sich eine Mauer aus traditionelleren Gebäuden. Das Viertel Les Beaudottes, an das sich der Bahnhof anlehnt, ist nach dem Bild einer richtigen Stadt gebaut: Terrassen, verschiedene Ebenen, Säulen, Durchgänge ohne Autos münden in große Höfe, wo Kinder spielen können, ohne daß die Mütter sie von der Küche her ständig aus dem Blick verlieren, Balkone mit ungewöhnlichen Winkeln, und im letzten Stockwerk eines Hauses sogar eine Reihe Betonarkaden, maurisch angehaucht, zierlich und etwas ärmlich. Die Fassaden sind rosa, ocker oder weiß gekachelt, aus allem spricht die Suche nach Brüchen, der Kampf gegen die Monotonie. Warum wirkt es trotzdem so unfertig, so provisorisch, obwohl hier alles fertig und endgültig sein sollte? Einfach weil diese neue Stadt keine Geschichte hat und ihre Bewohner hergekommen sind, ohne daß sie es sich wirklich ausgesucht haben, jeder mit seiner eigenen Geschichte und viel zu vielen Sorgen. Da hat keiner Zeit, seine Geschichte mit der der anderen zu mischen. Keine Geschichte und keine gemeinsamen Pläne? Ist es eine Pionierstadt oder ein Durchzugsgebiet? Les Beaudottes ist einer von den Orten, an die es die zuletzt gekommenen Einwanderer der gesamten Gegend verschlägt.

Das Hotel liegt in der Rue Gagarine – hier macht man in Kosmonauten –, es ist weiß, hat nur wenige Stockwerke und blaue Fensterläden, genauso neu wie der Rest. Die Zimmer unserer Reisenden liegen im Erdgeschoß und sind sauber, hell und praktisch wie Kajüten. Die Fenster gehen auf einen sonnigen Allee-Parkplatz hinaus, eine welke Wiese, und auf der anderen Straßenseite stehen Hochhäuser. Vor allem finden sie hier zum ersten Mal Ruhe. Zwei Tage Fußmarsch in Hitze und unaufhörlichem Lärm, und schon pfeifen sie aus dem letzten Loch.

Zu Les Beaudottes gehört auch Beau Sevran und dahinter der rechteckige Klotz des Euromarché. Beau Sevran ist ein gewaltiges Einkaufszentrum direkt über und am Bahnhof. Unterwegs sind sie immer wieder auf Reklameschilder mit Trikolorenhintergrund gestoßen:

BEAU SEVRAN
revolutionärer
Kokardenlauf
revolutionäre
Preise
Knüller
vom 16. Mai bis zum 27. Prairial
125 Geschäfte, 10 Restaurants, 5 Kinos

Eine hohe Galerie im italienischen Stil mit Durchblicken à la Piranese, schlanke, gekachelte Pfeiler und luftige, grüne Arkaden, wo die Menschenmenge nicht zugleich mit den Preisen runtergedrückt wird. Außerdem ist die Menge an diesem Vormittag mitten in der Woche dünn gesät. Was will man mehr. Die Geschäfte sind die gleichen wie überall. Egal ob an der Tour Montparnasse oder im Forum des Halles, alles badet in der gleichen unsäglichen Musik.

Im Herzen der Galerie, wo sie sich zu einer Rotunde weitet, essen sie eine Pizza. «Ich hab' hier mal Umfragen für Katzenfutter

Sevran Beaudottes

gemacht», sagt Anaïk. «Es war an einem Samstag, wir haben die Menge eingekreist, niemand konnte entwischen.» Anaïk hat große Erfahrung mit Einkaufszentren. Mehr mit ihren Schatten- als mit mit ihren Sonnenseiten.

«Meine erste Erfahrung in einem Supermarkt habe ich als Fotografin gemacht, im Carrefour von Gennevilliers. Das war vor acht Jahren: Ich war zur Animation eingestellt worden. Es hieß: ‹Ein Fotograf am Tag› und bedeutete, daß eine Woche lang jeden Tag ein anderer Fotograf im Geschäft war. Die Fotos sollten dann am Eingang ausgestellt werden. Vermutlich stand dahinter ein Gedanke wie ‹Auch wir bei Carrefour wissen, was Kultur ist›, doch niemand hat es mir wirklich erklärt, es blieb schwammig.»

«Wie hast du es gefunden?»

«Ich fand's fürchterlich.»

«Ich meine, wie hast du diese Arbeit bekommen?»

«Durch einen Freund natürlich, der die Fotografen suchen sollte. Er macht Concept-art-Fotos. Es waren übrigens nur Concept-art-Fotografen dabei. Antirealismus: die Poesie der Form. Der

Mensch kommt nicht vor; oder jedenfalls nicht mehr als die Dinge. Auch sie sind nur Linien, Flecken, ein vorüberlaufender Schatten. Hommage an die Konservenbüchse. Die Musik, die jovialen Stimmen aus den Lautsprechern, Farben und Lichter, die Tafeln mit Ausrufezeichen, die machen die Atmosphäre eines Supermarktes. Ein Fest, aber ein tristes Fest, und das Mißtrauen erst. Das tristeste sind die Leute, die kommen, weil sie nichts zu tun haben, um ihre Langeweile zu überlisten. Um einen Augenblick lang mit anderen zusammen zu sein. Die Alten, alle, die jeden Tag kommen, wo doch einmal in der Woche genügen würde. Und dann die Jugendlichen, die kein Geld haben und im Bauch des Ungeheuers herumhängen, mitten in dieser Überfülle, wo alles vor Fraß überquillt. Mich packt immer das Grausen, bevor ich 'reingehe. Außen herum ist Wüste, und wenn ich 'reingehe, habe ich den Eindruck, von einem Monster verschlungen zu werden. Wenn ich dann wieder herauskomme, bin ich erlöst: Ich bin nicht gefressen worden.

Ehrlich gesagt bin ich sehr schnell in die Kulissen übergewechselt, in die Werkstätten, die Bäckerei, die Metzgerei und die Küche. Eine echte Essensmaschine in Räumen ohne Tageslicht. Die Leute haben mich nett aufgenommen; sie arbeiten hart, am Fließband, die Verroboterung des Körpers; sie leben im Rhythmus der Wurstmaschine oder des Kartonzerkleinerers, solange sie daran arbeiten. Das krasse Gegenteil von dem ganzen Gerede der modernen Bosse über die Autonomie der Arbeit. Meine Fotos sind übrigens nie ausgestellt worden.

Später habe ich als Verkaufsvorführerin gearbeitet. Manchmal schicken sie einen in die Provinz. Das erste Mal habe ich revolutionäre Maggi-Suppen verkauft: exotische, nach Bauernart, usw. Ich hatte einen Maggi-Anzug, gelbe Hose, rotes Oberteil. Zum Glück konnte man nicht probieren. Das Blöde war nur, daß es in Etampes war und die meisten Leute mir gesagt haben, sie hätten Gemüse im Garten, und es war Frühling, und dann Suppen ... Wer drei Tüten kaufte, bekam einen Gutschein zur Rückerstattung von 5,90 Francs und wer fünf Pakete kaufte, einen Gutschein über zehn Francs. Man mußte ihn mit seinen Bankangaben wegschicken. Bestimmt hat keiner genug Energie, das wirklich zu tun.»

«Doch», wirft François ein. «Ich. Ich habe es gemacht für Sauerkrautdosen.» «Ich habe auch mal Schnee-Eier in Vanillesauce in Plastiktüten verkauft und Fischer-Bier in Packs, in Riesenpacks, speziell für pensionierte Feldwebel, Nostalgiker und Säufer... Für die Schnee-Eier war ich wie eine Puddingmamsell angezogen. Alle waren besorgt, weil das Produkt neu war, aber es verkaufte sich wie warme Semmeln, und ich bin beglückwünscht worden. Die Loyalität der Abteilungsleiter ihrem Laden gegenüber haut mich immer um. Beim kleinen Personal herrscht Wachhundmentalität. Angeblich ist es heute viel härter als vor fünfzehn Jahren. Resignation. Diese Diebstahlsmanie: Wenn man den Arbeitsplatz verläßt, muß man dem Sicherheitspersonal die geöffnete Tasche vorzeigen. Zum Essen geht man in kleinen Gruppen in den Erholungsraum, einen großen Raum mit einem Münz-Kaffeeautomaten, Tischen und manchmal einem Mikrowellenherd zum Warmmachen von mitgebrachten Sachen. Keine Kantine. Der einzige Ort, wo ich eine echte Solidarität des Personals festgestellt habe, war merkwürdigerweise der schicke Inno-Markt in Passy. Ich glaube, es hängt mit der Kundschaft zusammen. Die ist dort derartig penibel, daß alle zusammenhalten. Man muß dazu sagen, daß das gesamte Personal bei Inno-Passy aus den Vorstädten zur Arbeit kommt, von sehr weit her.»

*

Nicht weit vom Hotel zwei Straßenkehrer. Der eine, um die vierzig, stammt aus Asturien. Fünfzehn Jahre hat er in einer großen Druckerei im zwanzigsten Arrondissement gearbeitet. Als sie abgerissen wurde, ist er nach Neuilly Plaisance gezogen, dann nach Aulnay und schließlich nach Sevran. Der andere ist Maghrebiner, etwas jünger. Mit drei Jahren ist er nach Frankreich gekommen, 1956. Sein Vater war Metallarbeiter in Vaujours – fünf Kilometer von hier. Er selbst hat in einer Farbenfabrik in Le Bourget gearbeitet. Aber die wurde auch abgerissen. Er wohnt hier in Sevran, in einem anderen Teil, weiter südlich. Eine Drei-Zimmer-Sozialwohnung für 2016 Francs im Monat. Wie soll da sein Lohn von plusminus 5000 Francs reichen? Er hat einen zusätzlichen Job gefunden. Fährt er ab und zu nach Algerien? Das letzte Mal 1976, zu teuer. Er würde gern in einem Häuschen wohnen. In Sevran? Nein, woanders. Beiden gefällt Les Beaudottes nicht. Sie wissen, wovon sie reden: Sie sammeln schließlich die Spritzen ein. Das hier ist ein heißes Pflaster. Passen Sie abends auf; in der Bahnhofsgegend *isses immer brenzlig*. Die vielen Diebstähle. Aufgebrochene Autos, wegen der Radios. Wenn Sie wirklich wissen wollen, wie die Leute in Les Beaudottes leben, gehen Sie doch mal gegenüber rein, sagen sie. Dort steht das Sozialzentrum Paul Bert.

Sie werden sehr herzlich begrüßt. Der Leiter ist fünfunddreißig. Vorher war er im Gemeindezentrum von Sevran, wo er sich um die berufliche Eingliederung Jugendlicher und die Wiedereingliederung von Arbeitslosen kümmerte. Das Centre Paul Bert ist ein großes Stadtteilzentrum und wurde 1984 aufgemacht, daß heißt, gleich als die ersten Leute nach Les Beaudottes zogen. Schwerpunktmäßig kümmern sie sich um Beschäftigungsprobleme und «Härtefälle». Allerdings handelt es sich nicht darum, Jugendlichen eine Stelle zu suchen, sondern sie zu beruflichen und persönlichen Plänen anzuregen. So ist für den Schuljahrsbeginn etwa ein EDV-Kurs geplant. Neben beruflicher Qualifikation soll vor allem das Interesse an spielerischen Aktivitäten – Foto, Video – geweckt werden, um das Selbstwertgefühl der Teilnehmer zu heben und ihnen den Teufelskreis zu ersparen, der hin zu Drogen und in die Kriminalität führt. Das Zentrum unternimmt eine Alphabetisierungskampagne, an der 30 bis 40 Frauen vier Nachmittage pro Woche teilnehmen und 40 Männer und Frauen einen Abend pro Woche. Daneben Abendkurse für 80 bis 100 Teilnehmer. Wer sie sind? Asiaten, Maghrebiner, Afrikaner – Malier, Mauretanier und Senegalesen –, Mauritier, Inder, Polen... Ein *baby-college* führt 160 Kinder zwischen sechs und neun Jahren ins Englische ein. Dazu kommen noch die Workshops, Gymnastik für Jugendliche und Senioren, Yoga, Tanz, Theater, Musik...

Der Leiter des Zentrums wohnt nicht in Sevran, sondern in Joinville le Pont: Er braucht den Abstand zu seiner Arbeit.

Und Drogen? Da wird immer drauf rumgeritten. So schlimm sei das gar nicht. Das wirkliche Problem liege nicht hier. Das wirkliche Problem seien die Entlassungen: 1987 hat allein Westinghouse 300 von 800 Stellen abgebaut.

Ausgerüstet mit dem letzten Heft von *Dialogue Sevran*, der Monatszeitschrift der Gemeinde, kommen sie wieder heraus. Hier wird immer noch kommunistisch regiert. 1989 Wiederwahl mit 51.62% der Stimmen für die linke Liste. Bei einer Wahlbeteiligung von 57%. Und vor allem mit 24,1% für die Front national. Das ist gerade noch mal gutgegangen. Das Centre Paul Bert kann vorerst noch weiterarbeiten.

*

Am Abend sind sie mit einer Freundin aus Paris verabredet. Bis dahin wird Anaïk ihren Spaziergang durch Les Beaudottes allein fortsetzen. François bedenkt sie mit Sicherheitsratschlägen. Ihre Tasche nicht offen zu lassen, die von Objektiven überquillt. Nicht... Kein... Und dann? Er kehrt in die Ruhe seines Hotelzimmers zurück, um sich seine Notizen wieder vorzunehmen, bei deren Bearbeitung ihn die Flutwelle in Villepinte unterbrochen hat. Oder um zu schlafen. Sie verabreden sich für sechs Uhr.

Um sechs Uhr ist Anaïk nicht am Treffpunkt. Um sieben Uhr auch nicht. Die Freundin kommt um halb acht am Bahnhof von Aulnay an. François hat gerade noch Zeit, sich in die RER zu stürzen. Er hinterläßt eine Nachricht für Anaïk: Er erwarte sie in Aulnay.

Sein Sicherheitswahn überkommt ihn; Anaïk hat sich verirrt, wurde bestohlen, vergewaltigt. Nein, er weiß natürlich genau, daß sie sich weder verirrt hat, noch bestohlen oder vergewaltigt worden ist, aber was *sonst*?

Am Bahnhof von Les Beaudottes ist Stoßzeit, Gedränge in den Unterführungen, durch die François gegen den Strom läuft. Hinter den Drehkreuzen lauert eine wahre Meute von Kontrolleuren auf die Heranbrandenden und sortiert sie. Aulnay, sein Bahnhofsvorplatz mit dem jämmerlichen Denkmal für De Gaulle, der diese Art Foto, das auf einem kümmerlichen Menhir-Grabstein eingraviert ist, nicht verdient hat: eine Schande für alle, den Bildhauer, den Betrachter und für De Gaulle. Die Freundin steigt aus dem Zug aus Paris, François läßt seine Ängste ab. Eine Stunde vergeht, da endlich taucht Anaïk auf. Austausch von Freundlichkeiten. Sie hat sich in der Zeit vertan. Und dann war sie so weit gelaufen, daß sie einen Bus nehmen mußte, um nach Les Beaudottes zurückzukehren, und Ihr wißt ja, die Busse ... Unverantwortlich, wiederholt François. Anaïk legt ihre Ansicht über die Intellektuellen dar, die ihr Hotelzimmer noch nicht einmal verlassen müssen, um die Welt zu sehen.

*

Im letzten Zug aus Paris um Mitternacht – der Wagen ist noch voll – ist es vor Abwesenheit und Müdigkeit völlig still. Wer in solchen Augenblicken auch nur etwas die Stimme erhebt, läßt die bleierne Atmosphäre noch drückender erscheinen. Es wirkt peinlich, ungehörig, fast obszön. In solchen Augenblicken stellt man sich Hinweisschilder vor:

UNTERHALTUNGEN ZWISCHEN DEN FAHRGÄSTEN
AUF EIGENE GEFAHR.
DIE SNCF LEHNT JEDE HAFTUNG AB.
WÄHREND DER ZUG HÄLT, IST DAS SPRECHEN VERBOTEN.
ACHTUNG! EIN FAHRGAST KOMMT SELTEN ALLEIN.
GIB DEINEM NACHBARN KEINE CHANCE.
SPRECHEN SIE NICHT: ES KANN SIE DEN VERSTAND KOSTEN.
RUHE!

In dichten Pulks, fast im Sturmschritt und immer noch schweigend, verlassen die Leute den Bahnhof Les Beaudottes, in den wieder trostlose Einsamkeit eingekehrt ist. Mehrere Pulks stürzen nacheinander die Treppen hinab, dem Vorauseilenden an der Spitze dicht auf den Fersen. Niemand trödelt. Zusammen erreichen sie die Weite des verlassenen Platzes. Mit gesenktem Kopf geht es zur Cité hinüber, nur das Geräusch eiliger Schritte, und die Pulks lösen sich erst im letzten Augenblick auf. Die Nacht in Les Beaudottes ist heiter und trist.

Letzte Meldungen. Die chinesischen Studenten demonstrieren auf dem Tienanmen-Platz. Wird China ins Chaos stürzen? Präsident Mitterrand erklärte heute, daß es noch viel zu tun gebe, um die unerträgliche Armut in Frankreich zu bekämpfen.

*

Freitag, 19. Mai. Die Nacht war erholsam. Ein üppiges Frühstück für dynamische Führungskräfte: Büffet mit Müsli und Orangensaft. Und immer noch die wundervolle, sengende Sonne über dem welkendem Gras und dem rosa-grauen Block von Beau Sevran. Auf der unfertigen, leeren Esplanade haben sich die Nachtgespenster verflüchtigt. Der Frühling schmeichelt dem Beton.
Sie gehen nach Südwesten, in Richtung Stadtmitte von Sevran. Hinter dem modernen Stadtteil liegen zwischen Bäumen weitere Wohnblocks, Kästen von früher. Fußwege schlängeln sich zwischen niedrigen Büschen durch. Ein paar Frauen, mit Einkäufen schwer beladen, Afrikanerinnen im Boubou, zwei junge Mütter mit müden Gesichtern schieben Kinderwagen, außerdem Hunde, immer wieder Hunde. Auf den Balkonen lagert unter Planen alles Mögliche; im vierten Stock stehen zwei Einkaufswagen, randvoll, doch womit?

Dann eine Fläche, mehrere Hektar groß, landwirtschaftlich genutzt. In der Mitte ein Hügel, auf dem Maschinen und Lastwagen umherfahren; und noch weiter weg verbauen riesige Wohnsilos den Blick, ein wenig undeutlich im Dunst, der die Luft bereits flirren läßt und ihnen beinahe phantastische Umrisse verleiht: Geschütztürme riesiger Panzerkreuzer oder von Sciencefiction-Festungen, ausgeschnitten, versetzt, ausgezackt, Ruinen irgendeiner aufgegebenen Raumstation. Bollwerke, Buge, Kommandobrücken, Antennen und Raketen. Es taucht undeutlich verschwimmend eine jener unsichtbaren Städte auf, von denen, so berichtet Italo Calvino, Marco Polo dem Großen Khan erzählte:

> Man kann sagen, daß sich vier Aluminiumtürme von ihren Mauern erheben, die sieben Tore flankieren, deren Federzugbrücke sich über einen Graben spannen, dessen Wasser vier grüne Kanäle speist, die durch die Stadt fließen

Sevran. Butte de Montceleux

und sie in neun Bezirke mit je dreihundert Häusern und
siebenhundert Rauchfängen aufteilen ...

Sie folgen einigen Schülern, die einen Fußweg hinter einem rostigen Zaun einschlagen (Eintritt verboten, bissiger Hund!) und stehen auf einem Trampelpfad, der an einem Gehölz mit kleinen Weiden entlangführt. Etwas weiter entsteht der Parc de Montceleux. Bei soviel verschobener Erde ist schwer zu erkennen, was ein natürlicher Hügel war und was vom Tunnelbau für die RER herrührt. Vielleicht ist es das letzte Jahr, daß das Feld bestellt wird, und es ist das letzte Feld des letzten Bauernhofes von Sevran. Nach Paris sind es elf Kilometer Luftlinie.

Vorher haben sie einen leeren Sportplatz überquert, wo alles, was nur ein wenig herausragt, mit *tags* beschmiert ist (die Aschenbahn ist aber tadellos, und die Linien sind frisch geweißt). Sie sind an Schulen entlanggekommen und zwei Mischlingsmädchen mit Tennisschlägern begegnet. Links von ihnen lagen adrette kleine Wohnhäuser mit zwei oder drei Stockwerken und nagelneue

Einfamilienhäuser aus Mauerstein, ineinander verschachtelt mit winzigen Gartenhöfen und einer Garage zu jedem:

LA ROSERAIE NIMMT GESTALT AN:
67 EIGENTUMSWOHNUNGEN

Es standen tatsächlich Rosen da, in La Roseraie, dem «Rosengarten», ein Sonnenschirm in einem Gärtchen, und aus einem Fenster wehte argentinische Bandoneonmusik herüber.

Auf der anderen Seite der Felder liegt der Bauernhof von Montceleux, ein großer, verlassener Hof, eine Scheune, von der nur noch das Gerüst steht, wie ein Kirchenschiff aus verrostetem Stahl, dessen Chor eingestürzt ist, offen zur Ebene hin, zu Wohnblocks hin, die sie weit weg am Horizont begrenzen. Wer lebt und arbeitet hier? Ein riesiger Hund, der nicht angekettet ist, jagt hinter ihnen her, und der arabische Lebensmittelhändler von gegenüber weiß von nichts.

Rathausplatz. Viele alte Häuschen, in denen die Stadtverwaltung sitzt, erwecken den Eindruck intensiver sozialer Tätigkeit.

Sevran

SEVRAN, DIE STADT MIT DEN MEISTEN GRÜNFLÄCHEN: 160 QM PRO EINWOHNER

Es ist kurz nach zwölf, die Kinder kommen aus der Schule. Mit ihren Lehrern ziehen sie in Scharen vorbei, und François betont mal wieder, daß er nirgends so fröhliche Kinder gesehen hat, und so schöne Kinder. Nicht einmal auf Kuba, einem Land, wo jeder Körper Spontaneität und natürliche Anmut ausstrahlt, doch wo die Kinder in Reih und Glied marschieren und Uniformen tragen. Es gibt Leute, die finden Uniformen passend und freundlich. Und die Kinder in Shanghai, arme Kinder, aber kleine Könige, erstarrten, sie verloren ihr Lächeln und stammelten verkrampft unverständliche Parolen daher, unverständlich für jeden und vor allem für sie selbst, zu Ehren des Journalisten auf der Durchreise? Die Kinder von Sevran tragen keine Uniform, vielleicht sind sie das buntgemischteste Völkchen der Welt. Sie stammeln keine Parolen. Sie sind wunderbar vielfältig und ungezwungen, auf natürliche Art frei. Hoffentlich hält das an. Könnten sie doch nur so bleiben, wenn sie mal über fünfzehn sind. Doch das ist eine andere Geschichte.

Eine andere Geschichte? Nein. Unsere Geschichte. Die unserer Zeit. Die der Konfrontation dieser Kinder, dieser Jugendlichen mit dem Leben, wenn sie aus der Schule kommen. Als François 1979 noch Verleger war, hatte er mit seinem Freund Gérard Althabe, der in den ZUP, den Gebieten vorrangiger städtebaulicher Erschließung, von Nantes und anderswo gearbeitet hatte, ein Buch herausgegeben. Zwei Lehrerinnen aus Gennevilliers hatten es zusammengestellt. Es war ein Gemeinschaftsbuch, erzählt, geschrieben, gemacht von Jugendlichen ihres CET, ihrer Berufsfachschule. Eines von den Büchern, die er gern herausgab, in einer Reihe mit dem Titel «Luttes sociales». Sie hatten nämlich gedacht, Althabe und er, daß solche Bücher, Bücher, die nicht so sind wie die anderen, die anderswo herkommen als aus den Köpfen von Fachleuten, von Journalisten oder Soziologen, die denen sogar nützen, nicht demagogisch und auch nicht mit dem Zeigefinger, ohne Abkürzungen, daß solche Bücher helfen könnten, etwas zu verändern, ein ganz klein wenig. Natürlich war das Buch kein Renner, es war sogar ein totaler Reinfall – außer bei den

Jugendlichen von Gennevilliers, die jetzt auch schon lange erwachsen sind und irgendetwas tun und wo sind? Sie wollten das Schweigen brechen, sich an die anderen, die Erwachsenen richten –, und die Erwachsenen wußten keine Antwort. Es gab in diesem Buch Berichte und Geschichten, Zeichnungen und Gedichte. Sein Titel lautete *Wir schämen uns nicht, es zu sagen* und die Gedichte stammten von Anne-Marie, Ben Saïd, Dalila, Mouloud, Pascal, Patrick, Sylvie und Yahia. Am Schluß stand das von Patrick, ein Beweis, daß sie sich nichts vormachten, die Kinder von Gennevilliers:

Körnerdosen Eierdosen
Sauerstoffdosen naive Dosen
Milchdosen
für die Kindheit!
Wissensfächer für das, was man wissen muß
Getriebe Bilderfächer
vorgefertigte Fächer
gegen die Träume.
Ideenkästen Fragekästen
Angst!
Angepaßte Kästen Räderwerkkästen
Briefkästen Wunschkästen
zum Mitteilen.
Nachtschuppen
Spielschuppen Schuppen zum Töten
Schuppen für Verrückte!
Das verfolgt Dich!
Urnen-Kisten Beziehungskisten
Kisten zur Fortpflanzung
für den Standardbürger!
HLM-Kästen Sardinenbüchsen
Werkzeugkisten Maschinen-Kisten
Metro Maloche Poofen!
Konservenbüchsen Kneipen
Vergessenskisten Spielkisten
Hoffnungskisten Knetekisten Notarbüros
Traurige Scheiße!

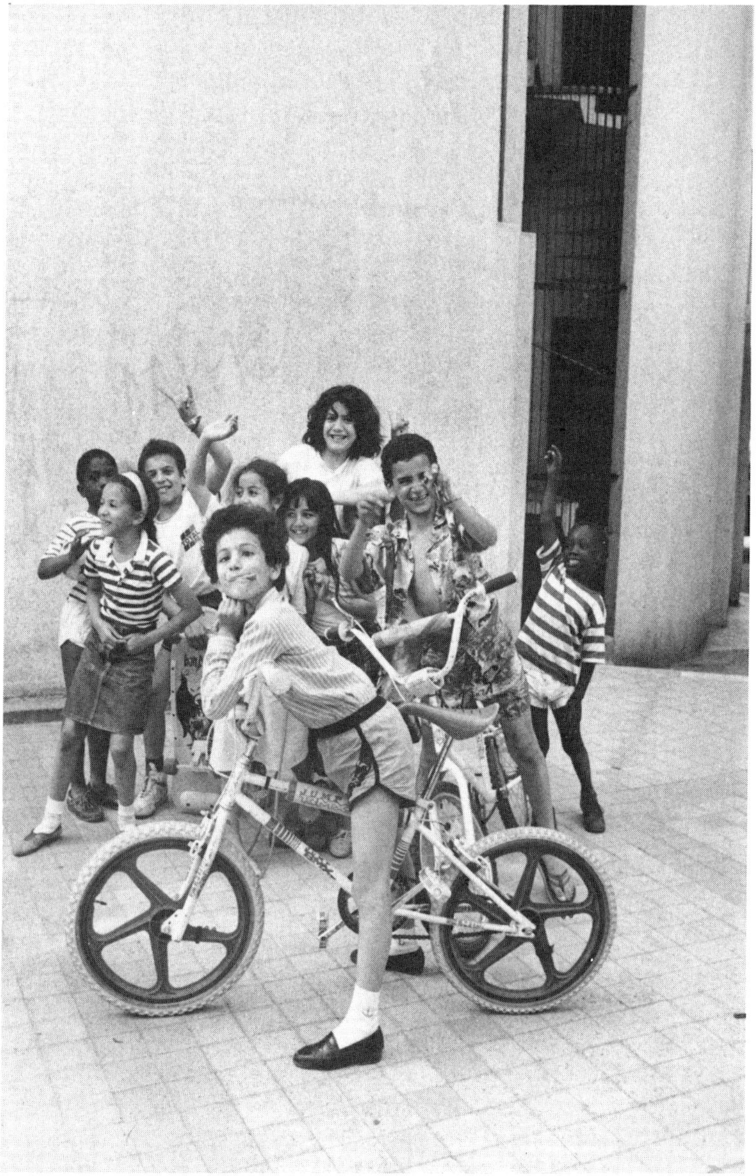

Altersheime Kiste-Kisten
In die Kiste kommen!
... Manche Klappen sagen dir:
MACH DEINE KLAPPE NICHT ZU!

Auf dem Platz wässern Gärtner ein etwa zwei Meter hohes Pflanzenmassiv, das wie die Bastille geschnitten ist. Seit drei Monaten arbeiten wir daran, sagt ein Algerier. Auf den zehnstöckigen, würfelförmigen Wohnsilos, Menschenlager der Stadtplaner aus den siebziger Jahren, kommen überall die frisch übertünchten Graffiti wieder durch. Außerdem signierte *tags* (wenn es einem nur gelingt, sie zu entziffern): lästerliche Haie, TDB, Tager black, Sink, List, Cash 1, Foxy Bo, Kurt, Black Dragon. Im schattigen Park des Kulturzentrums Louis Armand machen sie Rast, ein altes Bürgerhaus mit seinen Wirtschaftsgebäuden, in denen heute Musik gemacht wird. In drückender Hitze sehen sie den Enten und Drosseln zu.

Zurück durch die Avenue Delattre de Tassigny. Die neueren Einfamilienhäuser sind zauberhaft von Blumen umgeben. An der Straße entlang hat jedes seinen Kirschbaum, der viel älter ist als das Haus, wahrscheinlich der Überrest einer Obstplantage. Es ist Kirschenzeit, und da hängen sie, rot, dunkel, dick und glänzend, die Kirschen von Montmorency, unerreichbare Kirschen. Das macht Durst.

*

Adieu, Les Beaudottes! Vier Minuten mit der RER bis Aulnay, um das Gepäck in dem chinesischen Hotel unterzustellen. Danach geht's auf nach Pavillons sous Bois, wo sie mit Gilles verabredet sind.

Gilles ist Briefträger, Postbeamter. Er ist auch Geograph. Selbst wenn er es zurückweist, wie er alle Titel zurückweisen würde. Er hat eine umfassende Magisterarbeit vorgelegt, 1984 geschrieben und 1986 vorgetragen, mit dem Titel *Geographie der nordöstlichen Vorstädte von Paris*. Eine Geographie, deren Szenerie er gut kennt, denn er ist dort geboren, wohnt dort und durchmißt

Gilles

sie heute täglich von Briefkasten zu Briefkasten. Eine Magisterarbeit «46% zu Fuß, 45% mit dem Fahrrad, 5% mit dem Zug, 3% mit dem Bus und 1% mit dem Auto». Im wesentlichen setzt sie sich aus etwa hundert Originalkarten und -abbildungen zusammen, mit einem Text, an dem er so lange rumgebastelt hat, bis er ihn auf ein paar Seiten reduziert hatte. Denn Gilles mißtraut Gerede, jeder Form von Gerede, und der Geographensprache ganz besonders. Er zeichnet lieber Karten, wobei er zugibt, daß auch Karten ihre Tücken haben, daß sie bereits subjektiv, also parteiisch werden, wenn der Geograph beschließt, sie zu zeichnen. Er möchte vor allem fragen. Befragen. Anfragen, etwa so:

GRUND
Was bedeutet das Wort?
RAUM
Was bedeutet das Wort?
RÄUMLICHE KAUSALITÄT
Hat diese Wortverbindung eine Bedeutung?

Man muß wissen, daß Gilles, der heute achtundzwanzig ist, an der Universität von Saint Denis Schüler von Yves Lacoste war, dem Autor des Buches *Geographie dient erst einmal dazu, Krieg zu führen*. Und der sagte François auch, daß Gilles der kompetenteste, der beste Kenner der nordöstlichen Vorstädten sei. Den müsse er unbedingt treffen. Man muß auch wissen, daß, wenn Gilles Briefträger und nicht Geograph ist, er als Kant-Leser dessen Imperativ anwendet: *Handle nur nach derjenigen Maxime, durch die du zugleich wollen kannst, daß sie allgemeines Gesetz werde*. Da er berücksichtigt, was er von der Geographensprache hält, ist er nur konsequent sich selbst gegenüber, wenn er nicht dazu beitragen möchte. Dafür ist er nur zu bewundern. Und dann sollte man noch wissen, daß Gilles, der etwas gammelig und nicht immer sehr glatt rasiert ist (außer an dem Tag, als Anaïk ihn mit seiner Mütze beim Postaustragen ablichten wollte) die Art Bär ist, der einen mit der menschlichen Rasse aussöhnt.

Doch Gilles, Bär und Kantianer, ist mißtrauisch. Als François ihn zum erstenmal anrief, um ihm seinen Plan zu erklären und ihn zu fragen, ob er ihn nicht treffen könne, schickte Gilles François ganz kategorisch zum Teufel, weil er als Leser der Zeitschrift *Hérodote* feststellt hatte, daß die seit sechs Jahren nicht mehr vom François-Maspero-Verlag herausgegeben wird aus dem einfachen Grund, weil es den François-Maspero-Verlag nicht mehr gibt und ein anderer an seine Stelle trat. Er ließ ihn wissen, er schätze diesen Streich nicht: «Sie können nicht François Maspero sein. Maspero ist tot. Auf Wiedersehn.» François verteidigte sich, bat und bettelte Gilles an, ihm doch zu glauben. Doch Maspero war tot und Gilles nicht damit einverstanden, ihn wieder auferstehen zu lassen. Er war so überzeugt, daß er überzeugend wirkte und François, der manchmal Identitätskrisen hat, nach dem Gespräch selbst Zweifel kamen. Außerdem hatte diese Auseinandersetzung eine Erfahrung, die François vor kurzem gemacht hatte, auf umgekehrte Weise, wieder hochkommen lassen. Vor einer Interviewserie für eine Sendung mit dem Titel «Verlorene Profile» mit Zeugen zum Leben des Journalisten Pascal Pia, hatte einer ihm von seinem fernen Alterssitz knapp geantwortet: «Nein, Monsieur. Ich bin tot, Monsieur. Auf Wiederhören.» Daraufhin hatte er sehr lebendig aufgelegt.

Ligne Aulnay-Bondy

Schließlich wurde das Mißverständnis aus der Welt geschafft. Zum Glück, denn was hätten sie ohne Gilles und seine Kenntnis von Land und Leuten gemacht?

*

Um nach Pavillons sous Bois zu gelangen, nehmen sie den Zug auf der Strecke Aulnay-Bondy, der das nördliche mit dem östlichen Netz verbindet. Im Bahnhof von Aulnay keine Spur dieses Zuges auf den elektronischen Anzeigetafeln. Sie suchen lange, bis sie neben einem geschlossenen Schalter einen handgeschriebenen Zettel entdecken, auf dem die Abfahrtszeiten vermerkt sind. Der Zug steht an einem abseits liegenden Bahnsteigende. Der Wagen ist glühend heiß, ein Sonnenofen, in dem man erstickt. Die Strecke Aulnay-Bondy wirkt irgendwie ärmlich. Es passiert viel, und die Benutzer haben sie die «Cowboy-Strecke» getauft. Ein Teil der Strecke, jener Abschnitt, den Monsieur Gargan Anfang des Jahrhunderts zu seiner Fabrik hin bauen ließ, ist einspurig. Der Zug fährt nur langsam, so langsam, daß man sich erinnert an die nicht so fernen Zeiten der Dampflokomotiven auf den Vorstadtstrecken mit ihren düsteren Waggons und den Holzbänken. Die ganze Fahrt war *ein* langes metallenes Quietschen. Gilles erwartet sie am Bahnhof von Livry, der sich – wie kann es anders sein – in der Gemeinde Pavillons befindet. Er möchte sie seinem Onkel vorstellen, der erster Stellvertreter des Bürgermeisters von Pavillons ist und einer alten Pavilloneser Familie angehört.

Eine alte Familie? Es gibt etwa fünfzig davon. Die ersten Einwohner kamen Anfang des Jahrhunderts nach Pavillons sous Bois. Es waren Arbeiter aus dem Pariser Norden, die in Siedlungen des damaligen Bondy Forêt zogen. Dieses Ödland grenzte an ein Lumpensammlergebiet, und auf der anderen Seite des Kanals lagen «La Poudrette», das Rieselfeld der Hauptstadt, sowie die ehemaligen «Bassins de Bondy», die im Zweiten Kaiserreich für die Pariser Fäkalien angelegt worden waren. Das System wurde 1867 folgendermaßen beschrieben:

> Die notwendigen, jedoch störenden Depots wurden in den Wald von Bondy verlagert. Nachts, nachdem die Fäkalienabfuhrwagen ihre üble Kollekte beendet haben, schütten sie sie in La Villette in ein Depot, von wo aus eine Dampfmaschine die flüssigen Teile bis zu den Becken von Bondy pumpt, während die festen Bestandteile gelagert und dann in gut verschlossenen Tonnen für die Bedürfnisse der Landwirtschaft versandt werden.

So kam der Großonkel als Kind mit seiner Familie 1894 in die Siedlung La Colonie am Canal de l'Ourcq. Ja, sagt der Onkel, sie seien wirklich Pioniere gewesen. Hier wie auch in den anderen Siedlungen der damaligen Zeit hätten sie zu kämpfen gehabt, anfangs gegen die Elemente – den Schlamm, die Überschwemmungen in den ersten Wintern –, dann, Schritt für Schritt für jede Grund»bequemlichkeit«, Müllabfuhr, Wasser, Schulen, ja sogar für Briefkästen. Kämpfen auch gegen die Nachlässigkeit und den Zynismus mancher Siedler. Erst das Gesetz Loucheur 1928 verbesserte den Status der kleinen Landeigentümer wirklich.

Die Gemeinde entstand auf diesem urbar gemachten Land, aus Siedlungen dieser Art. Sie umfaßt nur 380 Hektar und besteht mit 17.000 Einwohnern in der Mehrheit weiterhin aus Einfamilienhausbewohnern. Die Gemeinde altert und verbürgerlicht langsam, und der Onkel in seinem Rathaus bedauert, daß viele den Ort, an dem sie wohnen, gar nicht kennen: «Sie kennen drei Wege, den von zu Hause zum Bahnhof, zum Supermarkt und zur Schule. Und sie wissen nicht einmal die Straßennamen.»

Doch viele identifizieren sich auch offensichtlich damit, in Pavillons zu wohnen, und hängen daran. Die einzelnen Mitglieder von Gilles' Familie etwa wohnen 700 oder 800 Meter voneinander entfernt.

Sie gehen an den Häuschen von Pavillons sous Bois entlang. Von den älteren sind die reicheren Häuser aus Meulière, dem edlen Sandstein der Pariser Gegend, ocker, ungleichmäßig und zerfressen wie ein schimmliger, alter Parmesankäse. Gilles mag den Meulière-Stein. In jedes Haus hat sich ein Stückchen Traum eingegraben. Man kann von diesen Träumen träumen. Es gibt mehr oder weniger fröhliche. Manche Häuser wurden von Zigeunern gekauft, die dort Station machen und ihre großen Familien empfangen.

*

Der Bahnhof von Aulnay in der Hitze des Spätnachmittags. Die Menge watet durch eine Überschwemmung, die die Unterführung unter Wasser gesetzt hat. Unmöglich, *Le Monde* zu bekommen: Der Grossist streikt. Den Nachrichten zufolge strömen immer mehr Studenten auf den Tienanmen-Platz, sie organisieren sich; ein Hauch von Freiheit weht über China.

François denkt an die Studenten, die er dort getroffen hat. Jene jungen Leute, die so viele Veränderungen wollten, wenn man sich nur die Zeit nahm, nach den ersten stereotypen Antworten weiterzubohren. Ja, sie wollten so viele Veränderungen und zweifelten zugleich so sehr an ihren Möglichkeiten. Sie hatten ganz offensichtlich resigniert. Junge Mädchen, die mit ihren zarten Stimmchen ins Mikrofon hauchten, bei jedem französischen Wort zögerten, und die erklärten, daß sie ihren Beruf so gern selbst wählen würden, es jedoch nicht nach ihnen ginge, daß sie so gern fremde Länder kennenlernen würden, es jedoch nicht nach ihnen ginge, sie so gern aus Liebe heiraten würden, es jedoch nicht nach ihnen ginge ... Er erinnert sich an die Schlafsäle, in denen sie zu zehnt auf acht Quadratmetern hausten, ohne fließendes Wasser, an das Gedränge in den Kantinen für eine Portion Reis, junge Leute, die ihre Schale mit ihrem einzigen, eigenen Löffel im Gehen leer aßen, weil im Speisesaal kein Platz war. Er erinnert sich an eine junge Chinesin, noch dünner, noch leiser, die ihn fragte: «Jetzt, nachdem Sie so viele Fragen gestellt haben, wollen wir welche stellen: Stimmt es, daß in Europa verschwendet wird? Können Sie uns Genaueres sagen über die Verschwendung in Frankreich?» Mit ihrer bescheidenen Stimme war sie zu dem Schluß gekommen: «Wir in China können uns Verschwendung nicht leisten.» Er erinnert sich an ihre Empörung über die Ungleichheiten, die durch die Öffnung des freien Marktes hervorgerufen wurden, wie die Partei Geschäftemacherei plötzlich ermutigte, während sie auf Berufe vorbereitet würden, die materiell und moralisch an Wert verloren hätten. Er erinnert sich an den alten Medizinprofessor, den er gefragt hatte, ob er unter der Kulturrevolution sehr gelitten habe: Ja, er habe sehr gelitten unter Schikanen und Beleidigungen, monatelang habe er den Krankenhaushof gefegt, unter seiner Selbstkritik, die man ihm immer wieder abverlangte. Und wo sich das abgespielt habe? Ja, hier doch, im Krankenhaushof. Und wer ihn beleidigt habe? Ja, alle natürlich, alle, die jetzt im Augenblick da sind, *dieselben Leute*.

Im chinesischen Hotel von Aulnay sous Bois wird im voraus bezahlt. Die Zimmer sind groß, sauber, doch trist. Völlig heruntergekommen. Madame Bernadette, die das Haus führt – das heißt, daß sie von morgens bis abends schuftet, indem sie Rechnungen schreibt, putzt und wäscht –, ist herzlich und fast mütterlich mit ihren Lachgrübchen in den runden Wangen. Sie erinnert sich an Zeiten, als das Hotel einer Dame gehörte, deren Leben die Seiten eines ganzen Buches füllen würde, wenn François das aufgeschrieben hätte – doch er erinnert sich nur noch, daß sie Goldenes Mundwerk genannt wurde und in einen goldenen Ruhestand ging, was sich Madame Bernadette leider nicht leisten kann.

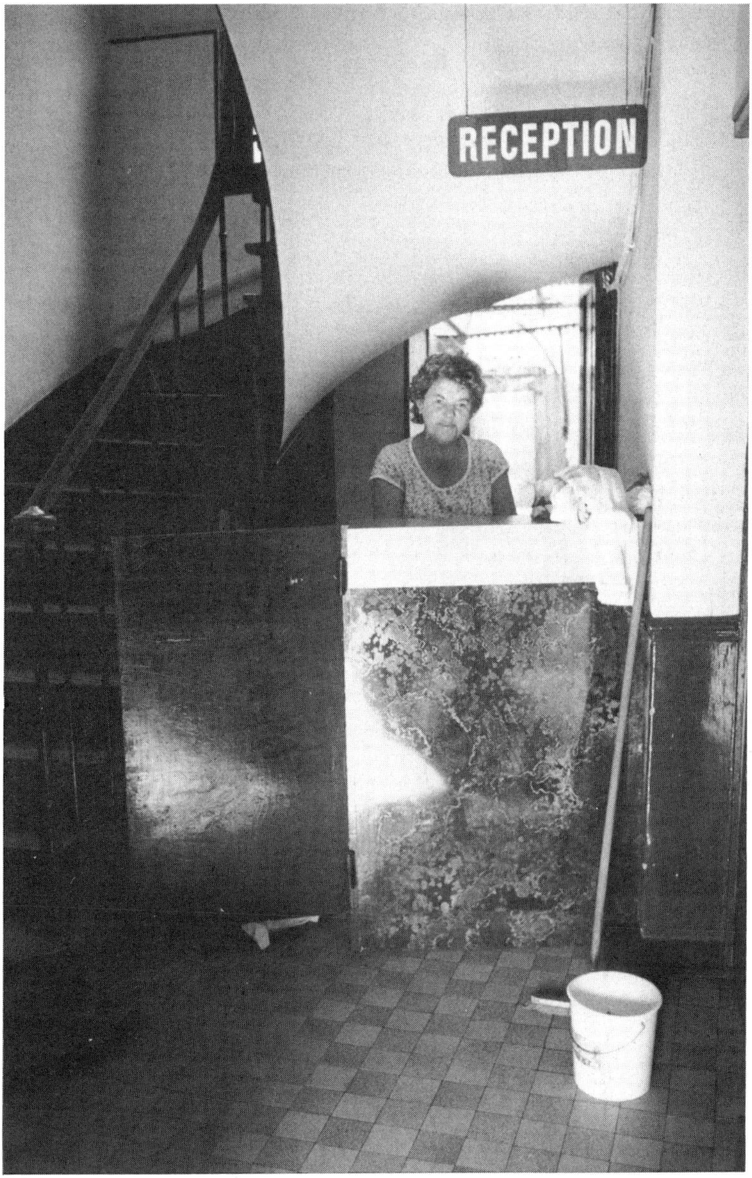
RECEPTION

«Dies ist das Hotel zu den Drei Enten», sagt sie. Ein Lied aus den vierziger Jahren:

> Kennen Sie das Hotel zu den Drei Enten?
> Die Schränke sind voller Mäuse.
> Damit man sie auch jagen kann,
> paßt zum Glück unter jeder Tür ein dicker Kater her.

Es war auch von Kaulquappen die Rede, die in der Suppe schwammen. Doch heute abend essen sie Joghurt und Obst, die sie am Boulevard de Strasbourg in Aulnay gekauft haben. Für morgen ist ein weiter Fußmarsch geplant, und gegen den Durst haben sie sich Birnen gekauft. Und sogar ein Opinel-Taschenmesser zum Schälen. Es wurde auch Zeit, daß sie sich ein bißchen organisieren.

Am Ende der Straße mit dem chinesischen Hotel bietet das Hotel Moderne ein Menü mit Couscous und Sidi-Brahim-Wein an. Alles ist reserviert. Ein Hauch von Reggae weht durch die Nacht.

Sevran

5

Verhaltensregel für Wanderungen durch die Vorstädte – Die große Reise durch Villepinte – Aulnay-Nostalgie, Aulnay-rote Vorstadt – La Tour Alice – Ein afrikanisches Wohnheim – Eine Lektion in Menschenwürde – Ein Sonntag im Café an der Schleuse – La Poudrette – Die Bilanz ist durchwachsen

Samstag, 21. Mai. Um acht Uhr morgens läuft im Café-Tabac nebenan endlos *Mamy Blue* im Hintergrund. Schließlich ist das Lied ja auch erst fünfundzwanzig Jahre alt. Belgier, die gleich zum Messegelände Parc des Expositions aufbrechen wollen, diskutieren ihre Tagesstrategie. Eine Dame bündelt eifrig Papiere: Pferdewetten oder Lotto. Es ist immer noch strahlend schön und schon jetzt heiß.

Sie gehen zum Kanal, folgen ihm bis zur Schleuse von Sevran. Dort wollen sie Gilles treffen, der zu Fuß aus Pavillons herüberkommt. Ihren Weg durch die Straßen im südlichen Aulnay skandieren die Hunde. Ohne Vorankündigung springen sie hinter Zäunen und Mauern herum. In den Vorstädten muß man sich eine besondere Gangart angewöhnen: vor allem nie zu dicht am Zaun entlang. Anaïk vergißt das immer wieder und ist jedesmal überrumpelt vom plötzlichen Gebell. Sie schrickt zusammen und schreit auf. Manchmal streckt so ein Raubtier auch seine Schnauze durch die Gitterstäbe, als wollte es nach einem Ärmel schnap-

Aulnay sous Bois

pen. Oder es springt so hoch, daß der Zaun bedrohlich niedrig erscheint. Die Kläffer sind gefährlich wild und schäumen, sie begleiten jeden Passanten bis an die Grenze ihres Gebietes und verstummen dort ebenso plötzlich. Bis der Nächste übernimmt. Nur auf Passanten haben sie es abgesehen; Autos können ruhig vorbeifahren; sie wissen wohl, daß die nichts tun. Nachts vereinen die Solo-Kläffer ihre Stimmen manchmal zu einem mächtigen Konzert. Mehrere Kilometer im Umkreis weiß dann jeder, daß ein Fremder, ein Eindringling durch das Viertel geht. Der fühlt sich dann so richtig schuldig. Noch ein wenig Phantasie, und er hört das klickende Entsichern eines Gewehres hinter den geschlossenen Läden. Schuldig, weil zu Fuß?

Gilles steht in Turnschuhen und Trainingsanzug schon am Treffpunkt. Sie wollen bis nach Villepinte weiter, dann nach Norden gehen und dabei jene Siedlungen wieder durchqueren, die sie neulich nur kurz vom Bus aus gesehen haben. Es gibt fast ein Jahrhundert Wohnkonzepte nebeneinander zu besichtigen. Villepinte zu durchqueren, ist wie einen Schnitt durch geologische Schichtungen zu legen. Nur daß diese Schichten leben.

Viele Radfahrer auf dem Weg am Kanal: Samstags und sonntags können die Pariser an der Metrostation Bobigny-Picasso Räder mieten und dann bis in die Gegend von Meaux fahren. Man trifft auch mehr Jogger und Spaziergänger mit Hunden. Und Kinder mit ihrem Lehrer, die Plastikeimer dabei haben: «Wir gehen Kaulquappen sammeln.» Anaïk fotografiert sie, wie sie auch den Hund *Sieger* mit seinem Herrn fotografiert, beide perfekt abgerichtet. Doch wozu?

An der Brücke von Villepinte sehen sie auf einem Schild einen Hundekopf, der aufmerksam, ja besorgt den erhobenen Zeigefinger einer im Raum schwebenden, autoritären Hand anblickt, die Hand seines Herrn:

HUNDEDRESSUR IM TAL DES OURCQ

Sie verlassen frische Kühle und Schatten, gehen am Bahnhof Le Vert Galant vorbei und fragen sich, was das sibyllinische Plakat bedeuten mag:

Im COSEC von Villepinte
30. MUSKEL-Abend
3. JAHRESTAG DES CSMV

Gegenüber vom Bahnhof stehen auf einer Stele die Namen der vierzehn Geiseln, die am 14. Juni 1940 hier in der Nähe erschossen wurden. In der Nacht des 13. Juni wollte ein deutsches Kommando auf der kleinen Brücke den Kanal überqueren und traf auf Maschinengewehrsalven des 24. Jäger-Bataillons. Der Kampf war mörderisch. Die Deutschen beschuldigten die Zivilbevölkerung, mitgemacht zu haben. Als Vergeltungsschlag erschossen sie im Morgengrauen fünfzehn Bewohner der umliegenden Häuser. Einer von ihnen, ein Italiener, hatte einen Bauchschuß; er stellte sich tot, kroch weg, wurde von den Schwestern des Sanatoriums gepflegt und kam so noch einmal davon. Etwa zehn weitere Zivilpersonen mußten Gräber ausschachten unter der Drohung, ihrerseits erschossen zu werden, während die übrigen Dorfbewohner auf dem Bahnhofsplatz zusammengetrieben wurden. Dann lösten andere Einheiten das deutsche Kommando ab, und die unverletzten Geiseln wurden frei gelassen. Das Denkmal für die Geiseln umlagern ährenförmig parkende Autos. Die gewaltige Tafel eines Supermarktes scheint es mit den Riesenlettern seines Werbespruchs zu bekrönen, ja zu erdrücken:

SEHEN SIE DAS LEBEN IN STEREO

Sie gehen die Avenue Karl Marx hoch. Die moderne Kirche auf der rechten Seite ist offen: cremefarbene Betonrippen, ein Mittelgang mit Küchenfliesen und ein genau ausgesteuertes Stereosystem. Am Eingang entziffern sie ein Kryptogramm:

<pre>
L S V
A I E
S C R
S H S
E M Ö
N I H
S T N
I G E
E O N
  T
  T
</pre>

Sie lesen folgende Pfarrmitteilung:

WANTED

Name: Liturgiker *Eigenschaft*: guter Wille, gute Laune
Alter: unwichtig *Niveau:* für jeden verständlich
Besonderes Kennzeichen: hat einmal im Monat etwas Zeit

BELOHNUNG

Das Glück, im Dienst der Gemeinschaft zu stehen und zusammen zu sein.

Verrückt, daß es heutzutage noch Geistliche gibt, die so dämlich tun. Gilles glaubt an eine Rückkehr des Religiösen. Nicht, daß mehr Leute zur Messe oder in den Gottesdienst gingen. Doch ihm fällt auf, in wievielen Haushalten regelmäßig die Bibel, die Thora oder der Koran gelesen wird. Um eine ausgerollte Trikolore herum kündigt ein Plakat einen Gala-Abend zur Zweihundertjahrfeier der französischen Revolution an: «M'b Soul-Gesellschaft – Abend mit Le Show Chaud» Und etwas weiter erwartet sie auf einer Wiese, verbunden mit *Beau Sevran révolutionnaire*, eine Löwen-Frau:

36-15
DOMINA
das erste Magazin
für die heimlichen Reize

Aber das gibt's ja überall.

Wenn man nach Norden geht, gelangt man von den alten Häuschen zu neueren Stadtvierteln. Gilles unterscheidet in seiner Arbeit mehrere Häusertypen: alte Wohnhäuser von Ende des 19. Jahrhunderts bis Anfang der zwanziger Jahre (die es vor allem in der Nähe von Paris, um Aubervilliers herum gibt); Einfamilienhäuser (einzeln oder in Siedlungen) und Großsiedlungen, die fast alle nach dem Zweiten Weltkrieg gebaut wurden, meist Sozialbauten aus Fertigbetonplatten oder aus einem Beton- oder Stahlgerüst mit Preßplatten dazwischen (wie Les 3000 in Aulnay, Les 4000 in La Courneuve und Sarcelles); und schließlich das, was er «die neuen Siedlungen» nennt, «aus einer Philosophie des Unterschieds heraus konzipiert». Sie entstanden Ende der siebziger Jahre, und wahrscheinlich ist Les Beaudottes ein gutes Beispiel dafür. Praktisch alle Typen sind auf dem Plateau von Villepinte zu finden.

In La Fontaine Mallet wurden Wohnsilos saniert. Das bedeutet, daß große grüne und ockerfarbene Flecken auf cremefarbenem Grund die Hauskanten schmücken. Es folgen Inselchen mit Einfamilienhäusern, hinter denen abgestuft etwa zehn Jahre alte Wohnanlagen liegen. Direkt an der Straße stehen die kleinsten Häuser, rosa und grau angestrichen, dicht aneinandergedrängt mit spitzwinkligen Dachgauben und winzigen Gärtchen – weiße Plastikstühle und Sonnenschirme. «Puppenhäuser», sagt Gilles. «Sie sind aufgereiht wie Strandkabinen», bemerkt Anaïk. Eine Mutter geht mit ihren Kindern in gestreiften Badeanzügen mit Schippchen und Eimern vorbei. «Siehst Du, sie gehen zum Meer.» In der ansonsten menschenleeren Siedlung stoßen sie auf eine antillesische Hochzeit.

Sie machen einen Umweg nach links, um die Solarhäuser anzusehen: Ein Sträßchen mit weißen Einfamilienhäusern, große Glasveranden mit blauen Rahmen, kleine Fenster und Balkone, die durch Mauern geschützt werden, strahlend weiß wie kleine griechische Hafenstädte. Eine Familie am Fenster erklärt ihnen freundlich, daß es zweiunddreißig Wohnungen gibt und die Mieter fast alle bei der Stadt sind, daß es echt besser ist als in Paris, wo sie herkommen, daß der Vater jetzt mehr als eine Stunde zur Arbeit braucht, er sich jedoch nicht darüber beklagt. Die Solarzellen liefern die Energie für das warme Wasser, und was fehlt, wird aus der Steckdose ergänzt, mit Hilfe eines Computers, ebenso wie im Winter die Heizung. Das Problem sei nur, daß Elektrizität die teuerste Energie überhaupt ist. Als sie zur Avenue Karl Marx zurückkehren, kommen sie an alten Backstein- und Meulière-Häuschen vorbei. Wieder diskutieren sie über das Edle des Meulière-Steines. Sie sehen gelbe Akazienblüten – Anaïk erzählt, daß man sie fritieren kann – und Himbeerhecken. Eine antillesische Dame an ihrer Tür zeigt ihnen ihre Kater Virgule und Sangor (oder Senghor?). Letzterer ist riesig und schwarz-weiß: «Man könnte ihn für einen Panda halten», stellt Gilles fest. Im Garten zieht sie dicke Mohnblumen: Gilles und François diskutieren lange und konfus, ob es möglich sei, im Pariser Raum Opium zu gewinnen.

Noch weiter im Norden, eingezwängt zwischen der breiten, zweispurigen Avenue Robert Ballanger und der A 104, die man auf einer Brücke überquert und die, da sie durch eine Schneise führt, die Landschaft praktisch nicht zerstört, liegt Le Parc de la Noue. Wohnblocks und Hochhäuser, ein Einkaufszentrum mit Bank und chinesischem Restaurant. Sanierung heißt hier, daß im Trompe-l'œil-Stil Schieferpfannen auf die Wände gemalt wurden. Gegenüber Gemeinschaftseinrichtungen und ein weitläufi-

Villepinte

ges Sportgelände neben dem Gymnasium. Sie überqueren die Autobahn und finden sich im Parc des Pyramides aus grauweißem Beton wieder. Dekor- und Stimmungswechsel: Die Bauten sind niedrig, stufig wie mexikanische Pyramiden mit langen, begrünten Terrassen, Treppen, langen, gepflasterten Zugangswegen, als ob man sich in einem ausgedehnten, mediterranen Steingarten befände. Das Ganze unter grauen, grünen und roten Bäumen, und es riecht nach Harz. Hier glaubt man wirklich, man sei am Meer. Es ist eine der schönsten Wohnanlagen im Raum Paris, und hier wohnt sicher nicht irgendwer. Der Autobahnzubringer ist ganz nah, und vielleicht ist dieser Ort mit ein paar Räderdrehungen näher an Paris als an seiner sonstigen Umgebung. Doch in dieser Oase treffen sie niemanden, den sie fragen könnten, wie es sich in Les Pyramides lebt. Und zum ersten Mal seit heute morgen bellt an einem so einsamen Ort kein Hund.

Und dann liegt da noch, kurz bevor sie das Sanatorium und das alte Dorf erreichen, la Cité des Mousseaux: ein Rückfall ins Schlimmste. Wohnmaschinen aus Stahlträgern; die Zwischen-

Traversée de Villepinte

räume abwechselnd mit Preßplatten und Fenstern gefüllt. Der famose Stil «moderner Kaninchenstall». Gilles sagt, daß der Wirt neulich wohl die Bewohner von Les Mousseaux gemeint habe mit seinem «Sie wissen schon, was ich meine.» Es werde von einer Humanisierung der Cités gesprochen, setzt Gilles hinzu, doch er hat da seine eigenen Ansichten: «Man schmeißt alles raus, was nicht weiß ist.» Das sei die Politik der HLM, davon ist er nicht abzubringen. Er kann sich ein Urteil erlauben, da er ihre Menschenliebe über die Briefkästen kennt: ein unfehlbarer Indikator. Als Briefträger bei seinen Runden stellt er fest, daß arabische und afrikanische Namen peu à peu verschwinden: in Saint Denis in der Cité des Francs Moisins, in Aubervilliers in Les Courtillières oder hier.

Als sie im alten Villepinte im Café-Tabac etwas Kühles bestellen wollen, bekommen sie nichts. «Es ist zwölf, und wir haben samstags mittags geschlossen. Das Wochenende ist uns heilig.» Anderswo ist die Gastfreundschaft heilig. Nun ja. Sie gehen weiter, bis La Haie Bertrand. Gilles möchte ihnen einen Bauernhof zeigen, der noch bewirtschaftet wurde, als er das letzte Mal vorbeikam. Der Bauernhof ist in einen Tennisclub umgewandelt. Sie essen ihre Bananen und Birnen. Ein kleines Stück weiter, wo an dieser unbestimmbaren Landschaft, die sich bis Roissy erstreckt, alles aufhört, steht tot und verwüstet ein kleines, neues Einkaufszentrum. Ein riesiges Schild kündigt an, daß der neue Bürgermeister sehr bald ein neues Programm vorstellen wird, doch was für ein Programm? Das Schild ist auch schon ramponiert. Es ist furchtbar heiß. Lange warten sie auf den Bus, um nach Villepinte zurückzukehren. Von dort aus geht es nach Sevran. Um zwei Uhr nachmittags sind sie im Café an der Schleuse. Die Wirtin macht ihnen riesige Sandwiches mit Camembert. Anaïk fotografiert die kleine Familie der Stammgäste. Sie fühlen sich müde. Sie fühlen sich gut.

*

Sonntag, 21. Mai. Mit Aulnay verändert sich die Landschaft. Die Ebene liegt eingezwängt zwischen den Wäldern von Montmorency im Westen und den Hügeln des ehemaligen Waldes von Bondy im Osten, zwischen denen etwa fünfzehn Kilometer liegen. Der Geograph Jean Brunhes nannte das eine «Menschenenge», die in Richtung Paris noch schmaler wird, zwischen den Hügeln von Montmartre und Chaumont verläuft, wo jahrhundertelang alle hindurch mußten, die von Norden her auf die Seine zumarschierten. So entstanden die Straßen nach Flandern, nach Deutschland und England, dann der Kanal und die Eisenbahnstrecken.

Dort begannen auch die militärischen Anlagen rund um Paris. Eine Verteidigung, im Flachland schwierig, wurde möglich, ja unerläßlich. Das letzte Gefecht. Der Zusammenstoß an der Brücke von Villepinte 1940 ist nur ein Glied in einer langen Kette von Massakern (1944 gab es noch weitere). So war etwa die Fronde im 17. Jahrhundert hier ein richtiger Krieg, bei dem nicht lange gefackelt wurde. Als die königlichen Truppen von Mazarin und Anna von Österreich die Soldaten von Condé endlich besiegt hatten, wurde im *Estat sommaire des misères de la campagne et des besoins des pauvres aux environs de Paris*, dem Überblick über das Elend auf dem Land und die Bedürfnisse der Armen in der Gegend um Paris, im Oktober 1652 festgestellt:

> ... Für die gesamte Umgebung, Le Bourget, Villiers le Bel, Aulnay, Sevran, Bondy und andere, durch die die letzten Truppenbewegungen führten ...
> Die Orte, Dörfer und Flecken verlassen, und die Priester des Amtes enthoben.
> Straßen und Umgebung mit Aas verpestet, mit Gestank und liegengelassenen Leichen.
> Die Häuser ohne Türen, Fenster, Schlösser und etliche ohne Dach; und alles in Kloaken und Ställe verwandelt.
> Alle Frauen und Mädchen auf der Flucht, die dagebliebenen Bewohner ohne Möbel, Werkzeug, Lebensmittel und völlig hilflos ... Manche haben vierzehn Tage lang von Kräutern und Wasser gelebt, andere von Bucheckern und Wurzeln, weshalb sie am Ende ihrer Kräfte sind ...
> Und der größte Teil von neuen Todesarten dahingerafft, manche vom Hunger, andere von ansteckenden Krankheiten, wieder andere wurden durch Tote verseucht, die in ihrer Nähe starben ...

So breitete sich eine Epidemie aus: die Pest, sagen manche, Typhus, behaupten andere.

Aulnay war mehr eine «Gebiet» als ein Dorf: Es bestand aus mehreren Weilern, das Gebiet von Aulnoy, das Gebiet von Aunai, das Gebiet der «aulnes», der Erlen. Noch 1920 war es mit 7000 Einwohnern eine halb ländliche, halb proletarische Stadt. Die Verwandlung vollzog sich langsam. Lange herrschte das Geschlecht der Marquis de Gourgues: genannter Marquis wurde 1794 guillotiniert, doch seine Nachkommen stellten im Ersten und Zweiten Kaiserreich trotzdem die Bürgermeister. Ende der zwanziger Jahre geht die Stadt an die Linke, erst an die Sozialisten, dann an die Kommunisten. Aulnay wird rote Vorstadt. Bis die Kommunisten sie vor kurzem an die Rechte verloren – nach einer Annullierung der Wahl wegen Wahlbetruges.

1921 vermerkt der *Guide bleu*, daß «die Wälder, die diesen Ort früher so angenehm machten», verschwunden seien; doch – was

Nostalgie so alles vermag – erklärte eine alte Dame aus Aulnay 1980: «Anfang der zwanziger Jahre war Aulnay eine schöne Stadt mit seinen Akazien, Pappeln, den Feldern und Flüßchen ...» Wird man 2030 schreiben, wie gut es sich Ende der achtziger Jahre in Aulnay lebte? Und was wird dann verschwunden sein, was heute seinen Charme ausmacht?

1920 hatte Aulnay noch ein städtisches Waschhaus, viel genutzt, da es kaum fließendes Wasser gab. Gespeist wurde es aus dem Sausset und der Morée, an der mit ihrem «sehr sauberen und klaren» Wasser sogar eine Brunnenkressepflanzung lag.

Soll man mehr als eine Krokodilsträne vergießen über das hübsche Waschhaus, das klare Bachwasser und das fröhliche Geplapper der Wäscherinnen? Soll man nicht lieber an das Gewicht der nassen Wäsche denken, die die Frauen auf Karren vor sich herschoben, an das lange Knien am Beckenrand – einmal beim Waschen, danach beim Spülen –, auf Bohlen, die kaum gegen das eisige Wasser schützten, an die Gliederschmerzen, die Erfrierungen und rissigen Hände?

Mit der wachsenden Zahl von Arbeitern wurden auch zahlreiche Vereine gegründet, 1904 die *Gesellschaft für gegenseitige Hilfe*, 1907 *Vorausschauendes Frankreich, Zukunft des Proletariats* und *Die Gymnastikfreunde*, der *Verband der Geher von Aulnay*, *Der Musikbund*, der Verstärkung erhielt durch die *Flötenspielerchen aus Sables* und *Die Gallische Heiterkeit*, und 1930 sogar *Die Gesellschaft der Leckmichamarschler*.

Heute hat Aulnay 80.000 Einwohner, verteilt auf beide Seiten der Bahn. Im Norden, auf den Feldern der ehemaligen Bauernhöfe, liegen Trabantenstädte – La Rose des Vents etwa: Das ist das neue Proletarier-Aulnay. Im Süden, dort, wo sich am Kanal die ersten Fabriken ansiedelten – für Heizkörper zuerst, dann Westinghouse und Kodak – und wo Einfamilienhäuser gebaut wurden wie in Freinville, das die Leute nach dem feinen Pariser siebten Arrondissement das «kleine Siebte» nennen, verbürgerlichte die Stadt. Dort liegt das weiße Aulnay der ordentlichen Leute, geschützt durch Zäune und wilde Kläffer, eingezwängt zwischen Paris, das von hier aus wie ein Monster erscheint, und den unbekannten und verrufenen Siedlungen im Norden. Dieses Aulnay mit seinen Traditionen, seinen alten Familien, einer Geschichte, brauchte auf seinem ursprünglichen Grund und Boden Jahrzehnte, um zu entstehen, sich zur verändern und sich immer noch weiter zu verändern. Es wehrt sich gegen das andere Aulnay, das ohne Geschichte, das plötzlich in der Ebene auftauchte und auf einer gleichgemachten, vernichteten und verleugneten Vergangenheit gebaut wurde. Und dann gibt es auch noch den Schandfleck Aulnay, das Elends-Aulnay, das der Emmaus-Siedlung zum Beispiel.

*

Es ist immer noch heiß. Heute morgen verteilen sich die Nachrichten gleichmäßig auf zwei wichtige Ereignisse. Wird es auf dem Tienanmen-Platz zu Auseinandersetzungen kommen? Man muß abwarten. Außerdem wurden gestern auf der Strecke Aulnay-Bondy, der Cowboy-Strecke, drei Kontrolleure von einer Jugendbande brutal angegriffen. Augenblicklich wurde auf allen Strecken der östlichen Vorstädte zum Streik aufgerufen.

François hat schlecht geschlafen, weil die Güterzüge der nahen Bahnlinie durch sein zur Straße hin liegendes, offenes Fenster ihm Eisenbahneralpträume bereiteten. Anaïk hat schlecht geschlafen, weil durch ihr zum Hof hin liegendes, offenes Fenster abgestandener chinesischer Küchendunst aufstieg. Außerdem müssen sich beide einem Problem stellen, das sich schon seit zwei Tagen andeutete: den Blasen an ihren Füßen. Warum haben sie die vernünftigen Ratschläge *aller* Reiseführer der Welt nicht befolgt: «Es wird empfohlen, sich mit einem Paar solider, bequemer Laufschuhe auszurüsten»? Der Fall Anaïk ist besorgniserregend, denn sie weigert sich, etwas anderes anzuziehen als eine Art Sandalen aus grauem Leder mit nicht allzu dicken Sohlen, mit der Begründung, daß eine Zigeunerin an der Porte de Vanves sie ihr geschenkt habe: Eine Zigeunerin wird sich mit Fußmärschen wohl auskennen oder etwa nicht? Sechzig, achtzig Kilometer zu Fuß seit fünf Tagen und nicht irgendwelche Kilometer: So sieht eine Reise mit der RER also aus? Und jetzt taucht auch noch das Gespenst eines Streiks auf ...

*

Heute morgen sind sie mit einem Kollegen von Gilles verabredet, der in der Cité de Rougement wohnt, in Sevran, doch an der Grenze zu Aulnay. Sie gehen die Rue Louise Michel entlang. Für die ersten gewählten Volksvertreter der Arbeiterstädte bedeutete es eine Revanche an der offiziellen Geschichte, eine Herausforderung der Honoratioren, die sie abgelöst hatten, den Straßen die Namen von Geächteten zu geben, wie Blanqui, oder von Mitgliedern der Pariser Kommune wie Louise Michel oder Varlin. Diese Herausforderung saß selbigen Honoratioren quer im Hals. Als im September 1939 die kommunistische Partei verboten und der Stadtrat von Aulnay aufgelöst wurde, beeilte sich die Sonderdelegation, die an seine Stelle trat, die Straßennamen in großem Umfang wieder zu ändern: Schluß mit den Camélinat- und Henri Barbusse-Plätzen, Schluß mit der Rue Jules Vallès, Robespierre, Roger Salengro und mit zwanzig anderen. Die Rue Louise Michel wurde zur Avenue de Soissons, die Rue Romain Rolland zur Avenue de Gourgues und die Rue Degeyter zur Rue Brunetière. 1941 war das Werk vollbracht: Place de la République hieß nunmehr Place du Maréchal Pétain. Harte Zeiten für Briefträger.

Das sind keine Schildbürgerstreiche. Der kommunistische Bürgermeister und der Abgeordnete von Aulnay sous Bois wurden im September 1939 festgenommen und nach Algerien deportiert; 1943 wurden sie freigelassen und kehrten 1944 zurück. So entgingen sie wenigstens dem Schicksal von zwei Stadträten, die im Oktober 1940 festgenommen und in französische Gefängnisse gesteckt wurden, bevor man sie an die Nazis auslieferte und sie in einem deutschen Konzentrationslager starben. So erging es allen kommunistisch regierten Gemeinden.

Benoît, unser Briefträger, wohnt Tour Alice. Doch wie soll man in der Siedlung das Hochhaus mit dem Namen Alice finden? Da ist die Tour Béatrice: Eine Gruppe Jugendlicher steht genau davor. Sie wissen nicht, wie die Häuser heißen. Ihres heißt Béatrice, das wissen sie, doch die anderen... «Gucken Sie mal gegenüber nach: Wenn Alice dransteht, ist es da.» Danke für die Auskunft. Zufällig ist es wirklich dort.

Benoît ist Vietnamese, mütterlicherseits Chinese. Sein Onkel war im Süden General, zu Diems Zeiten. An der Fakultät in der Rue d'Assas hat er Jura studiert. Er ist bei weitem nicht der einzige bei der Post, der studiert hat. (Gilles hatte erklärt, man müsse eine Vorsichtsmaßnahme ergreifen, wenn man sich um eine Stelle als Postbeamter bewerbe: keine Studien und Examen erwähnen.) Er arbeitet als «Brigadier», das heißt auf der untersten Ebene der Hierarchie. Über dem Brigadier steht der «Rouleur» und darüber der «Titulaire», der verbeamtet ist. Er arbeitet als Aushilfe in fünf Städten im Bezirk Aulnay. Ständig ist er im Einsatz; denn aus der Sicht der Briefträger, und die können es ja schließlich beurteilen, fehlt bei der Post immer Personal.

Benoît hat ein Prinzip: Ein chinesisches Sprichwort lautet, daß der Fluß sich seinem Bett anpassen müsse. Wenn man nach Frankreich kommt, lebt man wie ein Franzose, ist doch logisch. «Sehen Sie sich die Chinesen im dreizehnten Pariser Arrondissement an: Alle Welt schätzt ihre Qualitäten, sie fallen nicht auf und sind fleißig.» Er begreift nicht, daß man nicht versucht, vernünftig zu leben. Überall stößt er auf Verweigerung, auf Barbarei. Es mangele am Respekt gegenüber dem anderen. Ob der nun weiß, schwarz, gelb oder lila sei. Es sei keine Frage der Farbe, sondern der Verantwortung. Warum fehlt es so vielen Menschen in diesem Land an Verantwortungsbewußtsein? Das schlimmste Beispiel habe er in Les Beaudottes erlebt: Eine Zeitlang, wenn er seine Runden machte, hat er allen Ernstes Scheiße vor den Türen gefunden. Les Beaudottes, das renkt sich inzwischen ein. Er glaubt, daß die Bewohner verantwortungsbewußter werden, wenn sie erst mal Eigentümer sind. Andere wieder glauben, daß es sie in die Abkapselung, zur Gleichgültigkeit oder, schlimmer, hin zur Aggressivität treibt. Für ihn hat ein Mieter doch nur sich selbst zu verteidigen. Außerdem steigen die Mieten im Augenblick enorm, was die Spannungen unerträglich macht. Alles kann so schnell verkommen. Doch wie läßt sich der Verfall vermeiden? Und wie kann man wieder Ordnung reinbringen? Man muß das Übel bei der Wurzel packen, sagt Benoît. Er spricht vom Virus des Übels, den es abzutöten gilt. Er weiß, daß geplant ist, in Montfermeil ganze Wohnblocks zu sprengen, wie das mit Les 4000 in La Courneuve geschehen ist. Das muß wirklich ein Ende haben: Dort haben sie die Aufzüge blockiert, die Eingänge abgefackelt und die Briefkästen abgerissen. Doch heißt das schon, das Übel an der Wurzel zu packen? Was ist faul in diesem Land, wo doch alles zusammenkommt, um dieses innere Bedürfnis nach Frieden, Ordnung und Vernunft zu befriedigen, das er so stark empfindet und das jeder im Herzen tragen müßte?

Selbst in seinem Haus hat Benoît Probleme. Dabei hat er alles, um sich dort wohl zu fühlen: Das Viertel und sein Haus wurden saniert, er lebt im Grünen, und seine 55 Quadratmeter große Zwei-Zimmer-Wohnung gehört ihm: «Dies hier ist Versailles. Einfach super hier in den Vorstädten, der viele Platz.» Doch nichts ist richtig isoliert. Und die Nachbarn von oben, Afrikaner oder Antillesen, keine Ahnung, er kennt sie nicht, es ist nicht möglich, mit ihnen zu reden, die Nachbarn machen Tag und Nacht einen schrecklichen Radau. Immer wieder der Mangel an Rücksicht dem anderen gegenüber. Die Hölle.

Dabei fühlt er sich wohl. Er hat gar nicht das Bedürfnis, nach Paris zu fahren. Was er braucht, findet er hier. In Sevran gibt es ein Konservatorium, er geht in die Bibliothek; der Canal de l'Ourcq ist da mit seinem Radweg, was wunderbar ist. Und bald *La Projection verte*, der Grüne Plan.

Ja wirklich, *ohne das* ließe es sich hier prächtig leben. Ein größeres finanzielles Problem ist vielleicht die Wohnungssteuer. Die ist fast unerträglich hoch, mindestens fünfmal so hoch wie in Paris. Für ihn ist das einer der Gründe, warum viele Leute bei den letzten Wahlen rechts gewählt haben. Was die extreme Rechte angeht, 24% der Stimmen für die Front national in Sevran, landesweit das vierthöchste Ergebnis, ja, das ist besorgniserregend: Aber ist es nicht einfach die Gegenreaktion auf diesen Mangel an Rücksicht dem anderen gegenüber, auf das fehlende Verantwortungsbewußtsein vieler Einwanderer, fragt er sich.

*

Mittags verlassen sie die Tour Alice. Im Sonnenschein träumen sie vom Dolcefarniente: wieder in die Kühle am Kanal zurückkehren, zum grünen Fließen. Auf einer verlassenen Brücke überqueren sie die Gleise der RER und gehen zwischen den Häusern durch. Vor einem Haus unter Bäumen ein Stand mit exotischen Früchten, Mangos und irgendwelche Knollen; Afrikaner im Boubou sitzen untätig herum; ein Trommler. In einigem Abstand Maghrebiner.

Sie schlendern an einem Hof entlang. Am Eingang eines Kellers brennt ein Feuer, Männer hocken zusammen und diskutieren. Ein Ausrutscher: Automatisch zieht Anaïk ihren Apparat aus der Tasche und macht aus großer Entfernung ein Foto. Aufregung. Ein Mann löst sich aus der Gruppe und ruft sie. Gleich stellt sich Anaïk der Situation und geht ihm entgegen. «Ohne Ihnen Vorschriften machen zu wollen und mit allem Respekt, frage ich Sie, was Sie da tun?» Sie sind in den Hof getreten, und ein Kreis bildet sich um sie. Alle sind tadellos angezogen, tragen frisch gebügelte Hemden. Die Diskussion dauert eine gute halbe Stunde. Höflich. Sehr höflich. Und sehr entschieden. Eine lange Lektion in Moral und Würde zu dem Thema: Wenn man Leute fotografiert, fragt man erst um Erlaubnis. Ein Thema wird zum Lebensprinzip; Respekt vor allem anderen. «Wenn Sie mich gefragt hätten», sagt ihr erster Gesprächspartner, ein großer Malier im grünen Hemd, «hätte ich mich geschmeichelt gefühlt.» – «Und wenn ich Sie jetzt frage?», antwortet Anaïk. «Zu spät. Ein andermal vielleicht.» Der große Malier hat studiert. Er stellt seinen Bruder vor, dann noch einen Bruder. Ein älterer Mann tritt dazu, informiert sich in seiner Sprache und nimmt François beiseite, um ihm ein zweites Mal die Leviten zu lesen, diesmal unter Männern, noch höflicher und noch strenger. Er will ihnen gern zugestehen, daß sie weder Bullen noch Journalisten sind, sie mögen sogar Freunde sein, doch Freunde verhalten sich eben nicht so. «Wir sind hier viele Malier», sagt der ehemalige Student, der in Paris arbeitet. «In Mali war Frankreich immer hoch angesehen. Doch heute ist es in Frankreich nicht mehr wie früher, man hat den Respekt vor einander verloren. Dabei hat mein Vater für Frankreich gekämpft. Es gibt Journalisten, die machen Fotos und anschließend widerliche Reportagen.» – «Ohne indiskret sein zu wollen, was tun Sie hier?» Sie erklären, daß sie aus Paris sind und in Rougemont einen Freund besucht haben und zum Kanal gehen wollen. «Nur so, zum Vergnügen.» Und immer noch, ohne indiskret sein zu wollen: «Was sind Sie von Beruf?» Anaïk antwortet, daß sie Verkaufsvorführerin in großen Supermärkten sei. «Hätte ich mir denken können: Schon Ihr Lächeln und Ihr Gang. Sie sind eine sehr schöne Frau.» François nennt sich lieber Übersetzer. Denn erklären Sie mal einfach so aus dem

Stand den Unterschied zwischen einem Schriftsteller und einem Journalisten. Das Nennen ihrer Berufe wird höflich aufgenommen wie auch der Rest. Mit einem Lächeln. «Jetzt, da wir uns ausgesprochen haben,» läßt Anaïk nicht locker, «immer noch kein Foto?» Nein, aber wenn sie sich irgendwann in Paris vielleicht einmal wiedersehen, dann ist es abgemacht. Der Kreis wird weiter. Wir schütteln uns die Hände. Der große Maler legt die Hand aufs Herz. «Gott sei mit dir», sagt er zu Anaïk.

Sie erreichen das Kanalufer. «Ich weiß nicht, was über mich gekommen ist», sagt Anaïk. «Dabei weißt du genau, daß heimliche Aufnahmen gar nicht meine Art sind. Wo ich mir doch immer die Zeit nehme, erst zu reden, Bekanntschaft zu schließen. Seit Beginn dieser Reise fotografiere ich einfach so drauflos, ich werde noch zum Roboter. Komplett idiotisch: bei dieser Entfernung bringt ein Foto sowieso nichts.»

Im Laufe des Tages sehen sie die Bewohner dieses Wohnheims am Kanal wieder. Sie bleiben für sich, abseits.

Im Café de l'Ecluse haben die Gäste nichts dagegen, sich ablichten zu lassen. «Sind Sie nicht Journalisten? Dann arbeiten sie sicher bei der Stadtverwaltung. Für *Dialogue*, oder? Ich bin aber sicher, Sie schon im Rathaus gesehen zu haben.» Später werden unsere Reisenden wie versprochen die Bilder vorbeibringen. Lauter Stammgäste: Sie sind hier zu Hause. Im Café werden Würmer zum Angeln verkauft, so herrscht ein ständiges Kommen und Gehen. Übrigens sitzt auch der Vorsitzende des Anglervereins vor seinem Gläschen Roten. Lauter Alteingesessene aus Sevran und Aulnay. Heute ist es nicht mehr wie «damals». Damals, das war die Zeit der Bauernhöfe: «Von dem in Rougemont mit seinem Teich, in dem wir Frösche fingen, steht nur noch die Pappel neben den Hochhäusern, haben Sie sie nicht gesehen? Sie ist halb zugeschüttet. Der letzte Hof, der von Montceleux, macht es auch nicht mehr lange, und der, der das Land bestellt, wohnt nicht mal dort. Er kommt von weiter her, keine Ahnung von wo, er stellt dort nur seine Maschinen unter. Und der Kanal ist tot: Den Schleppkahnverkehr haben sie eingestellt. Übrig bleibt nur das bißchen Vergnügungsschiffahrt. Sie erinnern sich noch ans Treideln und manche sogar an die Zeiten, als noch Pferde die Schiffe zogen.

Canal de l'Ourcq

Im Café, wo man unter sich ist, wo man sich wohl fühlt, ist die allgemeine Meinung, daß da oben in Les Beaudottes die Kaffern hausen. «Ich bin kein Rassist, aber.» Vorsicht, Diebstähle. Deutliche Taschenspielergesten. Über Beau Sevran gehen die Meinungen jedoch auseinander. «Zunächst mal ist Beau Sevran nicht Les Beaudottes», behauptet einer optimistisch. «Quatsch», sagt ein anderer. «Jedenfalls ist Beau Sevran anders. Da kann man in aller Ruhe spazierengehen.»

Manche erzählen ihr Leben. Es kommt Brocken um Brocken heraus. Schwer, die Teile zusammenzufügen. Man muß gar nicht erst fragen, sich aufdrängen, eindringen, ein Stück Leben läuft einfach vorbei, wird lebendig. An dem Tag, als die Deutschen die Brücke in Freinville sprengten, nein, nicht die Deutschen: die Franzosen. Und als ich noch Hausmeister in Paris war... Die Lust, Bildern vorübergehend wieder Dichte und Farben zu verleihen; der Eindruck, daß im Gedächtnis ein Schatz vergraben liegt, in Scherben, und daß das furchtbar ungerecht ist. Das Zeitgefühl ist mit ein paar Worten einen Augenblick lang aufgehoben. Der hundertmal gehörte Satz: «Aus meinem Leben könnte man einen Roman machen.» Und niemand fügt je hinzu: «Und Sie?» Selbstgespräche. Als ob man für Selbstgespräche unbedingt zu zweit sein müßte.

Die Wirtin erzählt, wie schwer es ist, das Geschäft zu halten. Sie hätte gern wieder ein Häuschen wie früher, um da in Ruhe zu leben. Sie gibt ihnen einen aus.

An der Schleuse kommt das Motorschiff vorbei, das vom Pariser Port de l'Arsenal bei der Bastille bis nach Meaux fährt. Rückfahrt im Bus. Oder umgekehrt. Das ist ganz nett, muß jedoch etwas öde sein, hinter den Scheiben auf den Bänken zu hocken: Es ist genauso wie im Bus. Die Reisenden wirken etwas schlapp, wie Leute, die gefahren werden und dabei nicht mehr genau wissen, ob es zu ihrem Vergnügen ist oder wozu sonst? Zum Fotografieren natürlich. Sie warten aufs Durchschleusen und löschen ihren Durst mit Erfrischungsgetränken.

1808 wurde mit dem Bau des Kanals begonnen. Er gehört inzwischen nicht mehr der staatlichen Tiefbauverwaltung, sondern der Stadt Paris, die er mit Wasser versorgt. Noch bevor er schiffbar war, brachte er Wasser nach Paris: «Am 15. August, dem Kaisertag, wurde es erstmals in alle Wasserleitungen der Stadt gepumpt. Vor den Augen der begeisterten Zuschauer, die bisher immer nur Rinnsale in den Pariser Brunnen gesehen hatten, floß das Wasser in breiten Bändern von der Fontaine des Innocents herab. «Er ging vorbei am Wald von Bondy. Schrecklicher Wald von Bondy, ein Versteck für Straßenräuber: Noch 1743 wurde ein Marquis de Gourgues dort ermordet. Trauriger Wald von Bondy: Gilles hat ihnen erzählt, daß man in Montfermeil die Quelle besichtigen kann, an der Victor Hugos Held Jean Valjean Cosette traf, die Sklavin der Thénardier.

Geht man nach Villepinte zurück, sieht man am anderen Ufer Schrebergärten. Gemüsegärten, Riesengemüse, Himbeer- und Johannisbeersträucher, die sich unter den zinnoberroten Träubchen biegen, und Blumen. Doch hinter dem hohen Zaun sind sie unerreichbar, das Eingangstor ist verriegelt, und innen ist jede Parzelle ihrerseits von Zäunen umgeben und abgesperrt. Die Gärtner und ihre Fiffis haben im Schatten der Geräteschuppen ihre Ruhe. Ein verbotenes Paradies. Ein Stück weiter der Waldpark, wo früher die staatliche Pulverfabrik von Sevran lag, gleichzeitig Fabrik und Feldlager. Hinter dem Park, noch hinter Freinville, in Livry, lebte Madame de Sévigné als Kind. Doch das ist lange her, und was steht noch von der Abtei ihres Onkels, des Abbé de Coulanges, die während der Revolution zerstört und 1870 erneut beschädigt wurde, wie es der *Guide bleu* so schön erklärt?

Und am Kanalufer ist auch nichts geblieben von den Gartenwirtschaften von vor fünfzig Jahren: «Der Geschmorte Hase», «Die angelnde Katze», «Die Donau», «Robinson» und «Das Entchen», wo man gebackene Gründlinge und Muscheln aß, nicht zu vergessen den «Vergessenen Liller Garten» mit seinem großen Orchester und seinen Ligusterlabyrinthen für Verliebte auf der Suche nach einem Versteck. Nichts. Nur ein schattiger Platz.

Später gehen sie zur «Poudrette» weiter. In den *poudrettes* wurde aus zermahlenem Abfall, gemischt mit den Pariser Abwässern, Dünger hergestellt; es gab sie rund um Paris.

Diese hier am Kanalufer in der Gemarkung Pavillons schiebt sich wie ein kleiner Keil zwischen Aulnay und Bondy. Im letzten

Pavillons. La Poudrette

Krieg versuchte man, Familiengärten daraus zu machen, doch das war ein Reinfall: bis zu fünfzehn Meter tief lagerten anorganische Abfälle. Heute stehen hier verfallene Lagerhallen. Ein paar Familien leben in Wohnwagen. Sie treffen dort auch Monsieur Pierrot, der zwischen rostigem Schrott auftaucht. Er erzählt, er sei Bretone und lebe in einer nahen Cité. Anscheinend ist es die Notsiedlung, die 1956 zur Zeit der großen Obdachlosenkampagne von Abbé Pierre gebaut wurde. Übergangswohnheime hieß das, doch schon seit langem lebt man dort nicht mehr nur übergangsweise: Das Departementbüro der HLM brachte dort Leute unter, die schon alle Quellen ausgeschöpft haben und die sich nur noch mit den Sozialhilfen der Gemeinden durchbringen. Auch im Norden von Aulnay gibt es eine solche Cité Emmaus, eine Elendssiedlung, die von der Stiftung des Abbé Pierre unterstützt wird: 700 Wohnungen für mehr als 2500 Menschen, von denen es viele noch nicht einmal auf das staatliche Mindesteinkommen zur Wiedereingliederung bringen. Dort gibt es Fälle von Fehlernährung (so heißt «Hunger» in der Behördensprache) und Krankheiten, die in der modernen Gesellschaft selten geworden sind: Diphtherie und Typhus.

*

Schlaffheit. Sie liegen unter den Linden und ziehen die Bilanz dieser ersten Woche. Durchwachsen.

«Wir hatten ja gesagt: weder soziologische Untersuchung noch Reportage. Eine Vergnügungsreise, ein bißchen herumzuspazieren und etwas zu lernen. Und da purzelt nun alles auf uns runter, das pralle Leben, durcheinander, unentwirrbar. Wie soll man das alles unterbringen?»

«Noch niemals habe ich so drauflos fotografiert», stellt Anaïk fest. «Die Afrikaner aus dem Wohnheim haben recht. Man muß sich die Zeit nehmen, Rücksicht auf den anderen zu nehmen. Ich will doch nicht enden wie die fotogeilen Touristen, die es viel zu eilig haben, um überhaupt zu sehen, was sie aufnehmen. Ihren Blick heben sie sich für später auf: Mit Hilfe des Entwicklers aktivieren sie ihn erst wieder. Nachts träume ich, daß all die Leute in der RER, aus den Cités und Hochhäusern sich an mein Bett hängen und mich ziehen und ziehen. Aber wo bringen sie mich hin?»

«Wir wollten vorbeigehen, ohne anzuhalten», sagt François. «Aber auf jede Frage gibt es eine Flut von Antworten, und wir haben gar keine Zeit, alle zu suchen, und die werfen nur neue Fragen auf. Um angemessen über Les Beaudottes reden zu können, müßte man dort länger bleiben: Bei allem, was Arbeitsplätze angeht, die Schaffung neuer Betriebe, den Dienstleistungssektor und wieder einmal die Arbeitslosenquote; bei den Gefahren, die ein Wohnungskauf mit sich bringt. Also schreibe ich, schreibe und habe kaum noch Zeit zum Hinsehen.»

«Du hast ja wohl nicht vor, ganz allein einen *Bericht zur Lage der Vorstädte* zu schreiben?» Nein, er will keinen *Bericht zur Lage der Vorstädte* schreiben. Sie müssen weiter. Immer weiter, ohne zurückzuschauen, sie können nur einen Vorrat an Erinnerungen anlegen. Wie bei richtigen Reisen.

Doch er möchte wenigstens erzählen können, wie lau dieser Spätnachmittag unter den Linden am Ufer des grünen und langsam dahinfließenden Wassers vom Kanal ist. Dicht unter der Wasseroberfläche, die Schnauze taucht kaum auf, schwimmt ein Biber lautlos und geschäftig von einem Uferloch zum anderen, als ob es auf der Welt nur ihn und seine geheimnisvollen Privatangelegenheiten gäbe. Familien liegen faul im schmutzigen Gras. Die Augen geschlossen, liegen sie im goldenen Licht: Hitze, Gesprächsfetzen ohne Fortsetzung, fehlt nur noch ein leises Kieselrollen, und man wäre am Strand, Saint Eugène, Algier, vor wievielen Jahrzehnten? Hinter ihnen, neben einem Strauch, sitzen zwei Frauen oben ohne. Sie machen Stimmübungen und strecken hingebungsvoll die Gesichter dem blauen Himmel entgegen. Am anderen Ufer haben sich genau gegenüber Angler eingefunden: ein Auge auf den Schwimmer gerichtet, das andere auf die Busen. Radler rollen in einem Meter Entfernung vorbei. So muß das gewesen sein, Wochenende zu Zeiten der Volksfront. Es ist Sonntag. Sie essen Äpfel und Joghurt.

II

Der kleine Gürtel um Paris

In diesem Land stehen die Namen von Städten und Dörfern auf Wetterfahnen statt auf Grenzsteinen... Man folgt dem Pfeil, doch dann dreht der Wind, und schon hat man sich wieder verirrt. Als wollten die Städte fliehen. Unmöglich, sie festzuhalten.

Jacques Prévert, *Schauspiel*

6

Blanc Mesnil, die letzte Volksdemokratie – Le Bourget, ein Straßeninferno – Zurück nach Les Beaudottes – Allein im Luftfahrtmuseum – Die Toten von 1870: das Presse-Freikorps – Bondy, die Beresina – Streik bei der RER

Montag, 22. Mai. Sie haben ihre Sachen im Hotel Zu den Drei Enten gelassen. Laut Telefonbuch gibt es zwei Hotels im Bereich ihrer nächsten Station Blanc Mesnil. Sie wollen sie sich erst einmal ansehen und dann entscheiden und ihr Gepäck holen.

10.07 Uhr. Die Fahrt vom Bahnhof von Aulnay zur Station von Blanc Mesnil dauert zwei Minuten. Diese liegt genau am Ende des großen Verteilerbahnhofs von Le Bourget, der sich mehrere Kilometer in Richtung Paris hinzieht. Die Gleise weiter unten werden von einer Betonbrücke und ein Stück weiter oben von der Brücke der Autobahn A 3 überspannt. In beiden Richtungen schleicht die Lastwagenschlange mit ihrem erdrückenden, hämmernden Dröhnen vorbei: Eine Welt für sich, die gefangen vor sich hin lebt, ein ewiges, langsames Fließen.

Beim Durchlesen von François' Notizen erleben sie etliche Überraschungen. Über den Bahnhof von Blanc Mesnil steht da: «Er ist das Heruntergekommenste, was wir gesehen haben.» Als ob sie das nicht auch schon von den anderen gesagt hätten. Er ist an eine Stützmauer gebaut. Seine Pfeiler stehen auf dem Bahnsteig, und er gleicht einem Bunker, der von einer Art Zinnen gekrönt wird. Wie alle um diese Tageszeit, liegt er verlassen da. Ein paar Leute warten vor dem Telefon, und als Hintergrundmusik erklingt: *Nos ancêtres les Gaulois*, Unsere Vorfahren, die Gallier:

Laßt uns witzeln, witzeln,
damit die Himmel nicht stürzen,

eine Melodie, die für François mit den Bilder-Jukeboxen – den *Scopitones*, wirft Anaïk ein – der Rue Saint Denis in den sechziger Jahren verbunden bleibt: Für die Dauer einer 45er Schallplatte durfte man auf einem Bildschirm und in Farbe Henri Salvador als gallischen Menschenfresser zwischen Strohhütten bewundern. Heute droht der Himmel nicht herunterzustürzen; es ist immer noch strahlend schön, doch glücklicherweise weniger heiß dank eines leichten Luftzugs. An einer Böschung, ein Feuerwerk von Feldblumen: Mohn, Kornblumen, Löwenzahn und dünne Akazien – wie auf Bildern von Sisley. Es ist gerade Europa-Wahlkampf. Die widerlichen, immer gleichen Plakate

schreien: um den Kindern Frankreichs eine strahlende Zukunft
sichern zu können, müssen diese (die Zukunft und die Kinder)
europäisch sein. Davon heben sich tröstliche Aufkleber ab:

WÄHLT DIE AUSGEFLIPPTEN
DER KANDIDAT

In der Ferne, im Nordwesten, Hochhäuser, und bis dorthin erstrek-
ken sich Einfamilienhäuser. Ein Parkplatz, klassisches *no man's
land*, und links, wenn sie der Sonne den Rücken zukehren, um
die zwei Kilometer bis zum Zentrum von Blanc Mesnil zu gehen,
eine Baustelle mit echt kühnen Konstruktionen: Zwei- oder drei-
stöckige Häuser sind aneinandergelehnt, die Wände mit hellem
Holz verkleidet, mit überraschenden Winkeln, Fensterrauten: fast
weiße Dächer, ockerhelle Wände und rote Fensterrahmen. Man
muß schon sagen, die haben Ideen. Die Dachgauben recken ihre
Winkel gen Himmel wie Schiffsbuge, und die Dächer reichen
manchmal bis zum Boden und lassen nur schmale Durchgänge
offen. «Fast wie Wikingerschiffe», stellt Anaïk fest. Innen muß es
viele originelle Winkel und hübsche Galerien geben.

Schöne Viertel für jedermann in Seine Saint Denis
Bürgermeister Robert Fregossy
der Gemeinderat
und der SODEDAT 93
arbeiten an der Verschönerung unserer Stadt.

Ein anderes Schild weist darauf hin, daß hier 88 Sozialwohnun-
gen entstehen «in Holzbauweise, ein Modellversuch.»
An der Rue Pierre Semard stehen prächtige Exemplare von
Stadtmobiliar: Eine Informationstafel mit vergißmeinnichtblauen
Kunststoffpfosten verkündet:

Heute Abend
Monsieur R. Fregossy, Bürgermeister und Generalrat
Youri Nara, Sopran
singt Werke von N'Guyen Tim Dao
im Centre Erik Satie

(weitere Künstler werden aufgezählt, Gesänge aus Indien, usw.) Und auf der Rückseite eine luftige blau-weiß-rote Wolke:

Blau
Weiß
Rot
17 Künstler stellen im Rathaus aus

(Der Untergrund ist weiß: Blau steht da in *Blau*, Weiß zwangsläufig in *Schwarz* und Rot in *Rot*. Bei genauerer Betrachtung stört dieses Weiß etwas, weil es ja schwarz gesetzt werden mußte.) Sie gehen zwischen (immer noch unerreichbaren) Kirschbäumen hindurch, überall blühen Rosen, bewundern eine Litfaßsäule aus ebenfalls blauweißrotem Plastik, ein buddhistisches Kloster GETAVANA VIHARA in einem winzigen Haus mit Glockentürmchen und einer Schaukel und werden wieder eingeholt von dem üblichen Hundekonzert. Und dann plötzlich, hinter Rosen und einem Zaun, den sein Besitzer gerade gelb-beige anstreicht, auf dem Rasen *der* Traum. Hier eine knappe Übersicht:

– Sieben-Meilen-Stiefel (leuchtend rot), jeder auf einem Baumstumpf stehend, in denen Aloen und Sukkulenten wachsen,
– ein Bambi aus Schmiedeeisen, das zwei Blumentöpfe mit Pflanzen *s.o.* trägt
– ein weißer Gipsesel mit Körben, gefüllt mit *s.o.*
– ein Miniaturbrunnen aus Gips mit einem roten Ziegeldach, von dem ein Eimer mit Begonien herabhängt ... usw.

Bemerkenswert, was so ein fleißiger Leuchtreklamen-Vertreter hier für wahre Wunder vollbracht hat: Überall, vor wirklich jedem Geschäft, leuchten die Buchstaben kleiner Werbetafeln, über die jeder, Tierarzt, Versicherung, Reinigung, seine persönliche Botschaft laufen läßt und manchmal, sozusagen als kleine Aufmerksamkeit an die Kundschaft, die genaue Temperatur zum augenblicklichen Zeitpunkt angibt.

Je näher sie dem Kirchturm kommen, desto dichter wird die Bebauung. Die Avenue de la République ist eine Hauptverkehrsstraße. Vor der Jules-Vallès-Schule, bei dem Léo-Delibes-Heim, ein handgeschriebenes Plakat:

> SEKTORENEINTEILUNG: GEFAHR
> Ohne die Eltern oder Lehrer zu befragen,
> ordnet die Stadtverwaltung manche Kinder
> einem anderen Sektor zu und kümmert sich dabei nicht
> – um den Schulweg,
> – die Sicherheit der Kinder
> Unzufriedene Eltern, handeln wir rasch!
> Beispiel: Ein Kind, das in der Rue Éboué wohnt,
> soll in die Curie-Schule gehen,
> also die große Kreuzung vor der Post *überqueren*.

François kennt sich in Schulwegen aus, und angesichts der großen Kreuzung vor der Post, die sich in der Ferne abzeichnet, ihrer Breite und ihrem dichten Verkehr, sähe François es *gar nicht gern*, wenn Julia sie zwei- oder gar viermal täglich überqueren müßte.

Von der Postkreuzung aus führt nach links eine Straße ins Tal hinunter, von wo Metallstreben emporragen – Eisenbahnsignale? In weiter Ferne Trabantenstädte: Das ist das Industriegebiet von La Courneuve mit Les 4000 daneben. Rechts, vorbei an der Gendarmerie, der Kirche, einem medizinischen Zentrum und der «Etoile sportive» von Blanc Mesnil-Boulodrome liegt das Rathaus. Einfach toll. Es wurde 1964 erbaut. Luftig angeordnete Betonteile, strahlend weiß. Nichts Monumentales oder Massives. Laut Lexikon war der Architekt André Lurçat enttäuscht von der stalinistischen Kunst der dreißiger Jahre. Er war Kommunist. In jenen schwierigen Jahren, ob nun stalinistisch oder nicht, als die öffentliche Architektur sich in Gigantomanie gefiel, versuchte er Formen und Proportionen zu finden, die das Wort Volk nicht zwangsläufig gleichsetzten mit Masse. Man sollte auch wissen, daß André Lurçat nach dem Krieg der erste Architekt war, der die künftigen Bewohner befragte, um ihre spezifischen Bedürfnisse kennenzulernen.

Statt eines Rathausturms ein sehr schmaler, etwa zwanzig Meter hoher Ausguck, an dem im Augenblick so etwas wie

Notenlinien kleben. Als Noten dienen ausgeschnittene Figuren; das Ganze ist auf einen blau-weiß-roten Regenbogen aufgespießt: offensichtlich der künstlerische Beitrag von Blanc Mesnil zur Zweihundertjahrfeier der Revolution. Auf beiden Seiten dieses Fockmastes führen die Stufen des Haupteinganges zu einem großen Keramikfries, der seltsamerweise einem Wandteppich gleicht, was einen nicht länger erstaunt, wenn man die Signatur entdeckt, Saint-Saëns, 1967: «Die gleiche hohe blaue Welle trägt den Tag für alle Menschen.»

Links ein Hahn und Seesterne auf goldenem, orange- und ockerfarbenem Grund. Rechts auf grauem Grund Amboß, Hammer und Zange mit orangefarbenem Rand, Weizenähren auf gelbem Grund (Sichel?), ein Kopf und das Feuer einer Schmiede (oder ist es eine Leier?), außerdem Sterne, viele Sterne.

Arbeitsame Gegenwart und strahlende Zukunft: Das haben wir doch schon mal irgendwo gesehen ...

Sie besichtigen die Ausstellung mit Tricoloren-Malerei in der Eingangshalle, sehen sich auf einem Videoband an, was die Stadt so alles unternimmt, und bewundern in einer Vitrine die heiligen Andenken an ausländische Delegationen, fast alle aus Ostblockländern: ein Samowar, Puppen, ein Wimpel der DDR, echte Sammlerstücke. Im Rathaus geht es zu wie in einem Bienenstock mit fleißigen Bienen. Der Gemeinderat, der dieses Rathaus vor fast dreißig Jahren bauen ließ, schien in der Gewißheit zu leben, für ewig an der Macht zu bleiben. Eine bis heute nicht widerlegte Gewißheit.

Auf dem Rasen vor dem Rathaus stehen Rosen, darunter die

ROSE RÉSURRECTION,
gezüchtet zum 30. Jahrestag der Befreiung
der Vernichtungslager.
Erinnere Dich.

«Die Rose kenn' ich doch», wundert sich François. «Sie wurde von Vilmorin oder Truffaut, ich weiß nicht mehr genau, auf den Markt gebracht. Meine Mutter hat sich eine gekauft und alle ihre alten Lagergefährtinnen auch. Das nennt man einen todsicheren Markt. Leider ist sie gleich eingegangen.»

Das Hotel, das sie suchen, liegt in der Avenue Charles Floquet, doch die erweist sich als endlos. Unterwegs bewundern sie die öffentlichen Toiletten von Blanc Mesnil: Die sind prächtig und demokratisch: Erstens sind es *zwei* und zweitens sind sie *umsonst*. Da kann Chirac sich mal eine Scheibe abschneiden. Sie kommen vorbei an streng kubischen Wohnblocks, Ton in Ton gestrichen, Hellgrau auf Dunkelgrau, Hellbeige auf Milchkaffeebraun. Am Eingang zur Cité Victor Hugo, deren Bewohner offenbar eine noch dunklere Haut haben, wartet ein Polizeiwagen. Danach kommt der Kindergarten, dann die Irène-und-Frédéric-Joliot-Curie-Schule mit einer komischen Steinskulptur davor – drei Schimpansenkinder hocken im Kreis. Die staatliche Musikschule Erik Satie und die makellose Mauer des Stadions gegenüber dem Wall einer 150 Meter langen Cité aus einem Stück, die nach innen durch weitere Gebäudeteile verlängert wird: Sechs Stockwerke, kleine Fenster, Grau, Bäume, das absolut Notwendige. Das Jean-Bouin-Stadion ist wundervoll wie das Rathaus, mit seiner monumentalen Flügeltreppe und dem nun schon geläufigen hoch aufgereckten Ausguck. Ganz in Weiß.

Ganz in Weiß? «Hast du nicht auch den Eindruck, daß uns etwas fehlt, seitdem wir nach Blanc Mesnil gekommen sind?» Dann plötzlich, sicher doch, das war's, ganz klar! Es gibt keinen einzigen *tag* in der ganzen Stadt. Alles ist getüncht, übertüncht, wieder getüncht. «*Clean*», sagt Anaïk.

Doch dann gibt es in der Avenue Charles Floquet keine Hausnummern mehr; sie landen im Industriegebiet La Molette, blinde Backsteinmauern, uralte Fabriken, zu Lagern umfunktioniert, haufenweise Lastwagenanhänger, Benhydro, Air liquide, Hunderte von Metern lang, Kilometer um Kilometer in stechender Mittagssonne. Und die Blasen an den Füßen. Ein riesiges Schild:

> Mit etwas gesundem Menschenverstand
> finden Sie die Karibik in Ihrer Reichweite
> CARAIBOS: der Nektar aus Tropenfrüchten

Nicht was dort geschrieben steht, ist der blanke Hohn, sondern was man sieht: Eine Karaffe mit einem Pfeil, der anzeigt, wie man sie aufmacht, und aus dieser Karaffe *rinnt eisgekühlter, rosa Saft*.

Sie treffen auf einen abgestellten Güterzug, und da liegt er dann, der Gasthof Le Castel, Bar-Restaurant. Dahinter ein ziemlich heruntergekommenes Häuschen, das Parkhotel, wo sollen da denn die Zimmer sein? Das Ganze an einer Straße mit Kopfsteinpflaster, nein danke, wirklich, sagt Anaïk, die Laster werden uns durch den Kopf donnern. Also, weiter geht's.

Nach netten Fertighäusern für Angestellte in netten Parks mit nett angelegten Parkplätzen erreichen sie die Rue de la Défense du Bourget. Es kann nicht mehr weit zum Flughafen sein. Dort werden sie die ersehnte Kühle, Erholung und Hotels finden. Doch erst gilt es die Autobahn A 1 zu überqueren, eine Brücke hinüber zu finden, auch die ist wieder vierspurig und noch viel gefährlicher als der Schulweg zur Jules-Ferry-Schule. Endlich sind sie auf der anderen Seite, am östlichen Ende der Flughafen-Lagerhallen an der Nationalstraße 2. Sie können sich nicht mehr verständigen, es ist die Hölle, wirklich die Hölle: Laster, Bremsen, Anfahren, Laster, Quietschen, Motorengeheul.

Auf dieser Seite der Nationalstraße, gegenüber vom Flughafen stehen eine Reihe alter Häuser mit bröckelndem Putz, und ein Restaurant und Hotel am anderen: «L'Air-Hotel» (prächtig und baufällig mit seinen Betonsäulen aus den zwanziger Jahren); «Le Parisien», für Feinschmecker; «Le Méhari», Couscous; «Le Palais du Bourget», chinesisch; «Le Tabac du Port»; «Le Looping»; «Le Bar de l'Aviation», «Le Café du Nord». Sonst drängt sich die Stadt doch nicht so bis an die Pforten eines Flughafens. Diese Häuserfront mit ihren Cafés erinnert eher an Fernfahrer-Raststätten als an die Pracht und die großen Abenteuer der ersten Fluggesellschaften: die Grands Express Aériens von 1923, die Compagnie Franco-Roumaine – die mit einer dreimotorigen Caudron Paris mit Straßburg, Prag, Wien, Warschau und Bukarest verband –, Latécoère, Air-Afrique oder Aéropostale.

Sie überqueren die Straße. Alles vibriert, alles wackelt. Sie gehen vor bis zum Hauptgebäude, einem sehr harmonischen, neoklassizistischen Bau von 1937. François erinnert sich an die Flughalle, wie er sie vor zwanzig Jahren kannte: Sie war ein ansprechendes Gebäude, nüchtern und anmutig zugleich und voller Leben, und innen die Halle mit den hohen Pfeilern, an denen elegante Galerien entlangliefen mit Geländern in angenehmem Grün (zumindest haben sie in seiner Erinnerung diese Farbe), ihren Statuen im Bourdelle-Stil (oder vielleicht waren sie ja auch von Bourdelle selbst?). Die Eingangshalle steht noch, doch sie wird nicht mehr als solche genutzt. Das Luftfahrt-Museum ist jetzt darin untergebracht. Ein «Denkmal» weist auf den Eingang hin: drei echte Fouga-Magister der Patrouille de France, eine blau, eine weiß, eine rot, sind an riesigen Rohren befestigt und sollen den – ziemlich verunglückten – Eindruck erwecken, daß sie in den Himmel steigen und dort eine Feuerwerk-Blume erblühen lassen. Das Luftfahrtmuseum ist montags geschlossen. Da werden sie ein andermal wiederkommen müssen.

Sie essen *aéroburgers*, vom Lärm durchdrungen, selbst in Lärm verwandelt, unter dem Eindruck, nur noch aus riesigen, kopflosen Ohren zu bestehen. «Das hier ist auch nicht schlimmer als der Boulevard Magenta», sagt die Wirtin vom, wie hieß es doch gleich, «Leuchtturm» oder «Leuchtturm am Hafen». Tröstlich, daß sie weiß, wie das ist, wenn einem die Füße wehtun. Zweieinhalb Stunden sind sie gelaufen, um in diesem Lastwagenmeer zu landen. «Man muß glatt verrückt sein, um so was zu machen», stellt Anaïk fest.

Das Hotel, das sie gesucht haben, Le Restaurant bleu du Port aérien, Café-Hotel, ist sicher nicht übel. Doch die Aussicht auf den Lärm und den Staub, die sie bei dieser Hitze zwingen, die Fenster geschlossen zu halten, entmutigt sie. Das Hotel zur Aufgehenden Sonne, oder zur Untergehenden, weiter hinten in der Cité de la Justice macht einen ruhigeren Eindruck. Doch bei näherem Erkunden stellt sich heraus, daß die Zimmer nur monatsweise vermietet werden. An der Straße weisen Schilder auf ein Novotel, ein Ibis und weitere klimatisierte Wunderwerke hin: dritte Ampel rechts, nach einem Kilometer. Ist nun das Hotel oder die Ampel einen Kilometer entfernt? Sie werden es sicher nicht nachprüfen.

*

Nachdem die Hektik der Mittagspause vorbei ist, die Angestellten wieder in ihren Büros, die Lagerarbeiter in ihren Magazinen und die LKW-Fahrer in ihren Lastern verschwunden sind, ist kaum noch jemand zu sehen auf diesem Bürgersteig am Rande des motorisierten Stromes. Ein paar elegante junge Frauen im Boubou, eine in Indigo-Blau über hellblauem Kleid. Anaïk, die alles darüber weiß, wie man so ein Ding trägt, kann das Herkunftsland daraus ablesen. Indigo-Blau ist die traditionellste und teuerste Farbe, und besonders die Kongolesinnen tragen zwei Boubous so übereinander.

Sie müssen weg hier. Anscheinend gibt es keinen Bus zum Bahnhof Blanc Mesnil. Der 152er nennt Blanc Mesnil als Fahrtziel? Doch nach genauerer Erkundigung ist auch *dies hier* Blanc Mesnil, sie befinden sich an der Grenze zu Le Bourget auf der anderen Straßenseite. Natürlich gibt es den 350er, sie kennen ihn ja, er fährt nach Roissy hoch, oder nach Paris runter. Schließlich gehen sie zu Fuß wieder dorthin zurück, von wo sie gekommen sind, Richtung Stadtmitte und Rathaus. Vielleicht fünfzig Meter von der Nationalstraße und dem Flughafen entfernt, ein schattiges Backsteinhäuschen, das stolz seinen Namen in den Kacheln über der Tür trägt: *Mein Traum – 1939*. In den fünf Jahren nach seiner Taufe muß man hier komische Träume gehabt haben.

Wieder geht es durch Blanc Mesnil. Der National-Zirkus kündigt für heute eine Vorstellung in der Cité Victor Hugo an mit einem

AFRIKANISCHEN NILPFERD

doch heute abend sind sie sicher nicht in Blanc Mesnil.

Wieder die vielen Rosen und ein Haus mit exotischen Bäumen, einem Ginkgo, Magnolien, unter die sich blutrote Zierpflaume mischt, blasser europäischer Ahorn und außerdem Singdrosseln. Das kommunale Kino Louis Daquin, wo *Eine Geschichte über den Wind* von Joris Ivens läuft; die Schule, wo Kinder unter Bäumen toben, die Rückseite des Stade Jean-Bouin, wo Jugendliche Tennis spielen; das Jugendzentrum Juri Gagarin, wo man Videos machen, an Computern lernen und Modellraketen basteln kann. Wenn man so an der Oberfläche der Dinge und der Menschen entlangspaziert, könnte man leicht zu dem Schluß kommen, daß es schlimmere Fegefeuer gibt als die Pariser Vorstädte.

Hinter seiner vierreihigen Lindenallee taucht wieder das Rathaus auf, und gegenüber: «Polizeirevier». Als sie es näher betrachten, haben sie den undeutlichen Eindruck, daß diesem Polizeirevier etwas fehlt. Ja wirklich, diese Polizeistation ist das einzige öffentliche Gebäude in Blanc Mesnil, das keinen Namen trägt. Dabei hätte «Polizeirevier Sacco und Vanzetti» wirklich gut gepaßt.

Bei einem genauen Blick auf die Karte scheint der Bahnhof von Drancy fast näher zu liegen als der von Blanc Mesnil. Auf geht's. Um fünf Uhr sind sie dann in Bahnhofsnähe, Menschen rennen hin und her, hetzen, um nach Hause zu kommen, hetzen, um den Zug nicht zu verpassen. Gegenüber vom Bahnhof zieht ein Hotel ihre Blicke auf sich. Wie ein Betonsporn, an dem die Stürme genagt haben, überragt es Brücke und Verteilerbahnhof, der hier seine größte Ausdehnung erreicht. Restaurant Hotel NN**, orientalische Küche, Meeresfrüchte, Hochzeiten, Feiern, Kongresse, Couscous, Paella. Der Eingang liegt tiefer als das Café an der Ecke und ist verschlossen, nein, es ist nicht der Eingang zum Hotel, sondern zu einem privaten Vergnügungsclub – kein Mensch zu sehen, die Züge, die weiter unten vorbeirauschen – das nimmt ihnen die Lust zu insistieren. Also reservieren sie keine Zimmer in diesem Hotel NN**. Was soll das überhaupt heißen, dieses NN, das man immer an Hotels sieht? Sie sollten es wissen. Anscheinend weiß es jeder. Sie werden sich irgendwann mal erkundigen müssen. François kann sich nur erinnern, daß lateinisch N die Abkürzung für *Nemo*, niemand, ist: das Hotel Niemand-Niemand?

In Aulnay möchten sie ihre Zimmer wieder übernehmen. Zu spät. Madame Bernadette bedauert. Morgen, wenn sie wollen. Oh ja, sie wollen. Anaïk ruft im Hotel von Les Beaudottes an, ihre letzte Chance. Es sind noch Zimmer frei, und sie landen in ihren ruhigen, freundlichen Schiffskabinen, als es Nacht wird. Sie sind einen Schritt vor und zwei zurück gegangen.

*

Dienstag, 23. Mai. Auf dem Friedhof von Le Bourget fotografiert Anaïk bei ewig strahlendem Sonnenschein die Gräber der 1914 gefallenen Soldaten (meist schon in den ersten Schlachten an der

Sevran Beaudottes

Marne): eine Reihe von völlig gleichen Gräbern. Ein Mann mit einer kleinen Gießkanne kommt näher und erzählt, daß zwei seiner Brüder da liegen. Er ist groß, hält sich gerade und wirkt sportlich. Er ist vierundachtzig. Er kümmert sich um die Blumen auf dem Grab seiner Frau. Er kommt fast jeden Tag und weiß nicht mehr recht, warum er eigentlich lebt. Geboren ist er in Meudon. Ja, dort war es seinerzeit hübsch, die Gartenlokale und die Seilbahn: Sie haben die Seilbahn nicht gekannt? Sie fuhr am Seine-Ufer los. Doch es gab auch Elend. Sein Vater arbeitete in der Kristallfabrik in Sèvres. Seine Mutter fuhr einmal in der Woche mit dem Schiff nach Paris zum Einkaufen, in die Markthallen. Sie mußten sparen: bei acht Kindern. Sie hatten einen kleinen Garten mit Gemüse und Kaninchen. Damals hatten alle Kaninchen, zum Glück, denn Fleisch... Und als sie hier hergezogen sind in die Arbeiterwohnungen, war das Elend immer noch groß. Ja, das kann man wohl sagen, Elend hat er kennengelernt. Später ging's dann aufwärts, und jetzt kann er sich nicht beklagen.

Diese Arbeiterwohnungen hätten auf der Grenze zum heutigen Flughafen gestanden, zum Hof hin und ganz trist; später wurden sie natürlich abgerissen, ihm tut es nicht leid darum. Er erinnert sich noch an das erste Flugzeug, das im August 1914 auf einem Acker landete: Er weiß sogar noch, es war eine rote Blériot. Alle stürzten los, weil sie glaubten, da käme ein Deutscher. Die Maschine startete auch wieder, doch das richtige Fluggelände, das kam erst später. Was sie eigentlich hier suchen? Erinnerungen an die Kämpfe 1870? Dort steht die Kapelle mit dem «Grab von '70» und dem von Major Roland. Die Grabstellen sind natürlich verlegt worden, als der Flughafen erweitert und die Avenue Kennedy angelegt wurden. Rund um die Kirche ist gekämpft worden. «Sehen Sie da den Kirchturm, dort sind sie alle gefallen, Baroche, Brasseur und Roland, und die Straßen hier herum tragen ihre Namen.» Ja, es ist wirklich eine Schlächterei gewesen, die Ärmsten. Sie müssen sich mal die Bilder in der Kirche ansehen, aber die wird nur sonntags zur Messe aufgemacht.

Er spricht über die Geschichte der Kämpfe 1870, als ob sie zu seinem Leben gehörte. Als er 1910 hierherkam, also über fünfunddreißig Jahre später, lebten noch Augenzeugen. Die Ereignisse standen ihnen viel näher als uns heute der Zweite Weltkrieg. Seine Kindheit wurde geprägt durch diese Geschichte. Für die Kinder von Le Bourget war es keine Geschichte wie alle anderen: Es war ihre Geschichte.

Neben dem Friedhofstor hängt er seine Gießkanne an eine Mauer. Er grüßt einen alten Mann und geht weg, immer noch sehr aufrecht, man soll sich schließlich nicht zu lange ohne Kopfbedeckung in der Sonne aufhalten, meint er.

Sie hatten ihn nicht angesprochen. Sie hatten ihm keine Fragen gestellt. Von sich aus hatte er angefangen zu erzählen. So würdevoll, daß Anaïk nicht einmal die Frage wagte, ob sie ihn fotografieren dürfe.

Die kleine Grabkapelle «Gedenkt der tapferen Soldaten, gestorben für ihr Vaterland» unter den Bäumen trägt die Namen der Bataillone und ihrer Männer: vor allem Einsatztruppen. Es waren keine regulären Truppen, sondern eilig eingezogene Pariser. Unter ihnen sehr viele Soldaten des Presse-Freikorps. Die Namen wurden kürzlich nachgezogen, die Zeit hatte viele verwischt, die nicht wieder zu finden waren und deren Stelle nun leer bleibt. Ein Stück weiter steht auf dem Friedhof eine Pyramide zum Gedenken an Soldaten des dritten Grenadier-Regiments «Königin Elisabeth».

Zwei Schlachten haben in Le Bourget stattgefunden. Die erste wurde vom 27. bis zum 30. Oktober 1870 geschlagen. Am 27. kapituliert Bazaine bei Metz, was den Zorn der Pariser auf den Höhepunkt treibt. Seit Ende September umzingelten die Deutschen die Hauptstadt. Die Regierung der nationalen Verteidigung befindet sich in Tours, Trochu ist Oberbefehlshaber von Paris, die Pariser fordern einen massiven Ausfall, und der Abgeordnete von Paris, Monsieur Thiers, bereitet sein Waffenstillstandsangebot an Herrn von Bismarck vor, der sich in Versailles aufhält. Nordöstlich von Paris stehen die französischen Truppen vor den Festungen von Saint Denis, Aubervilliers, Romainville, La Courneuve und Drancy. Fast die gesamte Bevölkerung hat Le Bourget und das Plateau verlassen, das die Ebene beherrscht – eine als strategisch wichtig erachtete Lage –, der Ort ist von Deutschen besetzt.

Der Führer des Presse-Freikorps, Roland, ein Berufsoffizier, unterbreitet General Bellemare seinen Plan für einen Überraschungsangriff auf Le Bourget. Anscheinend drängt er ihn sogar sehr. Das Bataillon besteht aus etwa 300 Mann. Die meisten sind Druckereiarbeiter, ein Milieu, in dem man eher als anderswo im Pariser Proletariat Sozialist und Blanquist ist. Der Angriff erfolgt nachts bei Regen und Nebel. Das Dorf wird erobert. Das Pariser Volk nimmt die Neuigkeit auf wie einen großen Sieg: Endlich wird zurückgeschlagen. Diesen Freischärlern schlossen sich später Einsatztruppen an, darunter die Männer von Major Baroche und das Marschregiment von Major Brasseur. In den folgenden beiden Tagen erhalten die Männer keinen Nachschub, sie sind vom Regen völlig durchnäßt, schlafen nicht, sind erschöpft. Es gibt keine Ablösung, sie bekommen keine Verstärkung. Als in der Nacht vom 29. zum 30. dann 20.000 Deutsche angreifen, halten nur 1600 Mann Le Bourget. General Bellemare verfügt über 25.000 Mann, doch die Nachschubkolonnen, die er schließlich in Marsch setzt, verlaufen sich oder kommen zu spät ans Ziel. Andere werden in Reserve gehalten und nehmen an der Schlacht nicht teil. Bereits seit mehreren Tagen hatte der General bei Trochu Truppen und Artillerie angefordert, am Vorabend fuhr er gar zu ihm, doch traf er ihn nicht an und erreichte nichts «weder Befehle, noch Order oder Versprechen». Es wird ihm übrigens vorgeworfen, er habe seine Spritztour nach Paris genutzt, um bis zum Morgengrauen auszubleiben, und sei erst zurückgekehrt, als die Preußen bereits angriffen.

Die Artillerie in den Festungen schießt wenig oder schlecht. Am 30. morgens also wird die «große Barrikade», die mit Pflastersteinen über die Reichsstraße hinweg errichtet worden war, von vierzig preußischen Kanonen bombardiert. Diese Barrikade befindet sich vor den Kreuzungen nach Dugny und Blanc Mesnil, genau da, wo heute die Flughafengrenze verläuft: etwa an der Stelle, wo inzwischen eine große Tankstelle liegt. Um neun Uhr wird mit dem blanken Messer gekämpft, die Barrikade wird aufgehoben. Die Männer ziehen sich entlang der heutigen Hauptstraße von Le Bourget, die damals schon genauso breit war wie heute, Haus für Haus zurück. Die Deutschen stürmen die Kirche, in die ihre Geschosse bereits Breschen gerissen hatten, klettern mit Leitern durch die Fenster, rund um den Beichtstuhl wird Mann gegen Mann gekämpft und geschossen. Brasseur und die Überlebenden ergeben sich. Baroche ist kein Berufssoldat, sondern ein Offizier, den seine Männer im vierzehnten Pariser Arrondissement gewählt haben, ein Großbürger, reicher Grundbesitzer und Sohn des Justizministers von Napoleon III. Er stirbt durch eine selbstmörderische Geste, indem er ohne Deckung auf die Deutschen zugeht und ein letztes Mal abdrückt. Fast alle aus dem Presse-Freikorps, die dablieben, sind tot. (Man sollte jedoch dazusagen, daß eine ganze Reihe einfach angeekelt nach Hause zurückgekehrt sind.) Major Roland ist wohlauf: Aus unbekannten Gründen hatte er zwei Tage zuvor, gleich nachdem Le Bourget genommen war, seinen Posten verlassen oder war abgelöst worden. Jahre später, er war Finanzbeamter geworden, vermachte er sein ruhmreiches Schwert der Stadt. Der alte Mann vom Friedhof schreibt also all denen, deren Namen auf den Straßenschildern stehen, zu Unrecht das gleiche Los zu: Als ob in der Bildersammlung der Erinnerung erst der Tod die wahren Helden weiht.

Mit den Pflastersteinen der «großen Barrikade» errichteten bayrische Grenadiere jene Pyramide für ihre 2000 gefallenen Kameraden: Ein Denkmal, das an die Schädelpyramiden erinnert, die Bulgaren und Türken auf ihren Schlachtfeldern am Eisernen Tor erbauten.

Am Nachmittag des 30.Oktober, als alles vorbei war, sehen die Pariser aus den nördlichen Vierteln lange Kolonnen Verstärkung und Artillerie vorbeiziehen. Dabei hatte Trochu wirklich andere Sorgen, für ihn saß der Feind vor allem vor Ort: er weiß, daß die inzwischen offizielle Nachricht von der Kapitulation Bazaines in der Hauptstadt Unruhen auslösen wird, wo schon die Losung von der *Pariser Kommune* umgeht, nach dem Vorbild von 1792, die Verteidigung und öffentliches Wohl in die Hand nehmen will. Trochu erkennt das richtig: gleich am Tag nach der Schlächterei von Le Bourget marschieren dreiundzwanzig Bataillone der Nationalgarde außer sich vor Zorn zum Rathaus, dem Hôtel de Ville, proklamieren einen Ausschuß zur Rettung des Volkes und nehmen die Regierungsvertreter fest. Trochu, Jules Ferry, Jules Simon, Jules Fabre werden letztlich nur durch das Eingreifen bretonischer Einsatztruppen gerettet. Es wäre also wenig ratsam gewesen, sie gegen die Preußen ins Feld zu schicken. Und zweifellos hätte das Presse-Freikorps bei diesem ersten Versuch einer Pariser Kommune eine wichtige Rolle gespielt, wenn es nicht so ausgeblutet und zerschlagen gewesen wäre.

Ein zweites Mal wurde im Dezember um Le Bourget gekämpft. Diesmal wird es nicht nur Schauplatz eines Handstreichs, sondern ist Teil eines groß angelegten Schlachtplans. Durch den Ausfall soll eine Brücke zur Nordarmee geschlagen werden, die von Faidherbe befehligt wird. Wieder kommt es zu einem Blutbad. Die Kälte ist fürchterlich: minus 18 Grad in der Nacht. Während der rechte Flügel gestoppt wird, weil das Eis auf der Marne in einer kurzen Wärmeperiode gebrochen und die geplante Brücke zu kurz ist, schießen sich französische Marine-Füsiliere und die Preußen in Le Bourget aus nächster Nähe ab. Von Haus zu Haus werden Breschen geschlagen, ohne daß es den Franzosen gelingt, die Straße endgültig zu nehmen. Die Kirche, von den Preußen verteidigt, ist wieder heftig umkämpft, und zu guter Letzt wird das 138. Regiment der Kampftruppe vom Trommelfeuer der französischen Artillerie niedergemacht. Auch diesmal greifen die Reservetruppen – insgesamt 200.000 Mann, die staffelweise bis Paris verteilt stehen – nicht ein, um die 1000 Mann zu unterstützen, denen es gelungen ist, bis Le Bourget vorzudringen.

Ein halbes Jahr später komponiert ein Überlebender der Pariser Kommune, der Pariser Chansonnier Eugène Pottier, Verse, die zur Melodie der *Marseillaise* gesungen und später, mit einer eigenen Melodie, berühmt wurden. Eine Strophe, die heute bei Versammlungen gewiß nicht zu den am meisten gesungenen gehört, lautete: «Hartnäckig versuchen diese Kannibalen, Helden aus uns zu machen, bald werden sie erfahren, daß unsere Kugeln für unsere eigenen Generäle bestimmt sind.»

*

Durch die Stadt Le Bourget verläuft die Nationalstraße 2, die ehemalige Handelsstraße nach Flandern, die an der Porte de la Chapelle beginnt und auf der so viele Laster fahren, daß man für eine Durchquerung dieses Stroms die nicht sehr einladenden Unterführungen nehmen oder bis zur Ampel an der nächsten Kreuzung weitergehen muß. Le Bourget hat immer im Einklang mit dieser Straße gelebt. Gemüseanbau auf beiden Seiten. Der Ort lebte nie auf sich zurückgezogen. Bevor die Arbeiter kamen, standen Einfamilienhäuser dort, stattliche Häuser. Ende des letzten Jahrhunderts beklagte sich die Eisenbahngesellschaft Chemin de fer du Nord, sie habe Mühe, die Arbeiter des Verteilerbahnhofs unterzubringen, denn die Mieten seien viel höher als in Drancy oder La Courneuve.

Bereits im Mittelalter bot die Straße gute Bedingungen für die Einrichtung zahlreicher Herbergen und später dann für die Kneipen. Bis 1840 florierte alles, dann wurde die Eisenbahn gebaut. Die Poststation war der wirkliche Ortskern. Zur Zeit der Revolution beschäftigte der Postmeister von Le Bourget sechzig Personen und besaß hundertvierzig Pferde. Er hatte ein Amt und ein Privileg, die wohl ihre 300.000 Francs wert sein mochten. Jener Mann, der Alexandre Dumas am 31. Juli 1830 half, die Trikolore auf seinem Kabriolett zu befestigen, hieß Musnier und gehörte zu einer der reichsten Familien der Gegend.

Le Bourget

Wie diese Straße nach Flandern früher aussah, wo sie Le Bourget durchquerte, davon vermittelt uns Arthur Young eine Vorstellung. Dieser Engländer reiste 1787 und 1789 durch Frankreich und hinterließ uns eine unersetzliche, äußerst genaue Schilderung – aus Liebe zur Agronomie sagen die einen, weil er um jeden Preis vor einer zänkischen Frau fliehen wollte, behaupten andere. Er hielt mehrmals in Le Bourget an, um dort einen berühmten Agronomen, Cretté de Palluel, zu besuchen, der in Dugny und in Le Bourget Ländereien besaß und dessen Bruder eben der Postmeister war. Arthur Young schätzte die französische Post überhaupt nicht, «schlechter und teurer als die englische». Die Pferde wären Schindmähren, und aus dem Inneren der fensterlosen Wagen sähe man nichts von der Landschaft. «Ich würde die ganze Reise weit lieber mit verbundenen Augen auf einem Esel machen.» Er fand die französischen Straßen besonders rund um Paris auch ungewöhnlich leer. Als er 1787 auf der Straße von Flandern hier ankam – und in Le Bourget Station machte –, notierte er: «Auf den letzten zehn Meilen erwartete ich eine

Wagenmenge, wie sie den Reisenden an den Toren vor London aufhält. Nichts von alledem; bis zum Schlagbaum ist die Straße völlig öde.» Sein Schluß: «Die Franzosen sind das seßhafteste Volk auf Erden.»

Wäre Arthur Young an diesem Maitag im Jahre 1989 auf jener Straße nach Flandern dabeigewesen, beruhigt hätte er gesehen, was aus dieser Öde geworden ist.

*

Das Luftfahrtmuseum ist geöffnet und liegt ebenso öde da wie die Straße nach Flandern vor zweihundert Jahren. Der junge Soldat an der Kasse langweilt sich: Er hatte gedacht, es sei unterhaltsamer, seinen Wehrdienst bei der Luftwaffe zu machen, doch nein. Ist er zufällig hierher versetzt worden? Nicht wirklich. Beziehungen. Sein Vater kannte den General, der dem Luftfahrtmuseum vorsteht. Hätte er das geahnt, hätte er lieber versucht, sich vom Wehrdienst befreien zu lassen.

Die ehemalige Flughafenhalle ist ganz der Fliegerei von ihren Anfängen bis zum Ende des Ersten Weltkrieges gewidmet. Vor allem originalgroße und brandneue Rekonstruktionen von alten, ja legendären Flugmaschinen sind dort zu sehen wie der von Leonardo da Vinci. Manche sind sogar echte Neuschöpfungen nach Plänen, die nie vorher ausgeführt wurden. Eine Montgolfiere (im Maßstab 1:16), perfekt bemalt, steigt und sinkt im Rhythmus der Heißluftstöße. Francesco Lanas Luftschiff (1670) ist zu bewundern: Ein Holznachen hängt an vier Kupferkugeln und wird von einem Segel und Rudern angetrieben, oder näher zu uns, der *fliegende Kreisel* von Cayley (1843), eine riesige Feder mit Propellern und Luftschrauben, oder auch Charles Renaults Segelflieger mit den zehn Flügeln. Dann die ersten Maschinen, die wirklich vom Boden abhoben – der Segler des Grafen Massia, der den Menschen ganz rationell nur mit dem ausstattete, was ihm fehlte – zwei Flügel und ein Schwanz –; die Flugmaschinen von Lilienthal oder den Brüdern Wright und selbstverständlich das *Flugzeug* von Clément Ader. Der Begleitnotiz entnehmen wir übrigens, daß – wer hätte das gedacht? – Clément Ader ein Opfer der Dreyfus-Affäre wurde: «... Außerdem bricht bereits 1894 die Dreyfus-Affäre aus, verkompliziert durch Budget-Engpässe, deren fatale Auswirkungen Ader nicht ermißt.» Bekanntermaßen hob Ader auf dem Feld von Satory ein paar Meter vom Boden ab und wirkte auf die anwesenden Militärs nicht überzeugend: Doch er scheiterte nicht am schlechten Wetter und nicht am Gewicht seiner Dampfmaschine und selbstverständlich auch nicht an der Begriffsstutzigkeit der Armeevertreter, nein, wegen Dreyfus ging er zu Boden.

Im Luftfahrtmuseum ist es wundervoll. Man möchte stundenlang dort bleiben und träumen. Sie bleiben stundenlang dort. Es ist genauso ruhig wie in großen Höhen. Morane, Spad, Caudron, Bréguet, Fokker und De Havilland an der Decke sehen so neu aus wie am ersten Tag. Und eine Gondel des ersten Zeppelin: Sie ist winzig, es war die Motorgondel. François würde so gern die Gondel eines Zeppelins aus den dreißiger Jahren besichtigen, der seine Fahrgäste von Hamburg nach New York brachte und wo an Bord, der Legende nach, Klavierkonzerte gegeben wurden.

Neuere Flugzeuge ruhen in den Nebenhallen. Nur zu gern hätte François die fabelhaften großen Luftschiffe seiner Kindheit wiedergefunden, als die Luftfahrt noch Synonym für absoluten Luxus war. Die Latécoère 631 etwa, «das größte Wasserflugzeug der Welt». Er erinnert sich, wie er auf der Ausstellung von 1937 andächtig den Rumpf (oder war es etwa auch ein originalgetreues Modell?) besichtigt hat. Er war damals erst fünf, und es ist eine seiner wundervollsten Erinnerungen an diese kurze, doch sagenhafte Vorkriegszeit. Was ihm im Gedächtnis geblieben ist, aber wer weiß, ob das irgendeiner Wirklichkeit entsprochen hat, sind mehrere Stockwerke, eine Innentreppe und Kabinen mit Liegen wie auf einem Schiff. Und vielleicht auch ein Salon, eine Bar? Und gar ein Klavier? Als er dann erwachsen war und zum ersten Mal das Flugzeug nehmen mußte – wahrscheinlich war es eine Languedoc oder eine DC4 –, fand er alles ziemlich eng: als ob mit dem Krieg der Fortschritt plötzlich aufgehört und den Menschen nunmehr nur noch Kleines und Nützliches geboten würde. Dann, später fand er diesen Eindruck von Weite, Luxus und Geräumigkeit wieder, an Bord einer Aeroflot-Tupolew mit sechs Motoren und zwölf Propellern: Die Maschine flog eine Strecke, für die sie wahrscheinlich nicht vorgesehen war, und in Anbetracht der

Flugdauer (siebzehn Stunden ohne Zwischenlandung) waren zur Gewichtseinsparung die Hälfte der Sitze entfernt worden: Es war Platz genug zum Dominospielen (Kardinal-Domino) an richtigen Tischen und zum Plaudern in kleinen Gruppen. Die altmodischen Lüster, die von der hohen Decke hingen, die Vorhänge, die geheimnisvolle Treppe mit einem Kupferhandlauf, die wer weiß wohin führte, alles erinnerte an ein Jules Verne-Dekor, an eine *Nautilus*, seit Jahren nicht geputzt, oder an den Salonwagen des Zaren, wie er auf den Bildern der alten *Illustration* zu sehen ist. Doch natürlich war es ein sowjetisches Flugzeug: in den Toiletten gab es kein Papier. Das Schicksal der Latécoère 631 war übrigens erbärmlich. Im Krieg hatten patriotische Ingenieure die Einzelteile versteckt. Danach sollte sie zu einem Symbol der wiedergefundenen Größe Frankreichs werden. In den Augen der Welt sollte es die Concorde ihrer Zeit sein. Der Jungfernflug 1948 machte Schlagzeilen in allen Zeitungen. Was folgte, war grausam: Irgendwo in der Karibik begann sie auseinanderzufallen. Ein Propeller löste sich, drang ins Innere ein und trennte einem Journalisten den Arm ab: welche Schande. Von der Latécoère 631 hörte man nie wieder etwas.

Er hätte auch gern die Clipper aus den fünfziger Jahren wiedergesehen, die letzten Flugzeuge, von denen sich noch sagen ließ, daß sie wie «große Vögel» aussahen, die Superconstellation etwa mit ihrem schlanken, gebogenen Rumpf und den drei Heckflossen. Aus der Zeit, als die Stewardessen noch Bonbons anboten, denn das Schlucken sollte die Ohren frei machen. Oder eine gute, alte DC3, wie man sie noch auf den Flugplätzen in Afrika und Lateinamerika findet, deren Schrauben bei jeder Zwischenlandung nachgezogen werden und wo man durch die Bullaugen die Flügel in den Luftlöchern schlagen sieht.

Vor allem stehen dort auch Flugzeuge, wie er sie am Himmel der vierziger Jahre blinken, schießen und manchmal mit langen Rauchfahnen auch abstürzen sah. Spitfire und Lightning, Todesboten und gleichwohl Vorboten der Freiheit. Vielleicht was es der erhebende Anblick so vieler Flugzeuge in den Wolken und, dessen ungeachtet, so vieler Bomben und Geschoßsplitter der Flugabwehr, die zwei Jahre lang auf ihn herabgeregnet waren, vielleicht war es die märchenhafte Erinnerung an die Latécoère, jedenfalls fühlte François sich mit dreizehn Jahren ernsthaft zur Fliegerei berufen. Er brachte seine Cousins dazu, bei den «Flügelchen des Fliegerclubs Frankreichs» donnerstags mit ihm hölzerne Segelflugmodelle zu basteln (ja, die CB 32 mit dem dreieckigen Rumpf!), die sie niemals vollständig zusammenbekamen, weil alle Materialien fehlten und der Klebstoff nur ein Ersatz war. Diese Berufung ließ nach, als er in der Tertia den «Avionnet' Club» gegründet und geleitet hatte zur Verbreitung von Papierpfeilen und Papierfliegern in jeder Form, für den die höheren Instanzen im Gymnasium, Lehrer und Direktor, jedoch kein Verständnis zeigten und der somit seine erste Unternehmung wurde, die unter der Mißbilligung ernsthafter Leute Schiffbruch erlitt. Doch einer seiner Cousins ist heute Oberst bei der Luftwaffe, und François ist immer noch überzeugt (auch wenn er der einzige ist), zu dieser schönen Karriere den Anstoß gegeben zu haben.

Wieso wirken die ersten Düsenflugzeuge in ihrer Halle so viel düsterer, so unmittelbar bedrohlich und grauenhaft? Große Metallkadaver, bei denen sich die Vorstellung von Schnelligkeit, von Freiheit und überwundenem Raum verflüchtigt hat, um nur ein letztes Aufblitzen mörderischer Kälte auf ihrem grauen, vernieteten Körper zurückzulassen. Ein trostloser Friedhof von Schädlingen, der an die Raubvogelvoliere des Jardin des Plantes in Paris erinnert. Eine Stimmung wie im Klubhaus, wo pensionierte Versuchspiloten nostalgisch vor sich hin träumen, glatzköpfige Herren, die ihren Enkeln begreiflich zu machen suchen, daß sie da hineingeklettert sind, um den Himmel zu stürmen, die ihnen erzählen, daß sie da drin kurze, unermeßliche Glücksmomente erfahren haben und daß sie dies noch einmal erleben, nicht mitteilbar und traurig.

Auf der ehemaligen Rollbahn stellen eine Concorde und eine Caravelle ihre verfaulten Gedärme in Rümpfen aus, deren Wände sich in Pappe verwandelt haben. Das ist der endgültige Niedergang. Anscheinend sollten noch mehr große Flugzeuge dort stehen, doch angeblich werden sie für die bald stattfindende Luftfahrtausstellung gerade restauriert. Unter einem Flügel der Concorde beklagt sich ein Herr: niemand interessiere sich mehr für die Fliegerei. Im Grand Palais habe eine Ausstellung stattgefunden, zu der seien keine 300 Besucher am Tag gekommen, doch nebenan, bei irgend so einem Maler, «Degas, glaube ich», waren es 9000: Das ist doch nicht normal.

Nein, das ist nicht normal.

Da taucht zwischen zwei Hallen ein Typ auf, fragt sie ängstlich in einer unmöglichen Sprache aus. Nach mehreren Anläufen stellt sich heraus, daß er ein paar Worte Deutsch kann und einen Ausgang sucht. François legt ihm nahe, daß das beste Mittel hinauszukommen sei, dorthin zurückzukehren, von wo er gekommen ist; doch plötzlich scheint sich die Besorgnis des Mannes in Furcht zu verwandeln, er stößt mehrere Male «unmöglich» hervor und verschwindet eilig in Richtung des Zaunes, hinter dem die Ausstellung vorbereitet wird. Sie folgern daraus, daß er ein Spion sein muß. Ein Bulgare, beschließt François.

Sollte man von den Sternstunden von Le Bourget erzählen? Auf einer Seite des Flughafen-Parkplatzes scheint eine Frauenstatue sich in die Lüfte zu erheben, ein Denkmal für Nungesser und Coli und auch für Lindbergh: «Zur Ehre derer, die es versuchten, und zur Ehre dessen, dem es gelang.»

Kein Denkmal erinnert an die starken Worte, die Daladier hier gesprochen haben soll nach seiner Rückkehr aus München im September 1938, als er nichts erreicht hatte, weil er nichts versucht hatte, und als er feststellte, daß die dichte Menge nicht gekommen war, um ihn zu lynchen, sondern um ihn zu feiern.

*

Im Hotel «Zu den drei Lackenten» hat Madame Bernadette ihnen ihre besten Zimmer reserviert. Anaïks läßt sich nicht verschließen, doch ein Vorhängeschloß tut's auch. Angeblich will der Chef das eines Tages reparieren.

Spät abends, das Restaurant ist schon geschlossen, verfolgt das gesamte Hotelpersonal, inklusive der jungen Kellner, die erst seit kurzem in Frankreich leben und nur so viel Französisch können, wie auf der Speisekarte gegenüber den chinesischen Schriftzeichen steht, im Halbdunkel die letzten Neuigkeiten aus Peking.

«Die Schlacht um Peking ist für die Verfechter der harten Linie verloren» stand in *Le Monde*. «Premierminister Li Peng ist völlig gescheitert.» Die in die Hauptstadt entsandten Soldaten haben sich geweigert zu kämpfen. «Die Armee liebt das Volk, das Volk liebt die Armee» steht auf den Plakaten der Demonstranten. Alles scheint darauf hinzudeuten, daß das Regime «gegen Abend eine tiefgreifende Umgestaltung ankündigen wird, die ein Zeichen für den Sieg Zhiaos ist».

*

Mittwoch, 24. Mai. François denkt an den Rat von Freunden, nicht nur Bücher mitzunehmen, sondern auch ein bißchen Arbeit, seine laufende Übersetzung etwa, *für die tote Zeit.* Doch es gibt keine tote Zeit. Sie mußten in Villepinte und in Sevran Verabredungen absagen mit Leuten, die dort arbeiten und wohnen, mit Freunden oder Freunden von Freunden. Die werden sie später treffen, nach der Reise. Im Augenblick müssen sie vorankommen.

*

Heute um eins sind sie mit einer Freundin verabredet, die in Bondy arbeitet. Welche Freude, die Wärme eines vertrauten Lächelns wiederzufinden, mit jemandem über die Reise zu sprechen, der gleichzeitig Zeuge und Komplize ist, und dann vor allem zu reden über Gott und die Welt. Auf der Strecke nach Bondy tut sich immer noch nichts. Und der Streik weitet sich auf das gesamte nördliche Netz aus. Den Bus nehmen? Dann werden sie nie pünktlich sein. Wie peinlich: sie nehmen ein Taxi. Zehn Minuten Fahrt, und sie befinden sich in Bondy auf dem Kirchplatz, dort, wo der Kaffee im Bistro angeblich mit einem Löffel mit Loch serviert wird. Manche behaupten, das sei eine Maßnahme zur Drogenbekämpfung, damit der kleine Löffel nicht benutzt werden könne, um in den Toiletten Heroin darauf zu schmelzen. Andere mit weniger Phantasie und mehr Kantinenerfahrung wissen, daß es eine übliche Vorsichtsmaßnahme ist, um Löffeldiebe abzuschrecken. Denn es gibt Löffeldiebe: Es gibt ja auch Blitzableiterdiebe. Das ganz Gerede beweist nur mal wieder, daß man bei jeder Kleinigkeit schnell mit dem Wort Drogen bei der Hand ist.

Karins Lächeln ist schon da. Karin wohnt in Paris und arbeitet in einer psychologischen Beratungsstelle für Kinder am Krankenhaus von Bondy. Abgesehen von dem Café, wo sie nicht überprüfen, ob die kleinen Löffel wirklich Löcher haben, abgesehen auch vom Kramladen, einem für jedermann zugänglichen Warenlager, einer Art Außenstelle des Krankenhauses, wo man sich trifft, Kontakte knüpft, ein Glied in einer Kette gemeinnütziger Vereine, abgesehen auch von ein paar anderen Treffpunkten wie der Fernfahrerraststätte am Ende der Welt, wo sie mit ihnen hingeht, um Schinken mit Pommes frites zu essen, hatte sie niemals die Zeit, Bondy wirklich kennenzulernen. Dabei möchte sie es gern. «Ich habe mir immer gesagt, daß ich Bondy eines Tages besichtige. Daß ich zum Beispiel eine Runde durch die Schulen machen werde, um die Kinder woanders als nur in der Sprechstunde zu erleben.» Sie weiß über Bondy nur, daß die Stadt durch den Kanal zweigeteilt wird. Im Norden stehen die Siedlungen für die einfachen Leute, die Sozialbauten; im Süden liegt das Dorf. Die alte Leier. Doch in Wirklichkeit gibt es nur ein echtes Zentrum, auch wenn es nicht das geographische ist, und das ist der Supermarkt. Karin glaubt, daß es genauso viele arme Franzosen wie arme Gastarbeiter gibt. Da sieht sie keinen Unterschied. Was ihr in der Praxis mit den Gastarbeitern Schwierigkeiten bereitet, sind die Familienstrukturen. Bei den Maghrebinern kommt immer nur der Vater als Ansprechpartner, als einzige unumstößliche und endgültige Autorität, und bei den Afrikanern sei es äußerst schwierig, sich innerhalb der Familie zurechtzufinden. Dabei kennt sie sich in Afrika aus: Sie weiß, daß eine afrikanische Familie für einen Europäer kompliziert ist, doch in Afrika war es ihr mit Geduld gelungen, sich zurechtzufinden, richtige Stammbäume aufzustellen, um zu wissen, wer für wen wer ist. Hier ist alles auseinandergerissen, verfälscht. Es fehlen die Anhaltspunkte, der Kompaß: allgemeine Orientierungslosigkeit.

Wovon träumen die Leute in Bondy? Es ist verrückt, wieviele Leute gern ein Häuschen hätten, sagt Karin. Folglich arbeiten sie wie verrückt, sehen ihre Familie noch weniger, und die Familie löst sich noch mehr auf.

Die Reisenden kommen Karin traurig und niedergeschlagen vor. Sie meint, sie sollten einen Spaziergang machen, das brächte sie auf andere Gedanken. Im Wald von Bondy vielleicht. So erfahren sie wenigstens, ob es den gibt. Sie leiht ihnen ihr Auto. Sie müssen es nur gegen fünf Uhr zur Sprechstunde in Montreuil zurückbringen, wo sie jetzt hin muß.

Die Spazierfahrt wird fürchterlich. Zum einen haben sie ausgerechnet diesmal ihre Karte nicht dabei. Erst nehmen sie die Autobahn in die falsche Richtung, verpassen eine Ausfahrt, finden sich fast augenblicklich in Paris wieder, Porte de Bagnolet. Dann, endlich in der richtigen Richtung, kommen sie in einen Stau, sie nehmen die Nationalstraße 3, durchqueren endlos erst Pavillons und Livry. Sie finden sich einfach nicht zurecht, so in diese Kiste gepreßt. Zeit, Raum und Entfernungen verändern sich. Zum Beispiel sagen ihnen die Hinweisschilder, daß, wenn sie nach links fahren, die Schleuse von Sevran nicht weit ist, doch sie erkennen nichts wieder. Sie sind in einer anderen Welt, in der der Automatismen des Autofahrens, der Verkehrsstockungen, der Landschaft, die vorbeigleitet, ohne daß man Zeit hat, sie aufzunehmen oder zu begreifen. Als sie dem Fließen der städtischen

Durchgangsstraße endlich entronnen sind, als sie endlich auf einer gewundenen Straße durch ein lichtes Gehölz fahren, das der Wald von Bondy sein muß, ist es zu spät zum Anhalten, zu spät, um ein paar Schritte zu machen, hier unter den Bäumen. Das wellige Gelände, die Hügel, die den Horizont verstellen, geben ihnen einen Augenblick lang den Eindruck, mitten auf dem Land zu sein. Nachdem sie die strategisch wichtige Straße zur Festung von Vaujours überquert haben, kommen sie nach Coubron, das wie ein echtes Dorf aussieht, doch können sie das nicht überprüfen, sie fahren zu schnell, müssen wieder auf die Nationalstraße, auf die Autobahn, wenn sie das Auto seiner Besitzerin, die es schließlich braucht, rechtzeitig wieder zurückgeben wollen.

Selbst, als sie Karin wiedertreffen, wissen sie nicht mehr genau, wo sie sich befinden. Und da sie anscheinend ziemlich übellaunig wirken, schlägt sie ihnen vor, ein Glas zusammen zu trinken, bei Montreuil, sie kennt da was. Bei Montreuil findet sie es nicht mehr, doch wenn sie in Richtung Porte de Bagnolet fahren, werden sie schon was anderes finden. Und da sie schon so weit sind, ist es doch viel einfacher, noch ein Stück weiter zu fahren, bis zur Bastille, ja, bis zu ihr nach Hause, wo sie ihnen einen stärkenden Tee anbieten kann. So steht das Auto, nachdem sie wie immer dreimal ums verstopfte Quartier gefahren sind, um sechs Uhr endlich in der Nähe von Saint Paul, genau bei François vor der Haustür. Mit ein wenig Glück kann es François passieren, daß er gleich vor Julia steht, die gerade aus dem Schwimmbad kommt.

Unsere Reisenden werfen sich heimliche Blicke zu. Ihre ganze Geschichte droht sich aufzulösen. Einen Monat lang durften sie unter keinen Umständen nach Paris zurückkehren, das war die Grundregel der Reise, die Spielregel, und jetzt wäre es so einfach, sich einen guten Abend zu wünschen, bis morgen oder bis demnächst, und jeder kehrte nach Hause zurück mit der feigen Erleichterung, schwören zu können, daß sie selbst nichts dazu getan haben, um dieses Ende herbeizuführen.

Doch vielleicht hat Karin ihnen einen Dienst erwiesen, indem sie sie auf den Boden der Tatsachen zurückgebracht hat, indem sie sich nämlich erinnern, daß ihre Geschichte mit dem Spiel ganz nett ist, doch die Wirklichkeit anders aussieht, schlicht, weil nichts Paris von seinen Vorstädten wirklich trennt und der ganze Rest leeres Geschwafel ist, inklusive der Blasen an ihren Füßen?

Jetzt bloß nicht nachdenken, Tee trinken und dann abhauen, so schnell wie möglich zurück nach Aulnay und in ihre schäbigen Zimmer, ja, *ihre* Zimmer, im chinesischen Hotel. Sich von der Versuchung nicht verleiten lassen, von der Offensichtlichkeit, daß es absurd ist, die wenigen Schritte nicht zu machen, die sie beide in ihr gemütliches Zuhause zurückbrächten. Sie tauchen in die Metrostation Chemin Vert ab, Richtung Gare du Nord. Am Schalter der Station steht auf der schwarzen Tafel für schlechte Tage mit Kreide: «ZUGVERBINDUNGEN ZU DEN VORSTÄDTEN VÖLLIG UNTERBROCHEN AB GARE DU NORD.»

Das ist die Beresina.

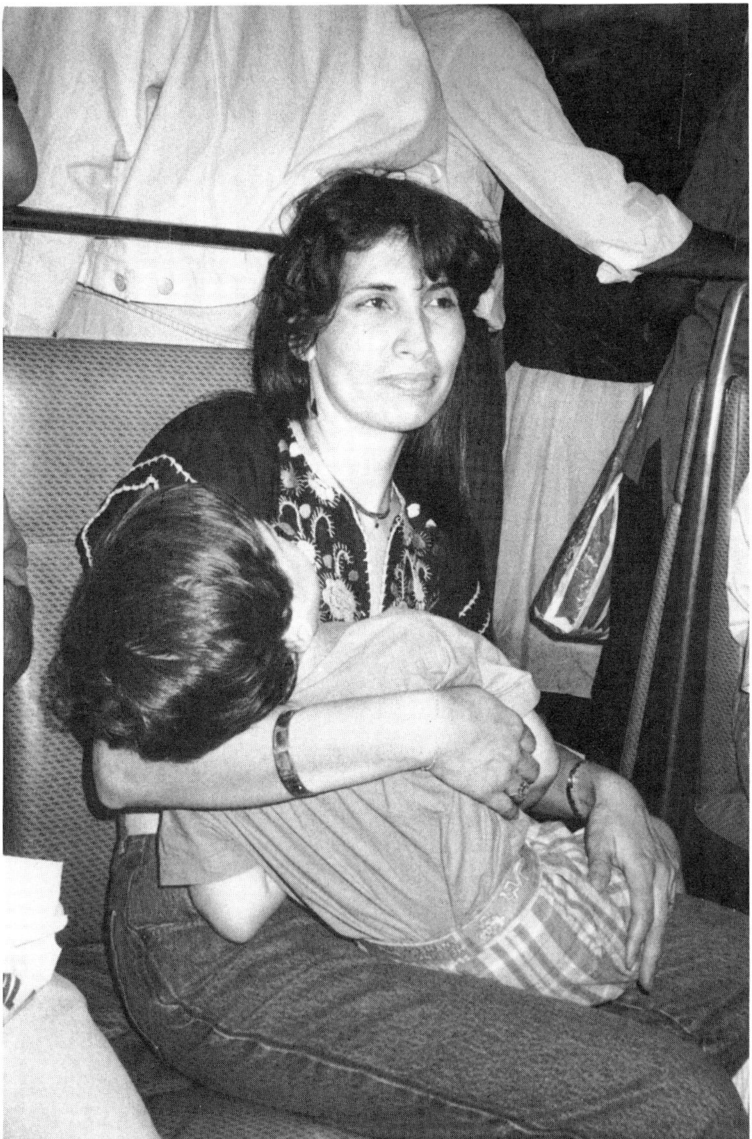

7

Aulnay-Aubervilliers – Die RER-Kontrolleure haben die Nase voll – Drancy: Cité de la Muette, ein Modell – Von der Sozialwohnung zum Konzentrationslager – Die Barometer-Blume

Donnerstag, 25. Mai. Es wird schließlich doch keine Beresina. Am Gare du Nord zieht sie die finstere, stumme Menge im Laufschritt mit hinein in die Gedärme des unterirdischen RER-Bahnhofs. Die Anzeigetafeln sind tot, die Schalter verlassen, übrigens fragt auch niemand nach Fahrkarten, alle stürzen sich auf die abgeschalteten Drehkreuze, ein fluchtartiger Sturm. Im finsteren Wageninneren werden sie geschubst, zusammengedrückt und eingequetscht, immer noch herrscht dichtes Schweigen, man sieht aneinander vorbei. Und, oh Wunder, der Zug fährt ab, eine Viertelstunde später sind sie in Aulnay, ohne Zwischenstops, noch immer im Galopp stürzen sie sich in die überschwemmte Unterführung, um nicht umgerannt, niedergetreten zu werden von ihren Mitreisenden, die wie eine Bisonherde lostrampeln.

Später erfahren sie aus der Zeitung, wieviel Erstaunlicheres sie erlebt hätten, wenn sie durch die große Abfahrtshalle des Gare du Nord gekommen wären. Um 18.23 Uhr wurde der Verkehr unterbrochen, alle Anzeigetafeln angehalten; die Lautsprecher schwiegen. Die Menge stürzte los und skandierte: «Wir wollen Züge!»

und «Wir haben bezahlt!», dann stürzte sie die Treppe hoch auf die Galerie zum Direktionsbüro, außer sich, entschlossen, Rechenschaft zu verlangen. Eine Abordnung wurde empfangen, während die Bereitschaftspolizei CRS die übrigen zurückdrängte. Als die Abordnung jedoch wieder auf die Galerie trat, hielt die inzwischen weiter angewachsene, murrende Menge sie für eine Gruppe von Streikenden und tobte los: «Taugenichtse! Abschaum!», und bombardierte sie mit Bierflaschen und -dosen. Daraufhin griff die CRS mit ihrem gewohnten Fingerspitzengefühl erneut ein und trieb das Mißverständnis damit auf die Spitze. Wahrscheinlich verdanken sie dieser Delegation den Wunderzug.

In der Zeitung steht, daß die Kontrolleure die Nase voll haben, nachdem drei von ihnen am letzten Sonntag angegriffen worden sind. «Immer häufiger toben die sich an uns aus. Wenn wir einen Schwarzen oder Maghrebiner ohne Fahrkarte kontrollieren, sind wir sofort Rassisten ... Wir kennen sie doch, diese Jugendbanden auf der Linie Bondy-Aulnay. ‹Kontrolleure klatschen› heißt das Spiel. Die Direktion sagt: Wenn Sie so einen Rowdy sehen, gehen Sie in einen anderen Wagen. Wir können uns aber doch nicht nur über die Kinder hermachen und die Omis, die ihre Seniorenkarte verloren haben! ... Dreißig Jahre in diesem Beruf, und jetzt habe ich zum ersten Mal richtig Angst. Ist doch schlimm, daß es so weit kommen mußte. Wir wollen ja gern im öffentlichen Dienst arbeiten, aber wir sind doch keine Kamikaze.»

Die Polizeistreifen werden verstärkt. Vor allem werden Beschränkungen aufgehoben, die eine Polizeistreife wegen territorialer Kompetenzen bisher hinderte, auf sämtlichen Stationen einer Linie einzugreifen.

Thema: Sicherheit in der RER. Plötzlich werden alle Vorfälle der letzten Zeit wieder ausgegraben. Ein Betonklotz wurde von einer Brücke aus auf einen Vorortzug geworfen und tötete den Zugführer. Ein Amokschütze nahm die Züge nach Orly aufs Korn. Ein Mädchen wurde in einem Wagen zwischen Choisy le Roi und Austerlitz vergewaltigt. Kriminalstatistik: Seit Jahresbeginn ist die Zahl der Vergehen im Vorortnetz um 20 Prozent gestiegen. Und dazu der Drogenhandel. Aus der Pariser Metro verdrängt, breitete er sich entlang der Vorortlinien aus, wurde auch da zurückgedrängt bis an die entferntesten Bahnhöfe – Les Beaudottes? –, und selbst da wird ihm aufgelauert, also verkroch er sich in die Sozialbauten. Alain Faujas zeigt sich in *Le Monde* nicht gerade optimistisch:

> Wenn nicht andere Maßnahmen die polizeiliche Lösung ergänzen, wird die Kleinkriminalität Stück für Stück weiter nach draußen gedrängt ...
> Die Ursache dieser Kleinkriminalität ist in einer Stadtplanung zu suchen, die die Ärmsten der Armen weit entfernt von den Zentren abstellt, sie dank der RER jedoch gleichzeitig Tantalusqualen aussetzt. Schließlich leben sie nur zwanzig Minuten entfernt von den Verführungen durch die Konsumgesellschaft, von Les Halles etwa. Solange die Stadtplanung nicht korrigiert wird, die Freizeitgestaltung der jungen Vorstädter, die Fürsorge für Familien im Abseits und natürlich die Arbeitslosigkeit nicht anders angegangen werden, kann hier keine Vorsorgepolitik greifen.

*

Heute morgen endgültig Abreise nach Aubervilliers, mit Gepäck. Die Züge fahren wieder. Der Zug PAPY bringt sie fort.

François erzählt, daß ihm, einem Kriegskind, lange Zeit eine hartnäckige, kleine Angst im Nacken saß: In einem Winkel seines Gedächtnisses hockte die Vorstellung, daß wieder mit allem *Schluß* sein könnte. Denn er hat die Zeiten erlebt, als es kein Gas mehr gab, keine Zentralheizung, kein Licht und kein heißes Wasser. Als es nichts zu essen gab. Als manche *Dinge* fehlten, Seife etwa oder Schuhe. Außerdem ist ihm das Jahre später in anderen Ländern wieder begegnet. Er hat den Fortschritt nie verachtet, doch blieb er immer mißtrauisch: sich nur nicht von einem plötzlichen, neuen Rülpser der Geschichte überraschen lassen. Wenn er also eine Wohnung sucht, achtet er immer darauf, daß sie einen Kamin hat, nicht weil das malerisch ist, sondern für den Fall, daß es keine andere Heizmöglichkeit mehr gibt. Und auf dem Land, ob es einen Brunnen gibt und der Garten möglicherweise ordentlich Gemüse abwirft. An den Autos vermißt er heute die Möglichkeit, sie anzukurbeln. Und er wurde ganz unruhig, als er erfuhr, daß die letzten Poitou-Esel auszusterben drohten: Wer würde Frankreich mit Maultieren bevölkern, wenn die Autos einmal knapp würden? Nein, er hat keinen Sinn fürs Nostalgische, er ist überzeugt, daß die Waschmaschine eine große Errungenschaft für die Menschheit ist, und er schreibt gern auf dem Computer. Aber trotzdem beunruhigt es ihn, daß er kein altes Waschbrett aufgehoben hat, und er behält seine Schreibmaschine weiter. Und Stifte. Viele Stifte.

Wenn er also wie gestern abend plötzlich liest «*völliger Stillstand*», dann malt er sich gleich Katastrophen aus: wie in alten Science-fiction-Romanen, wenn der Autor erzählt, daß das «elektrische Strömen» plötzlich auf dem gesamten Planeten aufhört. Die heutige Gesellschaft ist hundertmal, ja tausendmal gefährdeter als jene, in die er hineingeboren wurde. Die Findigkeit, das Sich-Arrangieren, all die geringen Mittel, die er während des Krieges kennenlernte und die heute in jenen Vorstädten der Dritten Welt beim Überleben helfen, die drei Viertel der Welt ausmachen, sie alle reichten hier und heute nicht mehr aus, um ein paar Tage mit totalem Stromausfall oder Benzinmangel oder auch nur eine längere Knappheit zu überbrücken. Alles bräche

Drancy. Cité de La Muette

mit einem Schlag zusammen. Nicht nur der Luxus und damit eine Erleichterung des Lebens würde verschwinden, sondern vielleicht das Leben selbst.

Sind sie Tropenvögel, die, ihrer Wärme plötzlich beraubt, steif werden und tot umfallen, seltene, exotische Fische, die mit dem Bauch nach oben treiben, wenn in ihrem Aquarium eine Störung auftritt? Wertvolle Bewohner des anfälligen, ach so anfälligen Europa.

*

Freitag, 26. Mai. In der Nacht ist die Temperatur plötzlich um zehn Grad gefallen, und vom zehnten Stock des Hotels aus sehen sie, daß Aubervilliers seine Vorstadtkleider angezogen hat: ein kalter, grauer und dreckiger Morgen. Sie ziehen ihre Pullover an.

*

Mittags in Drancy. Ein Hinweisschild mit Pfeilen nach: «Cité de la Muette – Cité du Square de la Libération – Gendarmerie Mobile».
Und etwas weiter:

> Hier saniert OD HLM die Cité de la Muette,
> 369 Wohnungen.
> Finanzierung der Arbeiten mit Hilfe von Generalrat,
> Staat und Region.
> Hier investiert der Staat für Ihre Zukunft.

Graue, vierstöckige Gebäude oder vielmehr ein einziges Gebäude, das aus drei Blöcken in U-Form besteht, die rechtwinklig aneinandergeklebt sind, auf zweihundert Metern Länge und vierzig Metern Breite um einen Platz herum, der so etwas wie ein Spielplatz sein soll. Die vierte Seite, die nach Süden liegt, ist offen. Um diese Uhrzeit liegt die Cité de la Muette verlassen da wie alle anderen. Jetzt kommen nur die üblichen Hausfrauen vorbei, die eben vom Einkaufen zurückkehren. Ein junger Tamile wartet auf jemanden, wird ungeduldig und telefoniert in regelmäßigen Abständen von einer Zelle aus.

Die Cité wirkt karg. Armut? Auffallend die sparsame Bauweise, mehr noch als die Baufälligkeit. Auf der Hofseite führt eine Galerie aus schwächlichen, grau gestrichenen Metallpfeilern rund um dieses Hufeisen. Zerfressene Fertigbetonplatten füllen das tragende Stahl- und Betongerüst. Enge Fenster sind ausgespart, und senkrechte Reihen durchbrochener Betonplatten zeigen an, wo die Treppenhäuser sind. Auf der Gartenseite läuft außen ein Balkon entlang, der wie ein Steg von Tür zu Tür führt. Natürlich liegen rund um die Cité keine Gärten oder keine Gärten mehr, sondern, soweit das Auge reicht, die Häuser von Drancy. Der Bau wirkt schlecht ausgelotet, oder aber die Felder dieses langgestreckten, aufrecht stehenden Schachbrettes haben gearbeitet; der Beton hat sich vom Metall gelöst, heute ist alles schief. Fassaden, so wacklig wie ein Kartenhaus. Niemals hat es ein «moderner» Bau mehr verdient, mit einer endlosen Reihe von Kaninchenställen verglichen zu werden.

Kein Leben auf den Galerien. Auf der Außenseite liegen ein

paar kleine Läden, die *Pizzeria des Amis*, eine Reinigung, leerstehende Ladenlokale.

Der Spielplatz in der Mitte mit kränkelnden Büschen und ein paar vergammelten Spielgeräten ist eingezäunt und abgesperrt.

Das hier ist nicht Elend und auch kein völliger Verfall. Es ist weder heiter noch düster. Den Besucher überkommt lediglich eine leise Tristesse, die mit der Einförmigkeit der hellgrauen Tünche verschmilzt. Und die Bewohner, was empfinden sie?

An der rechten Galeriewand stößt man gleich bei der Ankunft auf drei Marmortafeln. Auf der größten steht:

AN DIESEM ORT
der von 1941 bis 1944
Konzentrationslager war,
wurden 100.000 Männer, Frauen und Kinder
jüdischer Religion oder Abstammung
von der deutschen Besatzung interniert,
sie wurden dann
zu den Nazi-Vernichtungslagern deportiert,
wo die große Mehrheit
den Tod fand.

Cité de la Muette, 1935, ein großangelegter Versuch des sozialen Wohnungsbaus der Zwischenkriegszeit.
Cité de la Muette, 1941 – 1944, Durchgangslager zum Tod.
Cité de la Muette, 1989, sozialer Wohnungsbau im Verfall.

Cité de la Muette, ein Stück in drei Akten. Modellsiedlung. Todessiedlung. Eine ganz gewöhnliche Siedlung.

Gewöhnlich. Gewöhnlich gemacht. Und in Kürze: saniert.
Nun ja, es heißt, man soll die Hoffnung nie aufgeben.

*

Ich bin Jude.

Nein, stimmt nicht. Wie einem in Israel freundlich gesagt wird: «*Nobody is perfect.*»

(Doch wie sagte noch das Mäuschen zum Elefanten an dem Tag, als die griechischen Obristen beschlossen hatten, alle

Elefanten festzunehmen, die das Land nicht innerhalb von vierundzwanzig Stunden verlassen hätten, und beide rannten, rannten wie die Irren zur Grenze: «Wie kann ich nur beweisen, daß ich kein Elefant bin?»)
Du bist Jude, er ist Jude, wir sind Juden, ihr seid Juden. Sie sind Juden.
In Wirklichkeit kann niemand beweisen, daß er keiner ist. Und niemand kann sich wirklich an die Stelle dessen versetzen, der einer ist.
Es ist zu spät.
Daran hätte man vorher denken müssen.
Vor dem hier:

> Wir, Marschall von Frankreich, Chef des französischen Staates, erlassen:
> *Art. 1:* In Anwendung des vorliegenden Erlasses wird als Jude betrachtet jeder, der von drei Großeltern jüdischer Rasse abstammt oder von zwei Großeltern dieser Rasse, wenn sein Ehepartner auch Jude ist.
> *Art. 2:* Der Zugang und die Ausübung der im folgenden genannten öffentlichen Ämter und Mandate ist Juden untersagt:
> ....
> Ausgefertigt in Vichy, am 3. Oktober 1940
> Philippe Pétain.

Sie haben sich bei der Polizei registrieren lassen. Der Sekretär hat auf Ihren Ausweis einen Stempel gedrückt: JUDE. Sie waren Beamter. Sie sind es nicht mehr. Sie waren Händler, Anwalt oder Arzt. Sie sind es nicht mehr. Sie waren Frontkämpfer (und sogar bereit, wieder zu kämpfen), das ist schon etwas komplizierter, doch kurz gesagt, Sie sind auch das nicht mehr.
Später haben Sie Ihren Stern abgeholt, Sie haben Schlange gestanden, Sie haben dafür ihre Stoffmarke abgegeben, die Sie von Ihrer Rationierungskarte abgeschnitten hatten, Sie haben den Stern auf Ihre Kleider und auf die Ihrer Kinder genäht.
Sie haben alles befolgt: Sie leben ganz nach Vorschrift.

Max Jacob schrieb: «Früher hat mich niemand auf der Straße beachtet. Jetzt machen die Kinder sich über meinen gelben Stern lustig.»
Glückliche Kinder. Französische Kinder. Arische Kinder.

Wir, Marschall von Frankreich, Chef des französischen Staates erlassen:
Art. 1: Vom 1. November 1940 an ist die Überwachung der im französischen Mutterland zur Bewachung der durch Verwaltungsmaßnahme zusammengeführten Franzosen und Ausländer eingerichteten Lager dem Innenministerium unterstellt...
....

Art. 4: Dem Minister und Staatssekretär für innere Angelegenheiten steht zusätzlich zu den nach dem Finanzgesetz vom 31. Dezember 1939 gewährten Krediten ein Kredit über 32 Millionen offen für (...): Überwachungskosten für die Lager mit Unerwünschten.
Ausgefertigt in Vichy, am 17. November 1940
Philippe Pétain.

Sie sind ausländischer Jude oder staatenloser Jude. Sie sind der Abschaum Europas. Ab in die Mülltonne. Lager für Unerwünschte. Französische Lager. Pithiviers, Beaune la Rolande, Compiègne, Gurs, Les Mille und dreißig weitere. Sie werden dorthin zurückgeschickt, wo Sie hergekommen sind. Oder nach Madagaskar. Nach Pommern. Das heißt nirgendwo hin. Das ist nicht unser Problem. Oder wir werden Euch lehren zu arbeiten. Wir werden Euch lehren zu leben. Einwanderer raus.

Sie sind französischer Jude. Sie sind französischer Jude, also kurz gesagt Jude. Vielleicht hatten Sie das sogar ganz vergessen: Die Republik war schließlich laizistisch. Wir werden Ihr Gedächtnis auffrischen. Und wenn Sie je lebend zurückkommen, werden Sie es nie wieder vergessen. Bis dahin wird der UGIF, der allgemeine Bund der Israeliten Frankreichs, sich beim Marschall für Sie verwenden. Er wird ja wohl wissen, daß Sie gute Juden sind. Ach, Sie wissen nicht, daß es keine guten Juden gibt? Ins

Lager mit Ihnen. Der UGIF kommt für die Kosten auf. Bis der UGIF insgesamt ins Lager kommt.

Alle ins Lager.

Alle Franzosen kennen die Lager. Ganz Paris kennt die Lager. «Der und der sind in Drancy»: Solche Neuigkeiten gehören zum Alltag. Sie werden bedauert. Tristan Bernard ist in Drancy: Ganz Paris regt sich auf. Cocteau. Picasso. Drieu. Und wer sonst noch? Alle. Da muß man zu Abetz gehen. Tristan Bernard wird freigelassen. Max Jacob ist in Drancy. «Gott möge ihm helfen», schreibt Cocteau. Der Gott der Juden oder der Gott der Arier? Ganz Paris regt sich auf. Zu spät. Max Jacob ist bereits tot. Der Bruder von Léon Blum ist in Drancy. Wer regt sich da auf? Er wird in Auschwitz sterben.

Nach einer Aufstellung von Serge Klarsfeld wurden 73.853 Menschen, die Drancy durchlaufen haben, nach Auschwitz, Maidanek und Sobibor geschickt: 2.190 sind zurückgekehrt.

LAGER DRANCY: MITTEILUNG NR. 77

Auf Anordnung der AA ist es jedem Internierten oder jeder Internierten strengstens untersagt, sich den arischen Arbeitern, die im Lager arbeiten, zu nähern oder sie anzusprechen ... Jedem Internierten ist es untersagt, die Umkleideräume der arischen Arbeiter zu betreten.

Drancy, am 13. August 1943

LAGER DRANCY: MITTEILUNG NR. 78

Was den Haarschnitt der Internierten angeht, kommen auf Befehl der AA folgende Abschwächungen zu den vorher gegebenen Anordnungen zur Anwendung:

Kat. b .... geschoren

Kat. a-c2-c3-c4 ... sehr kurz geschnitten

Kat. c1 .... normaler Schnitt (Haare reichen nicht bis über die Augen)

Drancy, am 14. August 1943.

«Wir müssen uns von den Juden insgesamt trennen und nicht die Kinder behalten»: Robert Brasillach in der Zeitschrift *Je suis partout*.

Nachts, plötzlich aus dem Tiefschlaf gerissen, fingen die Kleinen an zu weinen, und nach und nach stimmten die anderen ein. Sie wollten nicht in den Hof hinuntergehen, wehrten sich, ließen sich nicht ankleiden. Es kam vor, daß ein ganzer Schlafsaal mit hundert Kindern wie in Panik und unüberwindlichem Schrecken den beruhigenden Worten nicht mehr zuhörte. Dann wurden die Gendarmen gerufen und trugen die vor Angst schreienden Kinder hinunter.
   Georges Wellers, *L'Etoile jaune à l'heure de Vichy*.

*

Die Cité de la Muette wurde zwischen 1933 und 1935 gebaut. Die Architekten hießen Marcel Lods und Eugène Beaudoin. In seiner ausgezeichneten Geschichte des sozialen Wohnungsbaus (*Loger le peuple* bei La Découverte) gibt Jean-Paul Flamand folgende Beschreibung:

Der Gesamtplan verbindet fünfzehnstöckige Hochhäuser und Langbauten mit zwei, drei oder vier Stockwerken, die ineinander verzahnt und durch kleine Gärten voneinander getrennt sind. Dieser Plan brachte die erforderliche hohe Wohnungsdichte in Einklang mit dem Wunsch, öffentliche Grünflächen als Spielflächen usw. zu bewahren. Die Bauweise beruht darauf, daß Fertigteile entworfen und vor Ort in einer mobilen Fabrik hergestellt werden. Konstruktionsprinzip ist ein Formstahlgerüst, dessen Zwischenräume mit Betonplatten gefüllt werden. (...) Es handelt sich hier um die «modernste» Siedlung, sowohl was die Architektur angeht, als auch in Bezug auf die Ausführung, die dem Produktivitätsdenken der damaligen Zeit entspricht. Als ein weiteres Zeichen für die «Modernität» kann die äußerst rationale Innenausstattung der Wohnungen angesehen werden: Ihre sehr eingeschränkte Größe (29 qm für zwei Zimmer mit Küche) und ihre Aufteilung erinnern an die Bauten in Deutschland zur selben Zeit, die geprägt wurden von den Forschungen der «modernen» Architekten, den Vordenkern eines *Existenzminimum*.

Hinter Lods und Beaudoin, die vor und nach dem Krieg noch für viele andere Bauten verantwortlich zeichneten, steht selbstverständlich eine Ideologie, die einerseits zurückreicht in die Tradition der «Gartenstädte» (die wiederum auf Genossenschaftsmodelle zurückgehen wie die *familistères* von Godin und noch früher die *phalanstères* von Fourier), andererseits zu den Konzepten von Le Corbusier von den «Wohneinheiten gleicher Größe». Zwei wahrhaft große humanistische Vorstellungen. Diese Ideologie verkörperte ein Mann in Schlüsselstellung, der aus einer Arbeiterfamilie stammte und Bürgermeister von Suresnes wurde; Vorsitzender des Generalrates des Departements Seine, Senator, Minister der Volksfront, Parteifreund von Léon Blum und eine kurze Zeit lang sogar Kommunist, jedoch auch ein Freund des Bürgermeisters von Aubervilliers Pierre Laval: Henri Sellier, der Mann, der in der Zwischenkriegszeit die Politik der HBM (des billigen Wohneigentums) und dann der HLM (des sozialen Wohnungsbaus) machte, innerhalb von Paris mit Backsteinwohnblöcken rund um die Boulevards des Maréchaux (in einem davon hat Anaïk eine Wohnung gefunden) und außerhalb von Paris mit nicht weniger als fünfzehn Wohnsiedlungen, von denen die Cité de la Muette die gelungenste war. Auf dem Gedenkstein, der ihm in der Cité von Châtenay Malabry gewidmet ist, steht zu lesen:

> Gedenken wir seiner als eines Freundes des Volkes. Er widmete sein Leben dem sozialen Fortschritt, dem Ruhm der Republik und dem Glück der Menschen.

Les Tours, die Hochhäuser, und Le Peigne, ein Gebäude in Kammform wurden 1935 fertig. Es sollten Terrassenhäuser hinzukommen, die jedoch in der Planung steckenblieben, sowie auch der Eingangshof, Le Fer à cheval, der 1939 noch nicht fertig war. In diesem hufeisenförmigen Hof sollte sich das gesellschaftliche Leben abspielen mit Geschäften, Gemeinschaftseinrichtungen und Sportstätten. All das war hygienisch und sozialistisch. Nur fehlten zwei Elemente – wie bei den meisten Bauten jener Zeit: Arbeit in der Nähe und öffentliche Verkehrsmittel. Was nur logisch ist und immer so ist, wenn man billiges Bauland sucht.

Drancy. Cité de La Muette

Die ersten Mieter von Les Tours und Le Peigne waren Eisenbahner und Angestellte der TCRP (der heutigen RATP). Doch die Mieten waren zu hoch, die Wohnungen waren schlecht isoliert, im Sommer schmorte und im Winter erfror man; sie steckten voller Mängel, und das *Existenzminimum* war wirklich allzu minimal. Während sich die Mieter nicht an ihre Wohnungen gewöhnen mochten, lehnten die Leute in der Umgebung mit den Gebäuden auch gleich die Bewohner ab. Auch die Presse kritisierte die «Wolkenkratzer», die, von den Türmen von Notre-Dame aus noch sichtbar, eine Beleidigung der französischen Landschaft darstellten.

Die Gemeinschaftseinrichtungen wurden niemals gebaut. Bereits 1939 waren die inzwischen unbewohnten Hochhäuser total verfallen. 1976 wurden sie endgültig abgerissen und durch neue ersetzt. Da ihnen nichts Besseres einfiel, wurde Le Peigne in eine Kaserne für die Bereitschaftspolizei und deren Familien umgewandelt. Innerhalb von vier Jahren war ein Musterbauwerk, eine Premiere, was die Modernität von Neuerungen und technischen Rationalisierungen anging, zu einem verfallenden Haufen Mauerwerk geworden.

Ein völliges Fiasko. Doch gemach. Nach 1945 können Lods und Beaudoin, jeder für sich, sich beim Wiederaufbau des bombardierten Frankreich nach Herzenslust austoben. Sie und eine Reihe anderer, die Väter unserer Trabantenstädte, die sich 1962 mit dem Plan Delouvrier überall im Großraum Paris durchsetzen. Sie greifen die gleichen Techniken wieder auf. Diesmal perfektioniert. Im großen Stil. Diesmal mit Erfolg. Und mit was für einem Erfolg!

1939 also war Le Fer à cheval, das Hufeisen, noch nicht fertig, noch ohne Heizung und Sanitäranlagen. Auf die Idee, daraus ein Konzentrationslager zu machen, kamen Franzosen: Die Regierung Daladier kam darauf. Bei Kriegsausbruch versammelte sie hier alle deutschen Staatsbürger. Es wurde also Stacheldraht gezogen, erst um die offene Seite abzuschließen, dann auch außen herum, am Weg um die drei Blöcke entlang; einfache Sanitäranlagen aus Brettern wurden im Innenhof eingerichtet: Alles war bereit, und bewacht wurde es von der Bereitschaftspolizei, die nur ein paar Schritte weiter kaserniert waren. Bekanntlich wurden während des «drôle de guerre» unter der Bezeichnung «deutsche Staatsangehörige», also Feinde, die Juden, die vor den Nazis aus Deutschland geflüchtet waren, festgenommen und interniert. «Drollig», in der Tat.

Als die Deutschen im Juni 1940 kamen, fanden sie dort, zwei Kilometer vom Verteilerbahnhof entfernt, ein ideales Basislager, um englische und französische Kriegsgefangene auf dem Weg nach Deutschland unterzubringen: Die Cité de la Muette wurde *Frontstalag III*.

Im August 1941 kamen die ersten Juden ins Lager von Drancy. Sie waren die ersten Opfer der großen Razzia in Paris, bei der mehr als 4000 Personen festgenommen wurden, ausgeführt von 2400 Inspektoren, Offizieren und französischen Polizisten der Polizeipräfektur. Yves Jouffa gehörte zu den vierzig jüdischen Rechtsanwälten, die als Erste ankamen:

> Nichts war vorbereitet, um uns aufzunehmen. In den riesigen Räumen aus rohem Beton waren hölzerne Bettgestelle

aufgebaut worden, ohne Strohsäcke, ohne Decken. Es zog derart, daß, als es Winter wurde, das Wasser nachts in den Zimmern gefror. Im großen Hof gab es zwanzig Wasserhähne für fünftausend Internierte, und die Toiletten waren entsprechend. Es gab keine Behältnisse für Nahrung, und so mußten wir mit der Erde im Hof alte, verrostete Konservenbüchsen reinigen, die frühere Gefangene zurückgelassen hatten.

Zu jener Zeit ist das «Lager» also von zwei Reihen Stacheldraht umgeben, und an jeder Ecke steht ein Wachturm. Der Boden im Hof ist mit Schlacke bedeckt, die im Sommer zu dickem, schwarzen Staub wird und im Winter unter Wasser steht. Später wird er zementiert, und in der Mitte wird sogar Rasen gesät. Die Verschläge mit den Sanitäranlagen, die die offene Seite des Hufeisens abschließen, werden «das rote Schloß» genannt. Einer der Blöcke auf der geschlossenen Seite ist für Leibesvisitationen bestimmt. Rund um das Lager gibt es noch Gärten, Brachland und Fabrikgelände, und doch liegt es mitten in einem Wohngebiet: Außer den Wohnungen der Bereitschaftspolizei und ihrer Familien in Le Peigne gibt es zahlreiche Einfamilienhäuser, Geschäfte, ein Café, und der Wochenmarkt findet fünfzig Meter entfernt statt.

Drancy ist ein französisches Lager. Zwar gehört es zum Befehlsbereich des SS-Oberkommandierenden Dannecker, der im Namen des Reiches in Frankreich für alle jüdischen Angelegenheiten verantwortlich ist, doch untersteht es direkt der Polizeipräfektur kraft des oben genannten Erlasses vom 1. November 1940, gezeichnet Philippe Pétain. Die allgemeinen Direktiven Danneckers werden ins Französische übertragen zu einer genaueren Lagerordnung, erarbeitet und unterzeichnet von Admiral Bart, Polizeipräfekt des Departements Seine, und von General Guibert, Gendarmeriekommandant für den Großraum Paris. Bis Juli 1943 stellt allein französische Gendarmerie die Lagerwache, während die der Präfektur unterstellte Polizei die Überwachung innerhalb des Lagers übernahm. Zu diesem Zeitpunkt wurden diese durch SS abgelöst, während französische Gendarmen das Lager bis zum Ende weiterhin wirksam bewachen. Tatsächlich sind nie mehr als fünf Deutsche im Lager von Drancy, die die «AA», die deutschen Behörden, vertreten.

Wie in den Nazilagern, wie im Warschauer Getto, wird das Lager intern von Juden verwaltet. Die Vichy-Regierung hatte dem UGIF «erlaubt», die Gefangenen zu unterstützen: Die französische Version des Prinzips, nach dem die Judenvernichtung von Juden finanziert werden sollte. So schickte der UGIF alles ins Lager, was zu seinem guten Funktionieren beitragen konnte: Sand und Mischmaschinen, damit ein Schweinestall für die Deutschen gebaut werden konnte, Päckchen, die nicht alle ankamen und dafür den einträglichen Schwarzmarkt belieferten, den die Bereitschaftspolizisten mit den Internierten unterhielten: Zucker verkauften sie bis zu 7 Francs das Stück weiter, ein Brot von 200 Gramm zu 150 Francs. «Wegen des Nahrungsmangels essen die Internierten beim Schälen das Gemüse roh oder kochen die Abfälle», vermerkt ein Präfekturbericht. Im November 1941 wurden 1.400 Gefangene Opfer einer Ruhr-Epidemie. Von 1941 bis 1944 starben 40 Gefangene an Hunger, ohne Drancy verlassen zu haben.

Bis zu 7.000 Menschen lebten im Lager. Die Gebäude waren vorgesehen für 700 Bewohner. Heute leben dort etwa 400 Menschen.

*

Nach der großen Razzia vom 16. und 17. Juli 1942 durch die französische Polizei – Folge des Nazibeschlusses, die Endlösung der Judenfrage anzugehen und die Operation *Frühlingswind* auszulösen – wurde Drancy die einzige Abfahrtsstelle, die Ausgangsstation auf dem Weg nach Auschwitz. Die Deportierten wurden auf dem sogenannten Quai des moutons, dem Schafsbahnsteig von Le Bourget, in Viehwaggons geladen, die bis zur Grenze der Aufsicht französischer Gendarmerie und Eisenbahner unterstanden.

Wenn die Gefangenen bei der Lagerverwaltung ihr Geld ablieferten, erhielten sie eine in deutsch ausgestellte Quittung auf den Gegenwert in polnischen Zlotys.

*

Max Jacob, bretonischer Jude, der *Les Poèmes de Morven le Gaëlique*, Die Gedichte von Morven, dem Gälen, geschrieben hatte, lebte seit zwanzig Jahren bei Saint Benoît sur Loire. Er sagte, er begreife nicht, warum man einen ungefährlichen Alten abholen sollte, der nichts weiter wolle, als weiter beten und seine Karotten ziehen. Im Februar 1943 holte ihn die französische Polizei ab. Er starb in Drancy an der Lungenentzündung, die er sich während des endlosen Transportes geholt hatte. Demütig entschuldigte er sich bei seinen Gefährten wegen seiner katholischen Gebete.

Wenigstens einen Bereitschaftspolizisten gab es, der gegen die Lagerordnung protestierte. Er hieß Leutnant Dhuard.

Der letzte Konvoi verließ Drancy am 31. Juli 1944. Noch am 17. August gelang es, 51 in Drancy Internierte im letzten Zug unterzubringen, der politische Gefangene aus den Pariser Gefängnissen nach Buchenwald brachte. Paris war bereits in Aufruhr. Die Befreiung hatte begonnen.

Viele Bereitschaftspolizisten beteiligten sich an der Befreiung von Paris.

Die Pariser Polizei wurde mit dem Orden der Ehrenlegion ausgezeichnet.

*

Kritzeleien, die nach der Befreiung auf einer Mauer gefunden wurden:

> In Drancy am 19. Juli 1944 angekommen. Lucie Fuantès und ihre Mutter, 58, Rue Sédaine. Am 31. Juli 1944 deportiert. Wir sind guten Mutes!

> 30.6.44. Der letzte Konvoi! ... der BALD zurückkehren wird.

> Trotz allem: Dankeschön an Frankreich. Greiffenhagen.

Die Inschriften wurden entfernt. Alles wurde entfernt.
1976 weihte die Stadt zur Erinnerung ein Denkmal ein.

*

Natürlich hört die Geschichte des Lagers von Drancy im August 1944 nicht wie von Zauberhand auf. Warum sollte sich die französische Verwaltung um ein so schönes Werkzeug bringen. Drancy erfüllte weiter seinen Zweck bis 1946, diesmal zur Internierung von Kollaborateuren. Dieselben Gendarmen bewachten sie mit dem gleichen Eifer. Diese Kontinuität ist keine Ausnahme; es kommt noch besser: Das Lager von Saint Maurice d'Ardoise im Gard etwa diente nacheinander der Internierung von Spaniern, Deutschen, Juden, Kollaborateuren, algerischen FLN-Kämpfern, OAS-Mitgliedern, bis die Baracken schließlich den Harkis als Wohnungen zugewiesen wurden.

*

«Drancy, die Judenstadt», ein französisches Lager wie ein von der restlichen Stadt abgeschnittenes Vorstadtviertel, Drancy mit seinen französischen Bereitschaftskräften, seinen fünf Deutschen, damit auch alles klappt, seiner Innenverwaltung, seiner Polizei und seinen jüdischen Lagerführern – dem *Judenrat* –, «Drancy, die Judenstadt» war das Getto von Paris, ein kleines Warschauer Getto in Frankreich. Gleichzeitig Getto und *Umschlagplatz*.

Umschlagplatz: Rymkiewicz, ein polnischer Goi, schreibt: «Ein Idiot, wer glaubt, daß sich das, was in der Niska-, Dzika- und Stawkistraße abspielte, nie wiederholen wird. Die Vernichtung wurde unterbrochen. Doch wir, die wir in der Nähe des *Umschlagplatzes* wohnen, wissen genau, daß noch nichts zu Ende ist.»

*

Glücklich diejenigen, die glauben, daß die Zeit alles heilt. Es gibt Orte des Schreckens, die zu Häfen des Friedens umgewandelt worden sind. Die Insel Gorée in Senegal, die jahrhundertelang dazu diente, Sklaven auf dem Weg nach Amerika zusammenzupferchen – auch ein *Umschlagplatz* –, ist heute ein Touristenparadies. Ein internationales Institut wurde dort eingerichtet. Die Strafkolonien vor Guyana, die Heils- und die Teufelsinsel, wo Kapitän Dreyfus die Hölle durchlitt, sind zu malerischen Ausflugszielen für die Raketentechniker der Ariane geworden. Ein idealer Standort für den Club Méditerranée.

Die Cité de la Muette wurde ihrer ursprünglichen Bestimmung einfach wieder zurückgegeben. Es hatte nicht viel gebraucht, um sie zum Lager zu machen. Man mußte nur Stacheldraht ziehen und ein paar Bretterbuden errichten, den Raum unter den Galerien zumauern. Sogar Gendarmerie war bereits vor Ort. Es brauchte nicht viel, um aus dem Lager wieder einen Sozialbau zu machen. Es reichte, die Stacheldrähte und die Baracken abzureißen, die Kanalisationsarbeiten zu beenden und Innenwände zu ziehen. Anstreichen. Alles in allem eine erste Sanierung. Die Gendarmen brauchten nicht einmal umziehen. Sie leben immer noch dort, in den Hochhäusern in der Nachbarschaft.

Es gibt aber auch Schreckensorte, an denen alles abgerissen worden ist. Alles ist verschwunden, wenigstens in den Augen des unwissenden Passanten. Alles ist anders. Selbst der Raum ist nicht mehr der gleiche. Wo in Warschau das Getto lag, stehen jetzt rechteckige Wohnblocks und Alleen, und an einer Stelle in der Stadt, zu der kein Hinweisschild führt, erhebt sich ein riesiges Denkmal, das kein Pole zu besichtigen scheint außerhalb der offiziellen Zeremonien, und an dem von Zeit zu Zeit ein Bus mit westdeutschen Touristen anhält. Zwar mag die ganze Welt das Warschauer Getto niemals vergessen, doch an der Stelle, wo es lag, trifft man nur auf Vergessen und Gleichgültigkeit. Man braucht die ganze Kraft innerer Bewegtheit, das Wissen, daß man sich *dort* befindet, um sich vorstellen zu können, was das Getto war.

Hier hat die Zeit nichts zugedeckt. Alles ist gewöhnlich, weil alles immer gewöhnlich war. Man braucht sich gar nicht anstrengen, sich alles vorzustellen. In Anbetracht der unablässigen Veränderung der Pariser Vorstädte ist eine solche Dauerhaftigkeit sogar selten. Es sind immer noch dieselben Galerien, dieselben billigen Fassaden, dieselben engen Fenster. Immer noch dieser vage Eindruck von Unfertigkeit, zurückzuführen auf das billige Baumaterial. Die Bestimmung der Siedlung änderte sich, doch nicht ihre Form und jenes Undefinierbare, das ihr eigen sein muß. Besichtigen Sie sie in Begleitung eines ehemaligen Lagerinsassen. Er zeigt Ihnen, wo die Kinderschlafsäle lagen, der Bau, die Durchsuchungsbaracke, die jüdische Verwaltung und das Büro der jüdischen Kommandanten – erst Kohn, dann Blum. Er zeigt Ihnen den Keller, wo mit Unterstützung der jüdischen Verwaltung ein Tunnel gegraben wurde, den ein Spitzel aus Compiègne an die SS verraten hat. Nein, man braucht sich gar nicht anzustrengen, um sich die Schlange von Gefangenen vorzustellen, die in Zehnergruppen zu den Latrinen im «roten Schloß» gingen. Wie auf den noch erhaltenen Fotos ist hier der genau gleiche, praktisch unveränderte Ort zu sehen, an dem bei Ankunft der Autobusse Gedränge entstand, wenn die Bereitschaftspolizei ihre Menschenfracht entlud. Genau dort, wo früher der Mittelplatz lag, befindet sich heute der traurig verriegelte Garten, und dort, wo nacheinander Schlacke und Zementplatten den Boden bedeckten, erstreckt sich heute der Parkplatz, auf dem Familienkutschen, die aus dem letzten Loch pfeifen, auf das Wochenende warten. Im Westen entfernte sich der Stacheldrahtzaun vom Häuserblock und sparte so ein Dreieck aus: Dieses kahle Stück Land wurde Hof genannt, und manchmal durften die Kinder dort spielen vor den Augen der Passanten. Heute steht dort eine prächtige Turnhalle aus lasierten Ziegeln mit einem riesigen schwarzen Schieferdach.

Da die Cité alt und schlecht gebaut ist, sind ihre heutigen Bewohner einfache Leute, hauptsächlich Einwanderer. Sicher ist dies nicht ihre Geschichte. Zum Glück, denn wer könnte hier leben, wenn ihn aus seiner Erinnerung immer wieder solch grauenhafte Klänge einholen würden.

Wie schon gesagt, steht am Eingang ein Denkmal. Es ist riesig, rosa und scheußlich. Die ewige Frage: Was soll man tun, damit Denkmäler nicht zum Schlußstein werden, der Gleichgültigkeit und Vergessen besiegelt?

Vor dem Denkmal steht ein Güterwaggon auf Schienen. Er ist frisch angestrichen: «Pferde 8, Menschen 40». Er ist verschlossen, doch wenn man ihn öffnet, kann man im Inneren Erinnerungsstücke, Fotos und Dokumente sehen.

*

Als vor einigen Jahren Jacques Durin, der neue Direktor des Eugène-Delacroix-Gymnasiums, nach Drancy kam, wollte er sehen, was vom Lager noch steht. Das Gymnasium liegt zweihundert Meter entfernt.

«Wie alle» dachte er, daß dort Baracken gestanden hätten, das ganze übliche trostlose Drumherum, und daß nichts davon übrig geblieben ist. So hatte er sich das nicht vorgestellt. Nur wenige, die nach Drancy kommen, haben es sich so vorgestellt: daß das Lager immer noch steht und sogar vollständig erhalten ist. Jacques Durin beschloß, zur Erinnerung an das Lager ein Denkmal nicht aus Stein, sondern aus Papier zu errichten, indem er mit seinen Schülern einen Bildband erstellte, der in Le Bourget gedruckt wurde. Es ist das einfachste, das bewegendste und wirkungsvollste Denkmal gegen das Vergessen.

Doch das wirkliche Denkmal ist die ganze Cité de la Muette.

*

Bevor sie heute morgen, an diesem grauen Vormittag, zur Cité de la Muette gegangen waren, hatten sie die Nacht in Aubervilliers verbracht, in einem Hotel, dessen Hof die Touristenbusse füllten: «*Wir sind der Mittelpunkt der Welt*», stand auf einer Busseite auf deutsch. Hier jedoch war nirgendwo, ein großes, anonymes Hotel, gleich vor den Toren von Paris. An der Rezeption konnte man Plätze reservieren für Rundfahrten mit Panorama-Bussen:

AUJOURD'HUI
VISITE DU MUSÉE D'ORSAY ET DU JEU DE POMME

Beim Frühstück in einem lauten, fensterlosen Raum hatten sie sich an großen Tischen mit Senioren aus Quebec wiedergefunden, die gerade ihre Rundreise «Ganz Europa in vierzehn Tagen» begannen. Sie wurden von Tamilen bedient oder vielmehr nicht bedient, was den Zorn der Herren aus Quebec heraufbeschwor: «Man wird hier nicht bedient.» Skandal, es gab keine Butter mehr. Zum Glück saß auch noch ein französisches Seminar da, um die Atmosphäre aufzulockern. An ihrem Tisch erzählte ein jovialer Geschäftsmann laut, wieviel Vergnügen ihm die Nacht mit einer netten jungen

Frau (auch von dem Seminar?) bereitet hatte: «Es gibt keine Butter, doch Sie haben einen Tampax gefunden.» («Habe ich richtig gehört?» hatte François Anaïk ungläubig und schüchtern gefragt. Ja, er hatte richtig gehört.) Danach hatte der joviale Geschäftsmann beschlossen, seiner neuen Eroberung ein paar seiner früheren Eroberungen zu beschreiben: «Sie war Holländerin, nein, sie war Metzgerin. Nun ja, es war genug Fleisch an ihr dran.» Ha! Ha! Oder ist das ein Liedtext? Die junge Frau sah verstört aus wie jemand, der aus einem schlechten Traum aufschreckt und feststellt, daß es kein Traum war. François wirkte schockiert; genau in diesem Augenblick brüllte ihm Anaïk im allgemeinen Lärm etwas über den diskreten Charme der Bourgeoisie zu, und warum auch immer, aber ihr Ton war ihm so angriffslustig vorgekommen, daß er es auf sich bezog und beleidigt war. Anaïk hatte ihm zu erklären versucht, daß es wirklich nicht auf ihn gemünzt war, sondern daß sie geglaubt hatte, einen Strauß durch den Speisesaal gehen zu sehen, und daß sie deshalb an den Film von Buñuel gedacht hatte. François hatte sich nicht überzeugen lassen und blieb weiterhin beleidigt.

Und natürlich hatten sie am Bahnhof von Aubervilliers, der weit weg vom Ortskern liegt, wieder die RER genommen, um am Bahnhof von Drancy auszusteigen, der weit weg von Drancy liegt. Dabei hatten sie auch noch in Le Bourget umsteigen müssen, denn nach dem bereits geschilderten Bocksprung-Prinzip hält ein Zug, der in Aubervilliers stoppt, niemals in Drancy und umgekehrt. Von dort aus hatten sie die lange Betonbrücke überquert, an der einsam und melancholisch eine Inderin im Sari lehnte, waren zwischen Einfamilienhäusern, Rosen und Wicken herumgelaufen. Ein ungewöhnlich ausgedehntes Einfamilienhaus-Viertel, bemerkenswert nicht nur wegen der Anzahl der geifernden Wachhunde, sondern auch wegen der Menge der Warnschilder:

Hier wache ich!
Betreten auf eigene Gefahr.

Oder folgende Worte auf einer Reihe von Schildchen, von denen das erste einen schwarzen Totenkopf auf einem äußerst gelungenen blutigen Hintergrund trägt:

TODESGEFAHR
Haus gesichert. Bissiger Hund.
GEFAHR.

Ein Grabsteinlager, nichts als Grabsteine, wurde ebenfalls von zwei solcher Raubtiere bewacht. Als sie vorbeigingen, hatten sie angeschlagen und sprangen in riesigen Sätzen am Zaun entlang. Was gibt es bloß in einem Steinmetzlager zu stehlen? hatte Anaïk sich gefragt. Eine Sonnenuhr vielleicht, selbst wenn man sie kaum auf dem Rücken wegschleppen kann, aber ein Grabstein? Sie hatte die Bestien fotografiert, die immer heftiger wüteten. Da war der Steinmetz auf den gegenüberliegenden Bürgersteig getreten, um loszubellen: «Haben Sie die armen Tiere bald genug gereizt?»

Sie kamen an großen, langgestreckten Backsteinblocks entlang, später an anderen, neueren, und waren schließlich auf dem Rathausplatz gelandet, halb Verwaltungsgebäude, halb Einkaufszentrum mit dem ehemaligen Rathaus von 1900, gut erhalten und adrett, gekrönt von einem hübschen Türmchen. Sie hatten sich einen Augenblick ausgeruht auf diesem Platz, der angelegt ist wie ein Forum und mit weißen gekachelten Säulen übersät ist, und hatten etwas Komisches bewundert: ein Betondreieck, aus dem etwas Festes aus braunem Plastik fließt und sich ringelt, das vielleicht einmal golden war. Der Fluß des Lebens? Es endet in einem blank polierten Kupferhahn. «Das ist bestimmt ein Denkmal», deutete Anaïk, «wo es doch zu nichts nutze ist.» Sie waren weitergegangen, hatten die modernen, weißen Mehrfamilienhäuser mit ihren Gegensprechanlagen rechts liegen lassen und links von ihnen die deutlich ältere Cité Vaillant Couturier. Viele Häuser an der Avenue stammen noch vom Anfang des Jahrhunderts, mit ihren geschwärzten Ziegelsteinen die Art von Häusern, bei denen François immer an einen Vers des Dichters Gaston Miron aus Quebec denken muß:

Das Herz zusammengeschnürt wie die Häuser in Europa.

Ein Schild hatte ihnen den Weg gewiesen – «La Muette/Le Village parisien/Les Oiseaux» –, und sie hatten die einzige nette Begegnung bei dieser Tour gehabt: Ein Mann schob ein Wägelchen voller Gipsblumen, «Das Rosen-Barometer». François kam auf die Idee, Julia eine zu kaufen, die damit rechnet, daß er etwas mitbringt von seiner Reise, aber dann hatte ihm seine Faulheit eingeflüstert, daß er sicher etwas anderes und besseres finden würde. Daß es nicht dringend sei.

Doch was ist schon dringend auf dieser Reise?

8

Aubervilliers: Mit Akim im Jean Bart – Les 4000 von La Courneuve: Wohnsilo implodiert, Wurzeln verloren – Requiem für Le Corbusier – Daoud: «Nationalität Liebe» – Das Unvorhersehbare – Fort d'Aubervilliers, Schrebergärten – Festungen und «fortifs» – Le Landy – Pierre Laval, der Baron des Pariser Gürtels – «Die Kinder von Aubervilliers» – «Ich bin kein Rassist», sagt sie. – Ein Ausflug nach Saint Denis – L'Ecluse des Vertus – Leben in Aubervilliers – Rachid Khimoune, Künstler in der Maladrerie – 17. Oktober 1962, Rue de l'Union

Freitag, 26. Mai, Fortsetzung. Der Bahnhof von Aubervilliers-La Courneuve stammt aus den Zeiten der Chemins de fer du Nord. Davor erstreckt sich ein Parkplatz-Abbruchgelände, die Baustelle der künftigen Autobahn A 86, die in einem, in zehn oder hundert Jahren ihren Kreis um Paris schließen soll. Nach der inzwischen hinreichend bekannten Regel liegt der Bahnhof relativ nahe bei Saint Denis. Wenn man aber ins Zentrum von Aubervilliers will, nimmt man besser den Bus. Und natürlich vertun sie sich, statt in den 150er steigen sie in den Bus 150A, was alles ändert, denn sie sollten wissen, daß 150A ein Direktbus ist, der ohne Zwischenstopp bis Paris, Porte de Pantin, fährt. Nachdem sie also für einen Kilometer zwanzig Minuten gebraucht und lange in endlosen Staus gestanden haben, fährt der Busfahrer an der Haltestelle am Rathaus lässig weiter, weigert sich, während der langen Pausen an den nächsten Ampeln die Tür zu öffnen und gibt dem Flehen der tief betrübten Fahrgäste – alten Damen mit Einkaufstaschen und noch niedergeschlageneren Afrikanern – nach einem Kilometer schließlich nach, an der Ecke einer ihnen unbekannten Kreuzung. Es bleibt ihnen nur, sich zu orientieren und die Strecke zu Fuß zurückzugehen.

Aubervilliers klebt an Paris, durch die Porte de la Villette sind sie miteinander verschweißt. Der Karte nach ist Aubervilliers offenbar nur eine Erweiterung der Pariser Arbeiterviertel. Die Metro durchquert heute die ganze Stadt und geht bis La Courneuve, wo die Endstation des Autobusses 65 liegt- eine zweistellige Busnummer, ein Zeichen, daß es ein echter Pariser Bus ist, ein blaublütiger Bus verglichen mit den dreistelligen, den Vorstädtern, Proletariern, Bastarden. Die Endstation also befindet sich vor dem Rathaus; alles kommt zusammen, um aus Aubervilliers nur ein Pariser Viertel wie andere auch zu machen. Und dennoch ...

*

Anläßlich der Zweihundertjahrfeier von 1789 verkündet ein riesiger Slogan vor dem Rathaus:

DIE WELT HAT SICH GEWANDELT, SIE MUSS SICH WEITER WANDELN.

Das Rathaus selbst ist ein stattlicher Bau. Aus allen Steinen spricht die Dritte Republik mit einer Spur von Nostalgie für das Zweite Kaiserreich wie bei allen anderen Pariser Arrondissementsrathäusern auch.

Auf einer Anschlagtafel für Gemeindemitteilungen hängt der neueste Erlaß: Die Verkehrsregelung für die Tage der Erstkommunion 1989.

Unsere Reisenden sind im «Jean Bart» gegenüber vom Lycée Le Corbusier verabredet. Schwer zu sagen, warum so viele Bar-Tabac nach diesem dicken flämischen Korsaren heißen, vielleicht handelte es sich um ein schwaches Wortspiel, Bart = Bar, also Bistros, deren Gründer, aus der Auvergne, wie es sich gehört, mit Vornamen alle Jean hießen. Lauter Rätsel auf ihrem Weg. Im Jean Bart also, dessen Wirt natürlich aus der Auvergne stammt, erwartet sie Akim. Sie sind kaputt und ausgehungert und beißen gierig in ihre Hot-Dogs. Akim spaßt: «Ich hätte ja nie gedacht, daß Ihr so erschlagen wäret, wenn ich Euch wiedertreffe». Vor einem Vierteljahr hatte er sich zwar schon lustig gemacht, als sie von ihren Plänen erzählten, er hatte aber gleich zu denjenigen gehört – vielleicht war er sogar der erste gewesen –, die sie ernst genommen hatten. Er hatte ihnen von den verschiedenen Landschaften erzählt, den Strukturen, den Menschen, die sie treffen würden: «Wenn Ihr richtig die Augen offen haltet...» Vor ein paar Tagen haben sie ihn mit der Bitte angerufen, für sie ein Hotel in Aubervilliers zu finden – klein, nett, nicht zu teuer usw. Er hat ihnen Zimmer im Hôtel de L'Imprévu, im Hotel des Unvorhersehbaren, reserviert. Ein Name, der sie seitdem ins Träumen bringt. Gleich wird er sie hinführen. Das Hotel kennt er nicht, aber er geht immer in das Café im Erdgeschoß, weil es auf dem Weg zum Maison du peuple Guy Môquet in La Courneuve liegt, wo er im Augenblick mit einer Truppe junger Schauspieler probt; er selbst ist gleichzeitig Schauspieler, Spielleiter und Regisseur. Akim ist Mitbegründer von ABC – Aubervilliers Bande Comédie – und plant im Rahmen der Aktion «Ein Herz für La Courneuve» gerade eine Aufführung.

Als sie vor drei Monaten über die Reise diskutierten, probte Akim zusammen mit einem Kumpel *Die Emigranten* von Mrożek.

Akim ist in der Cité Les 800 geboren, die Ende der fünfziger Jahre gebaut wurde. Schmale, graue und billige Klötze, gleich neben Les 4000 von La Courneuve, die wenig später entstanden. «Als ich Kind war», erzählt Akim, «waren die echten Banden immer die mit den Jugendlichen aus Les 4000. Verstehst du, wenn ein Typ sagte, ‹Ich bin aus Les 4000›, brauchtest du nur zu antworten ‹und ich aus Les 800›, und schon hattest du nichts mehr zu melden.» Aubervilliers, die alte Arbeiterstadt; La Courneuve, ein junges, zu schnell gewachsenes Ungetüm. Geht es auf dem Weg von Aubervilliers nach La Courneuve zu den Wilden? Jedenfalls stammt man aus Aubervilliers und nicht woanders her. Wenn Akim heute in La Courneuve arbeitet, kommt er zum Mittagessen gern nach Aubervilliers: «Sobald ich das Schild sehe, das Auber ankündigt, fühle ich mich besser: ich bin zu Hause.»

*

In einem kleinen Café an der Place des Fêtes spielen Akims Freunde Pool-Billard. Sie kennen sich von klein auf. Akim betont: keine Freunde aus dem Gymnasium, sondern aus der Kindheit. Alle stammen aus Les 800 von Auber. Sie müssen warten, bis die Partie zu Ende ist. Es wird um zehn Francs oder eine Kinokarte gespielt. Sie stellen sich vor: «Wir sind hier alles Schweden, okay», sagt einer, um es kurz zu machen.

*

Auf geht's zu Les 4000. Sie überqueren eine Avenue, adieu Aubervilliers. Les 4000 sind nicht der längste Wohnblock Frankreichs. Den Rekord hält anscheinend ein 700 Meter langer Block in Nancy, errichtet von B. Zehrfuss – eine wahrlich tolle Leistung. Doch Les 4000 – viertausend Wohnungen für ebenso viele Familien, wieviele Bewohner macht das: 20.000? – sind ein schönes Beispiel für das Stapeln von Menschen. Eine der großartigsten Umsetzungen des Planes Delouvrier. Es geschah 1960. «Delouvrier», sprach De Gaulle, «der Großraum Paris ist ein einziges Chaos, da sind diese unmenschlichen Vorstädte, bringen Sie mir da Ordnung rein.» Delouvrier hatte so etwas geantwortet wie «Wird gemacht, mon général» und Ordnung reingebracht. Er entwarf einen Plan, den PADOG, und schaffte Zonen – nach den ZAC kamen die ZUP, bis diese dann durch die ZAD ersetzt wurden. Er zerschnitt das alte Departement Seine et Oise gleich in mehrere kleinere, ein Auftakt für die Region Paris. «Ich habe mich ein halbes Jahr damit beschäftigt... Der Ansatzpunkt für die Stadtplaner war theoretisch recht leicht zu finden. Um irgendwo Wohnungen hinzusetzen, braucht man Land; um neue Städte anzulegen, braucht man viel Land und für neue Eisenbahnnetze oder Autobahnen lange Landstreifen.» Was Ordnung ist, wußte Delouvrier. 1941 hatte er nämlich die Schule von Uriage besucht, eine Kaderschmiede für hohe Staatsbeamte, als Frankreich noch sang: *Maréchal, nous voilà* – Marschall, wir folgen Dir. Hauptsache, es sind alles gute Franzosen, befand De Gaulle. Kurz, Delouvrier und seine Freunde machten im Großraum Paris Ordnung.

Und später dann, zwanzig Jahre später, als Mitterrand Präsident war, stellte man fest, daß es so nicht ging, daß es unerträglich war, und wieder beschloß man, *da Ordnung reinzubringen*. Die neuen

Stadtplaner hatten endlich eingesehen, daß zu wenig Menschlichkeit die Ursache war, und versuchten wieder, ein humanes Maß zu finden. Und da die Gefahr einer sozialen Explosion bestand, beschlossen sie, den größten Block, den im Süden, zu sprengen. Es wurde eine der ersten großen Baustellen des Staatspräsidenten. Dieses Prinzip des Großreinemachens, indem man leeren Raum schafft, war nicht besonders originell. Die Deutschen hatten es 1943 erfolgreich im alten Hafen von Marseille erprobt. Doch ist alles eine Frage des Wie: Hier gab es keine unpassenden Szenen, keine Absperrungen durch Gendarmen mit Helmen, keinen Exodus, keine Endzeitstimmung, nein, im Gegenteil, alles ging in allgemeiner Harmonie über die Bühne. Die Menge der Schaulustigen, die dem Spektakel beiwohnen wollten, war groß. Tribünen für die Ehrengäste waren errichtet worden: für die Verantwortlichen des Planes «Banlieues 89», die auf diese großartige Idee gekommen waren, den Bürgermeister mit dem Stadtrat, die Vertreter von Departement und Region und den Wohnungsminister. Besondere Gerüste waren errichtet worden, damit Presse und Fernsehen auch einen guten Blick hatten. Natürlich waren auch Polizei und Feuerwehr zahlreich vertreten. In dieser allgemeinen Heiterkeit konnten die staunenden Franzosen die Show am Fernseher verfolgen. Der große Block brauchte nur zehn Sekunden, um elegant einzustürzen. Vor Ort fand dann ein Umtrunk statt. «Zehn Sekunden, um die Misere auszulöschen», «Die schlechten Entscheidungen der Vergangenheit», titelten die Zeitungen am nächsten Tag. Heute befindet sich an dessen Stelle die Andeutung einer Wiese mit einem traurigen Bäumchen darauf, das Jugendliche gepflanzt haben, die hier aufgewachsen sind. Sie sagen, daß dieses Bäumchen und die große, leere Fläche alles sind, was von ihren Wurzeln geblieben sei. Denn die Jugendlichen sind immer noch da. In den anderen Blöcken, die jetzt mehr Sonne bekommen. Natürlich nicht alle. Manche mußten wegziehen. Man nutzte die Gelegeneheit, um die Einwanderer zu «zerstreuen». Denn, wie gesagt, es sollte ja menschlicher werden.

    Dieser Wohnblock, der nicht mehr da ist, der verschwunden ist, der hieß Debussy.

*

Heute scheinen sich alle – ich meine natürlich alle, die zählen, die *über die Stadt nachdenken* – einig zu sein, wer dafür verantwortlich ist, wer den Anstoß dazu gegeben hat: Le Corbusier. Also Hatz auf Le Corbusier: «Es wurde nicht nur aus Zynismus, sondern aus Dummheit so gebaut, in einer Art allgemeinem Konsens über die ultrarationalistischen Thesen zur Wohnmaschine, wie Le Corbusier sie vertrat», belehrt uns im *Bericht zur Lage Frankreichs – 1986* Roland Castro, der den Staatspräsidenten seit 1981 in Sachen Vorstädte berät. Dabei sagte Le Corbusier wundervolle Dinge, die zum Träumen verleiteten und es noch tun:

> Das Haus des Menschen als meisterhafte Form steht in der Natur, offen zu den vier Himmelsrichtungen. Sein Dach paßt sich den vorbeiziehenden Wolken, dem Himmelsblau oder den Sternen an.

Er erklärte, Wohnblocks dürften keine «zusammengekniffenen Lippen» mehr sein, und «die Inbesitznahme des Raumes schafft eine unbestreitbare Harmonie, die menschliche Unternehmung mit der Landschaft verschweißt.»

> Offen zum Empfangen
> Offen auch, damit jeder
> sich nehmen kann
> > das Wasser plätschert
> > die Sonne beleuchtet
> > das Zusammenspiel hat eine Grundlage geschaffen
> > das Fließen ist überall
>
> die Werkzeuge der Hand
> die Zärtlichkeiten der Hand
> das Leben, von dem man gekostet hat
> durch das Kneten der Hände
> durch den tastenden Blick.

Le Corbusier liebte die Kasbah von Algier und hielt die Wohnblocks rund um die Boulevards des Maréchaux für einen

«Schandgürtel». Letzten Endes hat er gar nicht viel gebaut in Frankreich: einige experimentelle Bürgervillen in der Zwischenkriegszeit, die Kirche von Ronchamp mit runden Formen «wie Trompetenschnecken» und drei «Cités radieuses», über die alle ernsthaften Leute damals ziemlich herzogen. Er hatte wirklich fast alle gegen sich – nun ja, alle die zählten (s.o.) und besonders Baulöwen und Banken: Warf man ihm nicht vor allem die exzessiven Kosten vor? Nur drei «Cités radieuses» wurden gebaut. Und davon entging eine, die in Briey mitten im Wald wie eine Kathedrale in die Höhe ragt, nur knapp der Sprengung. Sie hatte den schwarzen Jahren der Stahlkrise und der folgenden Arbeitslosigkeit in Lothringen nicht standgehalten. Sie wirkte so unheimlich, daß Krimiautor Didier Daeninckx die schwärzeste Szene eines Romans dort spielen ließ. So wollte man sie denn endgültig los sein. Ein Baulöwe rettete sie in letzter Minute.

Heute bläut man uns ein, daß Le Corbusier geistiger Vater der Hochhäuser und Wohnblocks war. Dabei heulten alle, auch die, die damals nichts gegen den Bau all dieser Sarcelles und anderer Großwohnanlagen einzuwenden hatten, mit den Wölfen und beschimpften ihn als übergeschnappt wegen einiger Dutzend Wohnungen, die er in Marseille zwischen Bäumen errichtet hatte. Der große Meister hieß 1954 nicht Le Corbusier, sondern Auzelle, Professor an der Schule für Stadtplanung in Paris. Die Prinzipien und Vorstellungen Auzelles dienten den Handlangern Delouvriers als Leitfaden. Jean-Paul Flamand, dessen Buch wirklich aufschlußreich ist, definiert ihr Vorgehen so: « ... zwei grundlegende operative Herangehensweisen, von Prinzipien mag man da nicht sprechen. Einerseits galt es, den Austausch zwischen einigen großen Funktionen zu organisieren und ihnen bestimmte Zonen zuzuweisen; auf der anderen Seite war der Austausch zwischen den Zonen zu organisieren. Das ‹Zoning› unterscheidet Industriezonen, Bürozonen und Wohnzonen. In den Freiräumen dazwischen ‹Grünflächen›.»

Zoning + Stapelung = Großwohnanlagen. «Diese Raumaufteilung mußte sich erst durchsetzen, die Trennung erfolgen, um das Unerträgliche sichtbar werden zu lassen – daß dies keine, wenn auch noch so armen Städte mehr waren, sondern schlicht und einfach Lagerraum», schreibt Roland Castro und bog sich ein linkes Schlagwort aus den siebziger Jahren 1986 zurecht: «Die Bourgeoisie gibt ihren Arbeitern keine Wohnungen, sie lagert sie. Die Bourgeoisie transportiert die Arbeiter nicht, sie (über)rollt sie.» Natürlich schreibt er heute auch: «Seit 1981 wurde auf gute Art und Weise versucht, dieser Situation Einhalt zu gebieten.»

*

Als François an dieser Stelle seines Reiseberichtes angekommen ist, findet er sich mit einer nie gekannten Situation bei der Niederschrift konfrontiert. Bisher konnte er sich auf seine Aufzeichnungen verlassen, weitschweifig oder knapp, genau oder in Andeutungen, halbwegs erfüllten sie immer ihren Zweck. Doch für La Courneuve lassen sie ihn plötzlich im Stich. Nicht, daß er nichts notiert hätte. Die Worte stehen da in seinem zerknitterten Heft (in Heft Nummer 3, dessen Einband hübsch farbig Winnie the Pooh darstellt, der zu Piglet sagt: «It's so much friendly with two»), die Worte, die er im Nachtquartier gewissenhaft aus einem Heftchen übertragen hat, das er ständig bei sich hat. Doch wenn er diese Worte heute wieder liest, werden sie gegenstandslos. Sie ziehen nur wirre Bilder nach sich, das Geräusch unzusammenhängender Gespräche. Er weiß, daß sie herumgelaufen sind, gesehen, zugehört und gesprochen haben. Er weiß auch, wo sie waren, was für Leute sie getroffen haben. Er erinnert sich, daß es ein schöner, klarer Nachmittag war, und trotzdem verschwimmt alles wie im Nebel. Ihr Weg durch La Courneuve ist wie ein Weg durch die Leere.

Vielleicht ist dies letzten Endes das Kennzeichen von Les 4000: der Eindruck von Leere dort, wo immerhin die Bevölkerung einer mittelgroßen Stadt lebt. Dieser Eindruck, daß es keine Worte gibt, um eine riesige Anlage zu beschreiben, die nichts vereint, in der nichts zusammenläuft, wo nichts einen Sinn zu haben scheint, nicht einmal den einer Wohnmaschine, wo nichts schön und nichts häßlich ist, wo alles *nicht* ist. Ein Nicht-Block hebt den folgenden Nicht-block auf und so weiter, von Parkplatz zu Park-

La Courneuve. Les 4000

platz, von Betonplatten zu welken Wiesen, und nichts, gar nichts bringt es je zustande, daß so viel aufgehäuftes Nichts etwas anderes schaffen könnte als ein völlig gleichwertiges Nichts. Das einzig Bemerkenswerte in Les 4000 ist letztlich die Stelle, wo der implodierte Block stand, der *rückgängig gemachte* Block. Die Jugendlichen aus Les 4000 haben recht, wenn sie sagen: «Das ist *unser Denkmal.*»

Es bleiben die Formen, die Linien, das Leben, die Anaïks Apparat festgehalten hat. Doch sind die Aufnahmen wirklich in La Courneuve gemacht? Nicht in Les Courtillières, Les Francs Moisins, in Massy Villaine oder in Les Ulis? Hast du nicht zufällig die Filme vertauscht? Nein, unmöglich: du erinnerst dich doch an diese Gesichter, an das alte Paar, das im Erdgeschoß im Fenster lag, in der Sonne. Ich habe sie gefragt, ob ich sie fotografieren dürfte, wir haben lange geplaudert, und die Frau fing noch an zu weinen?

Ja, es bleibt dieses Foto: «Die Frau sah aus», merkt Anaïk an, «als erwarte sie so etwas wie den Tod.» Als sie über das Häuschen sprach, in dem sie so gern gewohnt hätte, kamen ihr die Tränen. Sie reichte ihnen drei kleine Nougatstücke durchs Fenster. Weißer Nougat ist sehr hart für die Zähne.

In den Notizen steht, daß sie im Café Le Courneuvien Station gemacht haben; es ist nüchtern vermerkt: «Ambiente alkoholischen Niedergangs». In der Vergangenheit war Le Courneuvien nicht nur wegen seines Alkoholumsatzes berüchtigt, sondern auch als Drogenumschlagplatz. Aus den Aufzeichnungen geht ebenfalls hervor, daß sie das John-Lennon-Zentrum besichtigt haben und die «kulturelle Ausstattung großartig» sei. Ja, richtig, so etwas gab es nicht unter Giscard. In einem Jugendcafé werden alkoholfreie Getränke ausgeschenkt. Alles ist neu. Das Aufnahmestudio verfügt über ein tolles Steuerpult mit 24 Spuren. Das Material ist viel moderner und perfekter als das in den Studios von Radio-France, und der Techniker ist ein hochqualifizierter Crack. Die Bands können hier Aufnahmen machen zu äußerst niedrigen Preisen und erhalten natürlich städtische Subventionen. Der Leiter der Disco-Videothek ist sauer: In der ersten Woche nach der Eröffnung sind sechzig CDs gestohlen worden; ein paar Jugendliche lenkten die Animateure ab, während die anderen klauten und es so hinkriegten, daß sie dem Antidiebstahlssystem entgingen. Inzwischen wurde das Konzept verändert, wonach die Anlage allen ohne die geringste Kontrolle offenstehen sollte: Man muß sich jetzt einschreiben, um hineinzukommen, und die Hüllen für die CDs enthalten nur Fotokopien. Ein Pflasterstein flog dem Zentrum ins Fenster. Das sei verständlich, sagt der Animateur: Die Anlage ist so schön, so neu, sie wird halt als Luxusschaufenster empfunden, als eine Provokation. «Ich gebe ihr kein Jahr, bis alles kaputt ist», sagt Akim. Der Animateur sieht schwarz und ist besorgt? Schließlich hängt alles von ein paar Einzelnen wie ihm ab, ob sich an einem Ort wie Les 4000 etwas ändert.

Madame Merri, die Hausmeisterin, kommt vorbei und zieht eine riesige Korsika-Karte auf Preßspan hinter sich her: Heute abend wird ein Korse gefeiert – Hat er eine Medaille bekommen? Ist er in Rente gegangen? –, und da werden viele kommen. Seit dreizehn Jahren lebt sie in La Courneuve. Sie kennt sie alle, sie hat keine Angst vor ihnen: Sie weiß sie zu nehmen, mit ihnen zu reden und ihnen zu sagen, was sie denkt und ihnen, wenn nötig, auch mal eins drauf zu geben.

Draußen fotografiert Anaïk eine Afrikanerin, die in der Sonne stickt und Kinder hütet; sie plaudern. Dann kommt sie an ein paar jungen Maghrebinerinnen vorbei. Die wollen sich nicht fotografieren lassen. «Eure Fotos könnt Ihr bei den Mamadous machen. Wir haben Euch doch hier schon gesehen, ey! Arbeitet Ihr nicht für *93* oder das Gemeindeblatt? Warum interessieren sich eigentlich alle so für die Mamadous? Die haben alle vier Frauen und zwanzig Kinder, die Mamadous. Davon gibt's hier 'ne Menge, gleich da drüben, wenn Euch so viel dran liegt. Was, Ihr kennt Afrika? Aber bestimmt nicht Burkina? Doch? Was habt Ihr denn da gemacht? Das ist doch arm, da ist doch nichts los, was gibt's da schon zu sehen?»

Am Spätnachmittag beleben sich Les 4000. Vor dem Le Courneuvien sind schon Gerüste für ein Beur-Konzert aufgebaut. «Die Beurs?», sagt Akim. «Dagegen hab' ich ja nichts, daß man mich Araber nennt, das stört mich nicht. Aber Beur, das Wort war eines Tages einfach da, nicht ich, nicht wir haben es erfunden. Man kann es mir aufdrücken, aber für mich ist das ein Etikett, das nichts bedeutet.»

Sie sind im Guy Môquet verabredet, wo Akim und Catherine, die 1987 Aubervilliers Bande Comédie gegründet haben, für ihre nächste Aufführung proben – immer noch «Ein Herz für La Courneuve». Etwa fünfzehn Jugendliche sind da, die alle ihre ganze Energie aufbringen müssen, um sich aus ihrem Alltag zu reißen, aus Arbeit, Familie, Frust, um in die Welt eines Schauspiels einzutauchen, das nur von Solidarität und Konzentration, vom Wort und der richtigen Betonung lebt – und das im Mentor-Saal, der, wenn er leer ist, düster und trist wirkt und eine fürchterliche Akustik hat: Die Worte verlieren sich im Schnürboden.

Auf einem Fernsehschirm, immer noch im Guy Môquet, Vorführung des Films *Mischungen*, der vor einem halben Jahr von ABC gedreht worden ist. «*Story-Mischungen*: Sieben junge Leute aus La Courneuve und ein Autor kreuzen ihre Biographien, mischen die Berichte über ihre Herkunft und ihre Identität als Ausländer, die hier geboren sind. Fragmente einer komischen

Fiktion – wirklich unbeschreiblich komisch. Ein seltenes Experiment.» Der Autor ist Jean-Pierre Renault. Was der Film *mischt*, ist die Rückkehr eines Mannes über vierzig in die Vorstadt, wo er geboren ist. Er sucht nach seinen Wurzeln, deren Spuren bereits verwischt sind. Im Flur eines HLM-Hauses verweigern ihm die derzeitigen Mieter der Wohnung, in der er als Kind lebte, mißtrauisch und feindselig den Zutritt. Tür zu. Blende zu: so eine phantasielose Gesellschaft. Jugendliche, die hier geboren sind und hier leben, erzählen: «Wir sind da geboren, wo wir filmen; Antifernseh-Stil, um das Lebendige, das nicht Offizielle rüberzubringen; um jene mal ein bißchen zum Schweigen zu zwingen, die sonst dauernd reden. (...) Menschen, die normalerweise Zuschauer sind, ohne Eigenleben, nähern sich unverbildet der Kunst, der Sprache des Filmens und dem Schreiben. Voller Staunen bauen sie sich hier eine Identität auf. (...) Aus den Vorstädten, Zerrspiegel des Saustalls und der miesen Paradoxe ringsum, kommt die Zukunft.»

Die sich in diesem Film «mischen», den sie geschrieben haben und in dem sie spielen, heißen J.-P. Renault, Ryade Balaabi, Chérif Boudjeraba, Farid Hamza, Mahmoud Ibrahime, Daoud Krouri, Sayed Soliman, Akim Touchane, Richard Tumeau. Daoud etwa, ein großer Junge mit einem dreieckigen, fast zu glatten, fast engelhaftem Gesicht, stellt sich vor und gibt Bruchstücke seiner Geschichte preis:

> Nationalität: Liebe. Und so weiter, und so weiter, und so weiter... Ich werde immer für die ‹und so weiter, und so weiter, und so weiter› leben.

Ein «Saustall ringsum»? Sie sagen: «Man darf die Menschen, die da leben, nicht mit den abscheulichen Fassaden gleichsetzen. Debussy, Balzac, schöne Namen tragen die Kästen immer, doch diese Namen stinken irgendwie... Wenn ich denen, die sie gebaut haben, was zu sagen hätte, dann würde ich sagen: Beim nächsten Mal denkt doch mal vorher nach.»

Akim erzählt von den Dreharbeiten. «Mischen? Persönliche Geschichten aneinandergereiht ergeben noch keine Geschichte: Es reichte nicht, sie hintereinander zu setzen. Wir mußten etwas dazu erfinden. Aber was soll man in Les 4000 schon groß erfinden? Ist das die Lehre aus dem Film, daß man hier in Les 4000 dauernd gegen die Mauern der Hochhäuser rennt und doch immer wiederkommt?»

*

Es ist Nacht geworden. Gemeinsames Abendessen im «Orange bleu» im alten Aubervilliers, dem proletarischen Auber längs des Périphérique, ein paar hundert Meter von Paris entfernt. Ein algerisches Restaurant, lange Tische mit Papiertischdecken und einer Speisekarte, gedruckt in violetter Tinte. Menschliche Wärme. Die älteren Herren am Nebentisch, hier offenbar zu Hause, sprechen italienisch. Genauer gesagt, piemontesisch.
Der Wirt spendiert den Digestif.

*

Das Beste am Hotel des Unvorhersehbaren ist noch das offizielle Schild «Hôtel de Tourisme» mit einem Stern. «Ach so,» sagt die Wirtin, «ich wußte nicht, daß eine Dame dabeisein würde. Ganz ehrlich, da nehmen Sie besser Zimmer mit WC, zu 140 Francs, das sage ich nicht nur so, das ist einfach sauberer.» Das Hotel liegt an der Avenue Jean Jaurès in Aubervilliers, also an der unvermeidlichen Nationalstraße 2 mit ihren Autoschlangen, ganz nahe an der Kreuzung, wo sie zur Avenue Paul Vaillant Couturier von La Courneuve wird. Die Zimmer liegen im ersten Stock. Hinauf geht es über eine miefige Treppe, die in einen Flur mit unberechenbaren Unebenheiten mündet, und selbstverständlich wählt das Licht genau diesen Augenblick, um auszugehen. Tiefstes Dunkel. Endlich haben sie ihre Türen gefunden. Der Teppichboden bei François ist derartig versifft, daß man fürchtet, wie in einem Sumpf darin zu versinken. Flecken und Zigarettenlöcher; vor allem aber eine noch frische Spur, die vom Bett zum Waschbecken führt und den Blick auf sich zieht, weil sie so breit ist und an ihren Rändern so kräftige Spritzer hat. Sie sieht aus wie ein Kometenschweif oder wie die Ejakulation eines besonders geilen Mammuts. Das Waschbecken starrt vor Dreck, und man mag sich gar nicht vorstellen, die Hände oder sonst etwas darin zu waschen. Anaïks Zimmer war einmal blau. Es riecht – schlicht gesagt – nach Käsefüßen. Trostlos. Auf den Zehenspitzen geht François zu seinem Bett, rollt sich zusammen und bleibt reglos wie auf einer Insel liegen, die von Quallen und Ochsenfröschen, Ölpest und Beulenpest belagert ist, und wartet, daß ihn ein barmherziger Schlaf einlullt, bevölkert vom Trompeten brünstiger Lastwagen und von Riesenkraken.

*

Samstag, 27. Mai. Am frühen Morgen treffen sie sich in der schmalen Eingangshalle des Hotels wieder, wo an drei Resopal-Tischen zwischen Grünpflanzen (aus Plastik?) Kaffee ausgeschenkt wird. Eine hübsche junge Frau im Boubou sitzt allein an einem Tisch. An einem anderen Tisch unterhält sich ein Paar reiferen Alters mit gesenkten Stimmen. Es fahren immer noch Laster vorbei, und die Fenster wackeln; ansonsten ist es fast anheimelnd, wenn auch etwas stickig. Die hübsche Frau steht auf, grüßt die Anwesenden, die höflich antworten: «Einen schönen Tag, Madame.»

Kaum ist die Tür zu, wird plötzlich laut gesprochen und viel und überschwenglich: «Sehen Sie», vertraut ihnen der Herr reiferen Alters an, «das Problem dieses Hotels ist, daß seit einiger Zeit jeder x-beliebige angenommen wird. Früher war es ein gutes Hotel. Aber die machen alles kaputt. Schließlich kann man seine Zeit nicht damit zubringen, alles zu reparieren, damit die alles wieder verschlampen.» Die Dame von der Rezeption, die doch nicht die Wirtin ist, erzählt, daß sie aus dem zehnten Pariser Arrondissement stammt, daß sie es nicht mehr aushält und hier weg will, daß hier ganz entschieden zu viele Gäste sind, die sie ganz trübsinnig machen. «Sie sind ja wirklich nett zu uns», bemerkt Anaïk. «Oh, Sie waren nicht damit gemeint. Zum Glück gibt es auch noch angenehme Gäste. Zum Glück kommen nicht nur so welche.» Sie erzählt, daß sie kürzlich in einer Konditorei ein Eis kaufen wollte: Man bot ihr ein Kreolen-Eis an, nein, es war ein anderer Name, sie weiß nicht mehr, ach, Sie wissen schon, was ich meine, *so ein* Name, ein Name *von dort*. Da antwortete sie: Bloß nicht! Davon gibt's hier genug, jeden Tag. «Glauben Sie mir, der ganze Laden hat gelacht. Das tat gut, nun ja, alle außer einer Frau. Wahrscheinlich ist sie mit einem Schwarzen verheiratet, dann wird es ihr eine Lehre sein.» «Und wenn sie nicht zufrieden sind ... – Sollen sie doch die Metro nehmen», setzt der Herr reiferen Alters hinzu. Sie winden sich vor Lachen. Die Dame erzählt von Diebstählen. All diese Diebstähle. «Zu Hause würden sie das nicht tun. Zu Hause schneiden sie ihnen den Kopf ab.» – «Oder auch etwas anderes», fügt der Gast pedantisch hinzu. Hahaha!

Sie müssen noch bezahlen, danke sagen und finden sich im Freien wieder, auf der Avenue Jean Jaurès. «Also wirklich», bemerkt Anaïk, «sie beklagen sich über sie, doch ihre Kohle nehmen sie gern.»

Auf dem sonnigen Bürgersteig gehen sie zur Metrostation Fort d'Aubervilliers. Es ist Samstag, viele Leute sind unterwegs. Ein maghrebinischer Herr kommt mit einem Blumentopf vorbei: morgen ist Muttertag. Ein Foto vom Frisiersalon, wo auf der Schaufensterscheibe steht: «Bei François, dem Kopfabschneider». Der Kopfabschneider hält seine Schere in der Hand, schneidet Gesichter und kommt dann heraus, um sich zu erkundigen: «Was ist los?» Anaïk muß ihm erklären, daß ihr Freund auch François heißt, deshalb also. Sie scherzen. Sie biegen ab, der Sonne entgegen. Links liegen die Hochhäuser Les Courtillières, saniert, eingehüllt in einen karamellfarbenen Panzer aus Kacheln und Ziegeln. Ihnen gegenüber im Süden, hinter einem langen Zaun mit verriegelten Toren, an den Hängen der unsichtbaren Festung ins Grün verkrochene Schrebergärten.

François hilft einem Schnauzbärtigen beim Transport einer nagelneuen und sehr schweren Motorhacke. Der Schnauzbärtige trägt einen breitkrempigen Hut – weshalb ihn ein vorbeikommender Kollege auch «Mexikaner» nennt – über einem struppigen Gesicht und Augen, die von einer kleinen Nickelbrille umrahmt sind, halb Faun, halb bukolischer Intellektueller, groß, in grauen Shorts und Unterhemd. Er wohnt ein paar Schritte weiter, in Les Courtillières. Er ist in Rente: «Man muß doch was tun, man darf sich doch nicht hängenlassen.» Ja, wenn er nur ein Häuschen hätte. Den Garten hat er eben erst bekommen. Er hat versucht, den Boden mit dem Spaten zu lockern, unmöglich; dabei ist er Schmied bei der Stadt gewesen, und nun hat er zum ersten Mal im Leben Blasen. Da hat er die Motorhacke gemietet für 200 Francs am Tag, und die ist auch schon wieder kaputt, und was nun?

Sie finden ein offenes Tor; ein Schild darüber bietet Tomatenpflanzen zum Verkauf an. Hinter dem Tor beginnt ein Pfad, der zwischen den Zäunen um Gärten und Hüttchen geradewegs auf den Hang zuführt, wo er in einen anderen mündet, der im rechten Winkel dazu verläuft und die Festung längs eines tiefen, mit Bäumen bewachsenen Grabens zu umrunden scheint. Auf der anderen Seite sind durch die Einschnitte im Grün Festungsmauern zu sehen, auch die dicht bewachsen. Sie folgen dem äußeren, gleichfalls abgezäunten Rundweg. Sie kommen durch ein richtiges Wäldchen, Weiden, Eschen, Platanenschößlinge, spazieren zwischen Hecken aus Kletterrosen, überall Efeu, eben erst verblühter Flieder und wieder Rosen, Büschel von Rosenbällchen. «Genau wie in La Bagatelle», findet Anaïk. «Vielleicht ist der Schrebergarten eine bestimmte Idee vom Glück?», philosophiert François. Die hohen Türme von Les Courtillières hinter ihnen beherrschen alles. Es ist zehn Uhr, kein Mensch da.

Über dem Graben eine Terrasse mit verrostetem Spaliergitter und Wein, echtem Wein, wie er früher hier überall wuchs, dessen Trauben einen sauren Wein ergeben müssen, ähnlich dem von der Butte Montmartre. Alles hängt voller Trauben aus noch winzigen Beeren, denn die Blüte ist eben erst vorbei. Und vor der Hütte aus Teerpappe stehen ein Tisch und Stühle bereit für Sonntagsausflügler. In diesem Augenblick kräht in der Ferne ein Hahn: der erste auf ihrer Reise.

Der Weg führt nicht weiter. Als sie umkehren, sehen sie einen Mann, der in seinem Garten weiter unten in der Sonne arbeitet. Sie sprechen ihn über den Zaun an. Das ist die Trockenheit, erklärt er. Sie hält nun schon seit Herbst an, und der Boden ist sowieso nicht gut hier. Grau und steinig. Ganz umsonst holt er die Steine raus, jedes Jahr kommen neue hoch. Und das Wasser ist ein Problem. Früher hat es mal Pumpen gegeben, doch mit dem

Fort d'Aubervilliers

Bau von Les Courtillières haben sie Beton bis in fünfunddreißig Meter Tiefe gegossen und das Grundwasser ausgetrocknet. Zwar haben sie vor zwanzig Jahren einen Brunnenbauer kommen lassen, das hat zwei Millionen alte Francs gekostet, und gefunden hat er auch nichts. Dabei führte hier ein Fluß vorbei, seinerzeit war es sogar sumpfig. Also bleibt nur das Regenwasser. Das müssen sie in den blauen Tonnen sammeln, aus denen sich alle bedienen. Die stammen aus der Industriewäscherei in Pantin, man muß nur aufpassen, daß keine Waschmittelreste mehr drin sind, sonst verbrennt das ganze Gemüse.

«Die Ratten sind eine Plage. Vor rund zehn Jahren sind sie gekommen, als unter der Avenue Jean Jaurès die Tunnel für die Metro gegraben wurden. Die Ratten aus Paris. Riesig. Im Winter sind sie überall herumgesprungen. In der Abenddämmerung konnte ich sehen, wie sie mich anblickten von dort hinter dem Holunder, es waren zwanzig, dreißig, vierzig. Einmal bekam ich es wirklich mit der Angst und machte kehrt. Man hörte sie pfeifen. Denn diese Viecher pfeifen. Sie haben alle Tiere gefressen: die Hühner, Kaninchen und Tauben. Es gibt keine mehr. Als ich das sah, habe ich nicht gezögert: es tat mir so leid und ich habe all meine Tiere verschenkt. Später beruhigte es sich zum Glück. Vielleicht weil sie alles gefressen hatten. Es blieb nur noch das Gemüse, und Ratten sind keine Vegetarier.

Die Schrebergärten vergibt der Verein Ligue pour le Coin de Terre. Er wurde 1922 gegründet: damals für Proletarier, für Arbeiter. Doch das Land gehört immer noch der Armee. Staatseigentum. Ich habe meinen Garten seit siebzehn Jahren, und seit siebzehn Jahren höre ich, daß im nächsten Jahr alles zu Ende sein soll. Es ist von einer Kaserne für die Bereitschaftspolizei die Rede. Dann wieder von einem Krankenhaus. Aber noch sind wir da.»

Er ist sechzig Jahre alt, stammt aus der Gegend von Dünkirchen, sein Vater befehligte ein Schiff, einen sogenannten «Isländer» für die Hochseefischerei. Sein Vater war auch Hafenkapitän von Algier; früher, während des Ersten Weltkrieges, hat er einen U-Boot-Jäger kommandiert, und noch früher, viel früher, hat er seine ersten Erfahrungen bei der Segelschiffahrt gemacht... Als echter Sohn seines Vaters war er zehn Jahre Ingenieur-Offizier, dann, nach dem dritten Kind ist er nicht mehr zur See gefahren.

Auf einmal sind unsere Reisenden weit weg von den Schrebergärten, von Les Courtillières, von Auber und der RER: Sie segeln auf den Bänken von Island, fahren nach Süden, nach Gibraltar, nach Algier, der weißen Stadt, und warum nicht später in die Sargassosee ... Nein, bleiben wir ernst, wir wollen backkommen, hinterm Wind wenden. Luven wir, ein Reff ins Großsegel, straffen wir die Segel, die Genuafock an der Grenze zur Schlagseite, ohne Furcht vor dem Wasser, kurze Wellen, Kabbelwasser, in triefendem Ölzeug. Fahren wir weiter, noch weiter nach Norden, bis zur Festung von Aubervilliers, legen eine Taulänge vor Paris an am Samstag, dem 27. Mai, heiter, Windstärke zwei, Sichtweite zehn Meilen: ruhige See, ganz ruhige See.

*

Der Militärgürtel um Paris bestand aus etwa dreißig Festungen, Redouten, Lagerstätten und Feldlagern, von denen ein Großteil heute noch existiert. Manche Festungen wurden auch anders genutzt: Die von Châtillon etwa, wo 1947 der erste französische Kernreaktor gebaut wurde – damals sagte man noch Atombatterie: sie war winzig, niedlich und hieß Zoé. Andere werden immer noch von der Armee genutzt: Vincennes und der Mont Valérien. Wieder andere stehen leer.

Um 1830 begann man ernsthaft darüber nachzudenken, der Hauptstadt wieder einen befestigten Gürtel zu geben. Paris verteidigen, ja, doch mal ehrlich, gegen wen? Der Plan von Kriegsminister Marschall Soult sah die Errichtung von siebzehn Festungen vor. Die Abgeordneten der Opposition argumentierten schlüssig: «Wenn man den Abstand der Festungen zu den verschiedenen Vierteln, hinter denen sie errichtet werden sollen, in Beziehung setzt zur Reichweite ihrer Kanonen, könnte man auf den Gedanken kommen, daß sie zu ebenso vielen Bastillen werden – besser gegen das Volk gewappnet als gegen Fremde.» Von der Linken wurde den unpopulären Festungen das Projekt einer Wallbefestigung um Paris entgegengesetzt. Erst nach langen Debatten brachte Thiers, inzwischen Premierminister von Louis-Philippe, einen Plan durch, in dem vorgeschobene Festungen und eine Befestigungsmauer einander ergänzten. Das änderte aber nichts daran, daß die kleinen Leute von Paris die Festungen haßten und fürchteten. Sie wußten sehr wohl, daß so, wie Thiers die Kanonen plazierte, zuerst einmal sie selbst im Visier waren: der «innere Feind». Im Zweiten Kaiserreich wurde das Projekt vollendet: eine erste Linie mit Festungen, eine zweite Linie aus einem Ringwall, im Pariser Sprachgebrauch die «fortifs» genannt, und in Paris selbst eine dritte Linie aus «einer beträchtlichen Anzahl von Kasernen und strategischen Wegen, damit es unter keinen Umständen nötig werde – so meinte man – die Stadt zu bombardieren», wie es in einem Führer von 1867 heißt. Wenigstens wurden die Dinge beim Namen genannt. So war Paris denn innerhalb seiner Umfassung durch die «zweite» und «dritte» Linie gut und systematisch bewacht. Die Umgebung, die Vorstädte, wo sich der Großteil der neuen Arbeiterklasse niederließ, entwickelte sich unter Aufsicht der Kanonen in den Festungen – immer bereit, die Flächen zu beschießen, auf denen sich zu ihren Füßen allmählich Fabriken und Häuser ausbreiten.

Bei der Belagerung von 1870 bewährten sich die Festungen gegen die Preußen, blieben in einer ersten Phase gegen den Pariser Mob jedoch völlig unwirksam. Nicht nur, daß der sich unter Waffen und hinter seiner Umfassung unverwundbar fühlte, er wollte sich um jeden Preis mit den Preußen schlagen und nutzte die Niederlage der kaiserlichen Armee bei Sedan, um die Republik auszurufen. Nein, das hatte Thiers gewiß nicht gewollt. Doch war es natürlich unmöglich, das Volk von Paris vor den Augen der entzückten Feindesarmee unter Beschuß zu nehmen, um es zur Vernunft zu bringen. Die Belagerung mußte also unterstützt und, da es nicht anders ging, so arrangiert werden, daß die Pariser Armee – wie wir gesehen haben – vom Feind kanoniert wurde. Nachdem der Waffenstillstand schließlich unterzeichnet war, konnte Thiers seinen Plan beim ersten Anzeichen einer Empörung der Pariser endlich ausführen – es war am 18. März 1871, als die Nationalgarden *ihre* Kanonen auf der Butte Montmartre holen gingen, um eine Übergabe an die Preußen zu verhindern. Alle zivilen und militärischen Behörden, alle Legislativ- und Exekutivkräfte zogen von Paris nach Versailles, und daraufhin wurde Paris beschossen und zurückerobert. Deshalb waren die Festungen so wichtig. Die Festung auf dem Mont Valérien blieb die ganze Zeit in den Händen der Versailler. Im Süden hielten die Kommunarden die von Issy, Vanves und Montrouge. Im Osten und Norden war der Zugang versperrt durch die Festungen, die die Preußen hielten. Das Schicksal der Kommune war endgültig besiegelt an dem Tag, als die Kommunarden die Festung von Issy aufgaben, am 9. Mai 1871. In den folgenden Tagen nahmen die Versailler die Festung von Vanves, während Thiers seinen Friedensvertrag mit Bismarck unterzeichnete, und rückten in Paris ein über die Porte du Point du Jour. Das war die «blutige Woche». Zwanzigtausend Pariser wurden abgeschlachtet.

Die militärische Geschichte der Festungen endet da. Als die deutsche Armee Paris 1914 bedrohte, unternahm der damalige Oberbefehlshaber Gallieni einen Vorstoß, der den Kriegsverlauf änderte: Statt seine Garnison im Schutz der Befestigung zu lassen, schickte er sie geschlossen und ohne Deckung sechzig Kilometer weit, um den Feind an der Marne anzugreifen, wo sich die französische Armee auf ihrem Rückzug gesammelt hatte. An diesem Tag notierte General von Kluck, der den rechten Flügel der Deutschen befehligte: «Ich glaube nicht, daß der Befehlshaber einer belagerten Stellung die Kühnheit besitzt, seine Truppen aus dem Aktionsradius seiner Festung zu entlassen.» Gallieni tat es. Das war die große Stunde der legendären Marne-Taxis.

Als die «fortifs» in den zwanziger Jahren völlig nutzlos geworden waren, wurden sie abgerissen. Die Festungen wurden zum größten Teil aufgegeben. Doch achtzig Jahre lang wurden Paris und seine Vorstädte durch sie geprägt. Wer begreifen will, warum Aubervilliers ebenso wenig wie die anderen Städte in der näheren Umgebung nicht Paris ist, war oder bald sein wird, muß nur folgende Beschreibung des bereits zitierten Führers von 1867 zu den Befestigungen der Umfassungsmauer lesen: Dazu gehörte in ihrer unmittelbaren Umgebung ein 250 Meter breiter Wirtschaftsbereich, der nicht bebaut werden durfte; das eigentliche *Militärgelände* mit allen Verteidigungseinrichtungen (Glacis, Contrescarpe, Wallgraben, Escarpe, Außenböschung, Brustwehr, Innenböschung, Bankette und Erdwall) und dahinter schließlich die *Militärstraße*, ein Ring von Boulevards, nach den

Namen der napoleonischen Marschälle «les Maréchaux» genannt, die lange Zeit dem Militärverkehr vorbehalten waren. Die Befestigungsanlage von Paris war dreiunddreißig Kilometer lang, durchbrochen von rund sechzig Öffnungen, die durch Maut-Tore verschlossen waren. Sie erstreckte sich über achttausend Hektar. Der Maut bedeutete einen weiteren Schnitt. Es wurden nämlich auf alles, was in die Stadt gebracht wurde, Steuern erhoben, was zu unterschiedlichen Preisen innerhalb und außerhalb der Hauptstadt führte. Das war zwar nicht die Berliner Mauer, aber immerhin, so getrennt voneinander durch diese «Linie der Knechtschaft», hatten die Pariser und *die anderen* Grund genug, sich als Ungleiche zu fühlen.

*

Mittagessen bei Akims Vater. Unsere Reisenden sind froh, für einen Augenblick ein wohltuend entspanntes Familienleben zu genießen. Ehrlich gesagt, die Wohnung ist nicht groß: eine Zwei-Zimmerwohnung in einem Block von Les 800. Zwei Zimmer und eine Küche hintereinander, an denen in ganzer Länge ein schmaler Fensterstreifen entlangläuft. Akims Vater ist neunundfünfzig Jahre alt. Seit ein paar Jahren ist er geschieden, hat aus einer neuen Ehe drei Kinder und wurde nun, nach bald vierzig Jahren Fabrikarbeit, in Rente geschickt. Anfang der fünfziger Jahre ist er nach Frankreich gekommen. Er hat Aubervilliers noch mit Feldern und Gärten gekannt, durch die er immer mit dem Mofa zur Arbeit bei Motobécane fuhr. Schon lange fährt er nicht mehr nach Algerien: Das ist sowieso zu teuer. Sein Leben ist hier. Es ist leider nur ein bißchen eng, zu fünft in zwei Zimmern. Doch im Rathaus sagen sie, daß sie sich erst um die jungen Paare kümmern müßten. Les 800 ist eine Arme-Leute-Siedlung, sagt Akim. Wer kann, zieht weg in modernere Siedlungen.

Als wäre es das Selbstverständlichste auf der Welt, hat Akims Vater die unbekannten Freunde seines Sohnes eingeladen, als wären es Cousins, die nach langer Reise ankämen. Seine Frau hat ein fürstliches Couscous bereitet. Rund um den Tisch sitzen seine beiden großen Söhne – Akim und sein Bruder Sadi, Kameramann beim Fernsehen – und die drei Kleinen. Die beiden Älteren

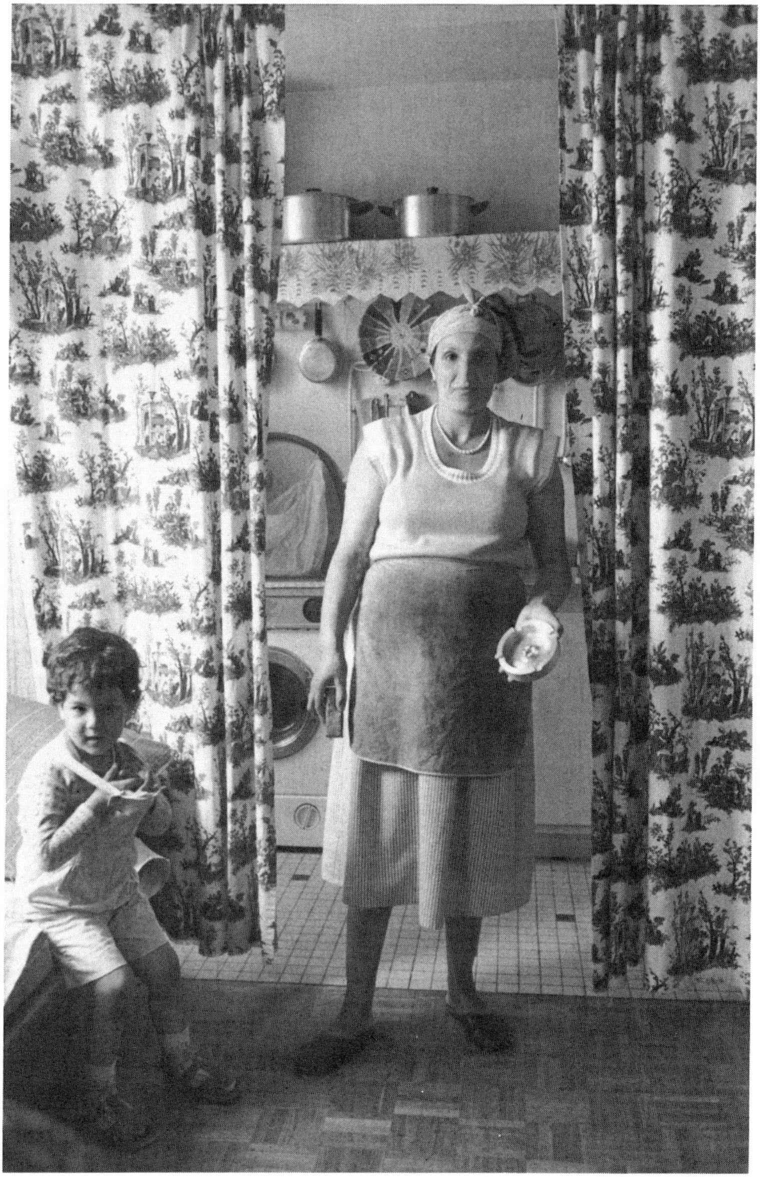

machen sich Sorgen um die Schulzeit der kleineren: Wenn sie ihnen doch ersparen könnten, was sie selbst mitgemacht haben. Akim erklärt, das Problem der Cités sei, daß man sie nicht so leicht loswerde. Sie sind in sich geschlossen, bieten eine Heimat, eine Form von Sicherheit. Es gibt Kinder, die in ihrer Cité in Auber aufwachsen, ohne je ernsthaft zu versuchen, etwas anderes kennenzulernen. Selbst Paris existiert nur für ein paar kurze Trips. Ihre Bande wird ihnen zur zweiten Familie, zur Gesellschaft, und Rolle, Status und Ansehen, die sie dort erreicht haben, sind wichtiger als alles andere. Das wichtigste ist, in den Augen der anderen zu bestehen. Es ist hart, in einer Cité zu leben, doch es ist auch hart, wegzugehen. Drinnen zu bleiben, dahin zurückzukommen, fällt dagegen nicht so schwer. Also hält man sich mit kleinen Jobs und Arbeitslosengeld über Wasser, immer abwechselnd, 4000 Francs im Monat. Akim glaubt auch, daß das Bandenwesen nicht nur mit der Wirtschaftskrise zusammenhängt, das gehe tiefer. Er denkt, das sei zyklisch: «Zu manchen Zeiten glaubt man, die Jugendbanden verschwinden, und die neue Generation macht das nicht durch, und dann tauchen sie wieder auf.» «Ich werde niemals nach Aubervilliers zurückkehren», sagt Sadi.

Ein entspannter Nachmittag rund um den Familientisch. Familienfotos. Es liegt Akims Vater viel daran, uns zu erklären, daß er nicht versteht, wie man in einem Land leben kann, ohne dessen Sitten anzunehmen, sofern es saubere und zivilisierte Sitten sind. Er kennt etwa Marokkaner und Tunesier, die hartnäckig weiter mit den Fingern essen. Das findet er dumm.

Das Feuerzeug von François geht nicht mehr. Der Hausherr schenkt ihm ein neues. «Kommen Sie wieder, wann immer Sie wollen», sagt er beim Abschied unten vor dem Hochhaus.

*

Anaïk fährt noch einmal nach La Courneuve, um Daoud wiederzutreffen, den Engel mit den dunklen Augenringen aus dem Film des ABC, den mit der «Nationalität: Liebe» und den «und so weiter». Ein Bild von Daoud in Batikbermudas. Daoud erzählt seine Geschichte, für die im Film so kein Platz war.

Daoud ist fünfundzwanzig Jahre alt. Er ist ein Kind aus dem abgerissenen Wohnblock, dem Debussy. Mit sechs Jahren kam er hierher. Vorher lebte seine Familie in einer Absteige. Er hat sechs Geschwister. Nachdem seine Eltern ein Jahr im Debussy gelebt hatten, sind sie in den Braque gezogen; er wurde vier Jahre zu den Großeltern nach Algerien geschickt. Mit vierzehn Jahren fand er sich in einem Erziehungsheim in Grenoble wieder. Beim Jugendrichter stellte er einen Antrag, um Elektriker zu werden: Da bekam er einen Platz im Konditorei-Bereich. Immer wieder ist er abgehauen, immer nach Süden. Wenn die Bullen ihn aufgriffen, hat er den Namen seines Bruders angegeben, der bereits seinen Militärdienst gemacht hatte, um vorzugeben, daß er volljährig sei. Bis er achtzehn war, verbrachte er sein Leben damit, mit den Suchmeldungen Versteck zu spielen, immer auf der Flucht, immer wieder aufgegriffen. Er lebte von der Hand in den Mund, war gezwungen zu stehlen und im Freien zu schlafen. Nach einer letzten Verwarnung der Direktorin haute er nach Paris ab. In Auber fand er eine Ecke, wo er unterkroch, in einer Werkstatt, unten in einem Haus in der Nähe vom Städtischen

Konservatorium. Er schlug sich mit Diebstählen durch. «Ich hab geklaut, hab um fünf Uhr morgens Leute wegen Geld angemacht.» In Paris traf er Jugendliche, die, wie er, abgehauen waren. Sie halfen sich gegenseitig. «Weißt du, mit Klauen fängst du mit zehn an, wenn du nichts zu tun hast und gern einen Ball zum Kicken hättest, oder wenn Du vor so 'nem blöden Drehkreuz stehst. Anfangs wollte ich einfach erwachsener wirken: 'ne Form der Selbstbestätigung. Später aber, wenn ich da jemanden überfallen habe, dann nicht, um in die Disco zu gehen, sondern um was zu Essen zu besorgen; es war zu blöd, anfangs hab ich's auf die freundliche Tour versucht. Ich habe gesagt: Komm, sei nett, und gib mir was, es ist für jemanden, der was zu Essen braucht. Zwischen sechzehn und zwanzig habe ich nur Sandwiches in den Bauch bekommen, warmes Essen war echt selten.» Er versuchte zu arbeiten. «Ich hatte die Schnauze voll von diesem Hundeleben. Vierzehn Tage war ich im Kaufhaus Tati als Aufseher. Das hab ich nicht ausgehalten. Es brachte auch nicht mehr Geld und war genauso sinnlos. Da kamen Kumpel, um mich nach Süden mitzunehmen.» Er begann Schlafmittel mit Alkohol zu nehmen; fünf Tabletten täglich, sogar ein Päckchen. «Verstehst du, wenn du gerade achtzehn bist, glaubst du, das Leben gehört Dir. Die Leute finden Entschuldigungen, sagen: Er ist ja noch minderjährig.»

1984 war Daoud einen Monat in Untersuchungshaft. Als er rauskam, traf er einen Kokain-Dealer. «Das macht die Nase schön frei. Er sagte: ‹Paß trotzdem auf.› Vierzehn Tage mit ihm, und ich war total abhängig. Ich brauchte das Zeug, um mich gut zu fühlen. Ich fing an zu klauen für Stoff. Ich habe mich total steuern lassen.»

Er lebte mit einer Frau zusammen, die älter war als er. Sie verkaufte als fliegende Händlerin auf Märkten. Sie arbeiteten zusammen. «Wir kauften für 1000 Mäuse und verkauften für 3000. Ich mochte die Araber und ihre Regel: Ich kaufe alles, ich verkaufe alles.» Dann kam der Wehrdienst bei den Pionieren: Er hatte einen Führerschein beantragt, da wurde er zu den Einzelkämpfern gesteckt. Kein Führerschein. «Nach dem, was ich alles erlebt hatte, konnte mir die Armee nichts beibringen, um da rauszukommen.» Er desertierte. Er träumte vom großen Coup:

Nach Amsterdam fahren, Stoff kaufen, und von dem Gewinn hätten er und seine Freundin eine Ewigkeit lang leben können. Schließlich kehrte er wieder zur Armee zurück. Dort wollten sie ihn auch nicht, stattdessen entließen sie ihn lieber sang- und klanglos nach elf Tagen im Bau und vierzehn im Sani.

Sie haben im Norden von Paris gelebt, Clichy, Pigalle, Gare du Nord, mal beim einen, mal beim anderen, dann in Bondy. «Ich bin aber immer wieder nach La Courneuve zurückgekehrt.» Schließlich fanden sie eine Dreizimmerwohnung in Les 4000, im Renoir. «Man schlug sich so durch.» Er bekam sechs Monate Gefängnis, weil er ein Autoradio geklaut hatte. «Wenn man erst mal über zwanzig ist, ist das nicht mehr dasselbe. Es kommt Dich härter an. Ich bereu' die Erfahrung nicht. Wenn ich's noch mal tun müßte, würde ich es wieder tun. Aber da gibt's Grenzen. Manchmal habe ich mir gesagt: Du dealst, doch da kommst du wieder raus, du willst noch was anderes machen. Für ein paar Centimes zuzuschlagen, das fand ich beschissen und wollte es einfach nicht wieder. Das ist mir nämlich passiert. Nein, das wollte ich nicht wieder. Doch gleichzeitig, was bringt es schon, ehrlich zu sein. Nicht die Diebe sind die schlimmsten Räuber.»

Daoud gefielen die Sachen von Aubervilliers Bande Comédie. So ist er bei der Theatertruppe gelandet. Er erwies sich als sehr gut. Dann machte er bei dem Film mit, er spielte seine Rolle natürlich und engagiert. Es fiel auf, wie sorgfältig er mit der Ausrüstung umging. Und mit der Ausrüstung gab es Probleme genug: Wie das eine Mal, als der allzu vertrauensselige Kameramann einen Jugendlichen den Camcorder begucken ließ; der machte sich damit auf und davon, und es kostete Akim eine halbe Stunde intensiver Diskussion und Verhandlung, ihn ohne Schlägerei wiederzubekommen.

Die Gruppe empfahl Daoud dem Chef vom Jugendamt. Daoud wurde eingestellt; im Augenblick ist er Aushilfsanimateur. Das ist nicht selbstverständlich: Vergleichbare Versuche gingen nicht immer gut aus. Die Neuen gaben bald auf, nachdem sie arrogant geworden waren und alle anschnauzten. Aber Daoud hält durch. «Animateur steht auf dem Gehaltsstreifen, ich würde es eher Wachhund nennen.» Doch Daoud, der in La Courneuve jeden kennt, steckt voller Pläne. «Eine richtige Arbeit heißt, sich im Leben nützlich zu machen.» Er möchte, daß die Leute begreifen, daß sie wieder Vertrauen fassen müssen. Daß sie weniger rumbrüllen und vorher nachdenken. Daß die Bewohner von Les 4000 aufhören, ihre Cité schlecht zu machen und nichts zu tun, so als ob alles Schicksal wäre. Erst einmal wird er die Eingangshallen bemalen lassen – sechzehn Mieter pro Halle. Das Einverständnis der Hausverwaltung hat er schon. Er wird die Malerarbeiten übernehmen, doch nach dem Geschmack der Mieter: Palmen, Blumen, Landschaften ... Der ganze Lärm, der um die Zweihundertjahrfeier der Revolution gemacht wird, all diese Aufführungen, dieses ganze Theater, das sollten sie lieber um die heutige Revolution machen. Er möchte La Courneuve revolutionieren.

Wenn er erst fest angestellt ist, möchte er, daß seine Arbeit nicht Überwachung, sondern Information über die angebotenen Arbeitskreise ist: «Die Leute wissen überhaupt nicht, was nebenan läuft. Sie müssen aus ihren Cités herauskommen. In Saint Denis etwa gibt es Konzerte, und die Jugendlichen hier wissen das nicht ...»

«Ich möchte La Courneuve verändern», wiederholt Daoud. Eine Bewegung schaffen, Leben, eine Öffnung. Damit niemand mehr eingeschlossen bleibt.

«Er wirkt sanft wie ein Lamm», sagt Anaïk.

(*Februar 1990*. Daoud ist fest angestellt. Er lebt mit seiner Freundin in Les 4000. Sie ist zwanzig, und sie haben eben ein Kind bekommen.)

*

Ein Wunder: Das Rathauscafé im Herzen von Aubervilliers, gleich neben Stadtverwaltung und Kirche, vermietet auch Zimmer. Es sind zwei frei, im ersten Stock zum Hof hin, klein, frisch weiß gestrichen und mit nagelneuen blauen Bettüberdecken, einem Tisch aus hellem Holz, alles strahlend sauber. Ideal zur Erholung der Reisenden: ländliche Stille mitten in der düsteren, grauen Stadt. Dusche, Wäschewaschen, der Versuch, François' Notizen auf den neuesten Stand zu bringen (dem Heft nach ist er immer noch in Aulnay).

In Aubervilliers gibt noch viel zu sehen und zu tun. Sie haben eine Liste mit Namen, Orten und Ideen. Ohne die Kultur zu vergessen, die sie bisher eher vernachlässigt haben. Es ist undenkbar, hier Station zu machen, ohne eine Veranstaltung im Théâtre de la Commune zu besuchen. Außerdem hat Aubervilliers ein Museum, das erste, das in dem knappen Verzeichnis der Sehenswürdigkeiten auf der Rückseite eines RER-Planes auftaucht: das «Gemüseanbau-Museum». Das müssen sie natürlich besichtigen. Doch wo liegt es? Sie fragen Akim, der ist skeptisch. Außerdem sollten sie nicht vergessen, daß Yves Lacoste François ausdrücklich geraten hat, einen Geographen-Kollegen anzurufen, der ihnen ein anscheinend völlig einzigartiges, wildes Röhricht zeigen soll, das mit dazugehöriger Flora und Fauna da wächst, wo einst Gasometer standen.

*

Sonntag, 28. Mai. Um acht Uhr morgens liegt Auber ziemlich verlassen da. Doch in den Cafés grassiert das Pferdewettfieber. Vor Notre-Dame des Vertus, einer behäbigen, im XIX. Jahrhundert renovierten Dorfkirche, geht lebhaft und geräuschvoll die portugiesische Messe zu Ende: Kinderreiche Familien, schwarze Sonntagsanzüge mit weißen Hemden.

Mit dem Bus geht es zum Carrefour des Quatre Routes, der Kreuzung der Vier Straßen von La Courneuve, die auch Platz des 8. Mai genannt wird. Es ist Markttag, und man kommt von weither, denn es gibt *alles* und das billiger. Tropenfrüchte, unbestimmbare Wurzeln, jede Menge Klamotten, die von alten Mozabiten verkauft werden, und Wunderheilmittel, wie jenes magnetisierte Kupfer «gegen Rheuma, Arthrose, Übergewicht, Stress, Nervosität, schwere Beine, Krampfadern, Schlaflosgkeit, Verstopfung *usw.*» (unterstrichen). Doch damit ist die Aufzählung nicht zu Ende: Da steht auch noch *Probleme des modernen Lebens.* An einem anderen Stand gibt es eine Flut von Tropenblumen aus Gips, Blumenbarometer: Wird François Julia diesmal eins kaufen? Nein, dieser Sykophant behauptet nämlich, daß manche eindeutig rosa seien und andere eindeutig violett, daß sie also *kaputt* seien. Als ob man beim Uhrmacher eine Uhr nur deshalb nicht kauft, weil alle Uhren in seinem Schaufenster unterschiedliche Zeiten anzeigen.

An der Kreuzung, unweit vom Eingang der Endstation der Pariser Metro, steht auf einem Platz über der Nationalstraße 2, die unter der Kreuzung durch einen Tunnel läuft, ein rosafarbenes Denkmal für die Toten der Résistance. Menschenähnliche Urtiere mit dicken Köpfen sind mit ihren Auswüchsen und Geißeln eng ineinander verschlungen. Derselbe Bildhauer wie beim Denkmal in Drancy. Genauso scheußlich. Dieses unbeschreibliche Ding vervollständigen auch noch üble Verse:

Schon denkt der Stein, wo dein Name steht
Schon bist du nur mehr ein goldenes Wort auf unseren Plätzen
Schon verblaßt die Erinnerung an deinen Namen:
Du lebst nur noch, weil du gestorben bist.

Aubervilliers. Le Landy

Gezeichnet Louis Aragon, natürlich. Seltsame Art hervorzuheben, daß die Lebenden es dem Stein überlassen, an ihrer Stelle an die zu denken, die ihr Leben für sie gelassen haben.

Sonntagnachmittag: Ein gemächlicher Spaziergang zum Kanal Saint Denis. Hinter dem Rathausplatz beginnt das alte Viertel Le Landy, das sich auf der anderen Kanalseite in der Ebene gen Norden erstreckt und im Westen bis zur Autobahn A 1 und der Eisenbahnstrecke reicht, die die Grenze zu Saint Denis bilden. Bis 1552 fand dort angeblich die große mittelalterliche Messe Le Lendit statt, die von König Dagobert eingeführt worden ist. Ein Gewirr lepröser Häuser, aus Backstein und Zement, mit halb handwerklichen, halb bäuerlichen Höfen. Hier ließen sich die ersten Proletarier nieder, als Aubervilliers aufhörte, ein Dorf nur mit Gemüsebauern zu sein. Sie hatten Paris verlassen müssen oder kamen aus der Provinz, später dann auch aus anderen Ländern und arbeiteten in den nahen Schlachthöfen von La Villette oder den weiterverarbeitenden Betrieben, den Fettraffinerien, Gerbereien, Darm- und Farbstoffabriken; sie arbeiteten in den

Werkstätten und im Gasdepot von La Plaine, in den großen Chemiefabriken Ugine, Saint-Gobain, Kuhlman und Hunderten von Unternehmen für mehr oder weniger giftige Stoffe, für Kartonagen, Teerpappe, Farben und sogar Nitroglyzerin. Kein Wunder, daß Journalisten Aubervilliers 1935 eine «Chemiestadt» genannt haben, eine «Todesgegend». Auch Lumpensammler, Schrotthändler und Trödler brachten ihre Funde her, um sie in dem Gebiet bei den «fortifs» zu lagern. Kurz gesagt, eine Ansammlung «schmutziger Industrien», die im Stadtgebiet von Paris unerwünscht waren. Die Bevölkerung arbeitete hart, weshalb noch heute gesagt wird, *es gibt da Unterschiede* in Auber, und *da weht ein anderer Wind*; es heißt, die Leute aus Auber hängen an ihrer Arbeit, boxen sich durch und halten zusammen.

Die Bewohner von Aubervilliers kamen in Schüben an. Jede neue Kolonie wollte ihren Zusammenhalt, ihre Traditionen und sogar ihre Sprache bewahren. Von den Erstankömmlingen, den Leuten aus der Auvergne, bis zu den zuletzt Angekommenen, den Maliern, alle sind gleichermaßen eingewanderte und umgepflanzte Arbeiter, die ihre doppelten Wurzeln retten wollten, ihre doppelte Kultur und ihre doppelte Zugehörigkeit. Jede neue Welle schuf sich ihren eigenen Bereich und machte den nachfolgenden nur widerwillig Platz. Außer den Auvergnaten, verjagt vom Elend auf dem Land, die Aubervilliers im 19. Jahrhundert zur echten wirtschaftlichen Hauptstadt ihrer Provinz machten, kamen nach der Annexion Elsaß-Lothringens 1871 die Elsässer, dann die Italiener – die da gestern abend im «Orange bleu» piemontesisch sprachen, waren alteingesessene Aubervillianer – , die Polen, dann die Spanier, die Algerier und die Portugiesen. Jede Generation brachte ihre neuen Bourgeois hervor. Als die Auvergnaten etwa in Le Landy Besitz erworben hatten, vermieteten sie Häuser und Hotels an Maghrebiner weiter, die ihrerseits an Afrikaner untervermieteten und den Auvergnaten also als Strohmänner dienten, so wird zumindest behauptet.

Die ersten Honoratioren waren die Gemüsebauern. Die Auvergnaten spielten eine wichtige Rolle. Als sich 1914 ein junger sozialistischer Rechtsanwalt, der Sohn eines Gastwirts aus Châteldon, zum ersten Mal zur Parlamentswahl stellte und die Wähler von Aubervilliers ihn ausbuhten wegen seiner dunklen Haut und ihn «Sidi» und «algerischen Juden» schimpften, hielt er ihnen entgegen: «Ich bin weder Sidi, noch Jude oder Freimaurer. Wäre ich all das oder auch nur ein Teil davon, dann hielte ich das für sehr ehrenwert. Doch ich muß Ihnen ein Geständnis machen. Ich habe einen Fehler. Ich bin Auvergnate.» Sofort wurde er mit großer Mehrheit zum Abgeordneten gewählt. 1921 wurde er Bürgermeister von Aubervilliers und blieb es bis 1944. Er hieß Pierre Laval.

Laval war also dreiundzwanzig Jahre lang Bürgermeister von Aubervilliers. Als die Stadt nach der Befreiung kommunistisch wurde mit Charles Tillon an der Spitze – der Führer der kommunistischen Résistance trat an die Stelle des Führers der Kollaboration –, wollten die neuen Stadtväter den Zustand der Stadt in Form einer Anklageschrift beschreiben. In seinen Memoiren erzählt Tillon, die Stadt sei «geschlagen mit leprösen Vierteln, heruntergekommenen Häusern, in denen die Armen hausten. Einem Fotografen des Ministeriums verdanken wir traurige Bilder, ein Zeugnis des Lavalschen Erbes. Als Jacques Prévert sie sah, kam ihm der Gedanke, einen Film zu drehen, und Joseph Kosma sollte die Musik schreiben. So kam gleichzeitig mit *Die Schienenschlacht* ein weiterer bewegender Film auf die Leinwand, *Aubervilliers*, in dem die schöne Stimme Germaine Monteros das berühmte Chanson erklingen ließ, in dem die Gemeindearbeit jenes Mannes angeprangert wurde, der den Sieg der Nazis herbeigewünscht hatte.» Dieser Dokumentarfilm von Eli Lotar wurde in den Straßen von Le Landy gedreht; er wurde zum Symbol einer Welt in Ruinen, «nicht die Ruinen des Krieges, sondern schlicht die Ruinen des Arbeiterelends ... wo der Abfall und die toten Pferde von Paris verbrannt werden», dort, wo sich in den Fabriken von Saint Gobain «der Geruch von Ätznatron und von Schweiß mischen».

Tillon, der einst zu den Schwarzmeer-Meuterern gehört hatte, ehe er in Aubervilliers unter der Volksfront die Trommel für die kommunistische Partei rührte und Abgeordneter wurde, hatte Laval gut gekannt. In seinen Memoiren zeichnet er die Anfänge von «Krawatten-Pit» nach, so genannt wegen seiner weißen Krawatten, denen er treu blieb bis zum Erschießungskommando:

> Vor dem Krieg hatte man ihn aus seiner Heimat, der Auvergne, ankommen sehen ohne einen roten Heller... Der ausgehungerte Anwalt naschte am Tisch der Ladenbesitzer der Quatre Chemins, die ihres royalistischen Abgeordneten müde waren... Anwalt Laval machte sich bei den kleinen Leuten bekannt, indem er in einem Bistro der Quatre Chemins Sprechstunden abhielt, wo ihm ein Raum neben dem Schankraum zur Verfügung gestellt wurde. Er setzte sich an einen Tisch und ließ seinen Hut in der Nähe offen herumliegen. Dann hörte er seine Kunden an, kaute dabei auf einem Zigarettenstummel herum. Im Gehen fragte der Klient schüchtern nach dem Preis für die Beratung. Dann antwortete der dicklippige «Anwalt der Armen» und zeigte dabei seine schwarzen Zähne: «Oh, wenn es Ihnen Freude macht, legen Sie etwas in den Hut.» Ein paar Silbermünzen halfen ihm so, zurechtzukommen. (...) Später, als Abgeordneter und dann als Minister, behielt er sein gutes Herz. Was glauben Sie, wen er, den man mittlerweile den «Roßtäuscher von Aubervilliers» nannte, zum Vorsitzenden des Tierschutzvereins bestimmte? Ausgerechnet den Vorsitzenden der Gewerkschaft der Metzger der Schlachthöfe von La Villette.

Ein letztlich nicht sehr schmeichelhaftes Bild für die Wähler einer Stadt, die ihren Bürgermeister immer wieder wählten. Waren sie denn so abgestumpft, daß sie sich dreiundzwanzig Jahre lang von einem so widerwärtigen Menschen immer neue Streiche spielen ließen? Die Wirklichkeit, wie sie in der Pierre-Laval-Biographie von Fred Kupferman erscheint, der Aufstieg und Fall genau nachzeichnet, ist weniger pittoresk. Laval debütierte in der Politik durch kostenlose Ratschläge in einer wöchentlichen Rubrik von *La Bataille syndicaliste*, der Tageszeitung der kommunistischen Gewerkschaft CGT. Der unerwartete Freispruch eines Pariser Gewerkschaftlers 1910 machte ihn nicht nur berühmt sondern auch reich: Als Dank dafür, daß er kostenlos gearbeitet hatte, unternahm die CGT mit Unterstützung der kommunistischen Tageszeitung *L'Humanité* eine Spendenaktion, bei der 50.000 Francs zusammenkamen. Als Kandidat der sozialistischen Partei wurde er 1914 Abgeordneter. Während des Krieges war er Pazifist und setzte sich öffentlich für die von Lenin und Trotzki mitorganisierten Kongresse von Zimmerwald und Kienthal ein, bei denen sich die Internationalisten der verfeindeten Länder in der Schweiz versammelten. Im Frieden treffen wir ihn wieder als Verteidiger der vom Verbot bedrohten CGT. Er nahm am Kongreß von Tours teil, wo er, im Gegensatz zum Ortsverein von Aubervilliers, sich für die Minderheit entschied, die sich nicht den Bolschewiken anschloß, und sich zum unabhängigen Sozialisten erklärte. Als solcher eroberte er das Rathaus mit Unterstützung der örtlichen Bourgeoisie, der Gemüsebauern, Darmhersteller, aber auch der Handwerker, der Lumpensammler und natürlich der «Klein-Auvergne»: Alle hatten Vertrauen, daß er ihre Interessen vertrete, obwohl diese doch sicher widersprüchlich genug waren. In diesem Amt verstand er es virtuos, die Bauernfängerei als höhere Kunst einzusetzen. Emmanuel Berl (jener erstaunliche Mensch, der die ersten Reden Pétains schrieb: «Der Boden lügt nicht...» «Ich hasse die Lügen, die Euch so viel Böses angetan haben...», bevor man in Vichy feststellte, daß es nicht sehr koscher war, die Reden des Marschalls von einem Juden schreiben zu lassen), Lavals Freund in den dreißiger Jahren also, sagte, daß sich «das Volk von Aubervilliers in ihm selbst bewunderte»:

> Heiter trug er seine weiße Krawatte spazieren, seinen Zigeunerkopf, seinen Anzug eines Provinznotars auf den Märkten, in den Waschhäusern, Cafés und Fabriken dieses großen, düsteren Dorfes voller Baracken, wo der ekelerregende Geruch der Abdeckereien über den Kanalufern lag. Er bewahrte sich viele Freunde dort; sie nahmen ihm seine Veränderungen übel, erkannten sich jedoch immer in ihm wieder, weil er war wie sie, arbeitsam und fröhlich, streng und gefräßig. Er hing leidenschaftlich an den Seinen und blieb unfähig, wie er es auch anstellte, einer dieser Männer des Geistes oder der großen Welt zu werden, von denen sie sich abgeschnitten fühlten.

Mittlerweile gehörte er zu den Baronen des Pariser Gürtels, bis er dann an ihre Spitze trat. Zu seinen Kollegen und Komplizen wurden anfangs natürlich seine politischen Freunde, Sozialisten und Parteigänger der Parti radikal, wie etwa die Bürgermeister Fischer von Pavillons sous Bois oder Duchanel von Drancy, Poncet von Montreuil, Kerautret von Vanves usw.. Und vor allem ein noch engerer Freund, der lange unerschütterlich zu ihm hielt: Henri Sellier, der Bürgermeister von Suresnes, der Apostel des sozialen Wohnungsbaus, Erfinder der HLM. Von hier aus erweiterte er den Kreis, gewann die Freundschaft der Bürgermeister der Rechten, knüpfte ein Netz feudaler Abhängigkeiten, so groß und so weit wie die Dritte Republik. Wäre die Karriere Pierre Lavals Anfang der dreißiger Jahre zu Ende gegangen, als er als Arbeitsminister das Gesetz zur Einführung der Sozialversicherungen durchbrachte oder als ihm der sozialistische Bürgermeister von Lille, Roger Salengro, mit einem Rosenstrauß dafür dankte, wie er die Streiks in der Textilindustrie beendet hatte; zweifellos würde Laval, wie Henri Sellier, bis heute als ein Freund des Volkes verehrt, «der sein Leben dem sozialen Fortschritt, dem Ruhm der Republik und dem Glück der Menschen widmete». Bestimmt hätte er auf dem Platz gegenüber vom Théâtre de la Commune sein Denkmal bekommen, war er doch einer der ersten, die Kinderkrippen einrichteten und die Milchspeisung einführten. Wann eigentlich zeichnete sich unter der gönnerhaften Gestalt von «Krawatten-Pit» die Figur «Bougnaparte» ab? Wann begann er in die Gosse abzurutschen, wann begann und woher kam das Schändliche, das sich unlösbar mit dem Namen Laval verbindet? Daß er im Völkerbund gegenüber den Gewaltstreichen Mussolinis und Hitlers der Mann der Unterwerfung war, mag noch angehen. Er war auch der des Paktes mit Stalin. Doch der Mann der aktiven Kollaboration mit den Nazis? Der Mann, der Frankreich drei Jahre lang regierte und wiederholt den Sieg der Deutschen wünschte, der die Juden den Gaskammern auslieferte und Sondergerichte der Miliz einrichtete?

François war ein Freund des Laval-Biographen Fred Kupferman. Fred war ein Kind aus dem *Renouveau*, jenem Heim für jüdische Waisen in Montmorency, das seine Mutter, eine Widerstandskämpferin, gegründet hatte; sein Vater wurde deportiert und starb. Fred war ein besessener Forscher, ließ sich von keiner Legende einwickeln, keinem Klischee, so glaubhaft es auch wirkte. Er war sanft, hellsichtig und häufig ätzend ironisch. Er mochte Alphonse Allais, Queneau und Salinger und war von einer Leidenschaft, die er mit François zu teilen verstand, als er als Student etwa in Archiven die pikante Sammlung der heimlich erschienenen *L'Humanité* vom Juli 1940 fand, als die Redakteure versuchten, sich bei den Nazis in ein gutes Licht zu setzen, um eine Legalisierung der Partei zu erreichen: Er begeisterte sich für die Ironie der Geschichte. Er fand diese Ironie faszinierend und grausam, vor allem jedoch unübertrefflich. Er lachte so leise darüber, daß es noch viel böser klang. Die Biographie, in die er sich so verbiß und die er kurz vor seinem Tod veröffentlichte, diese Arbeit könnte fast wie eine Rehabilitierung Pierre Lavals wirken, weil er alle sich überlagernden Bilder unerbittlich bloßlegte. Doch beunruhigend ist (und welches Gefühl ist wirksamer als das der Beunruhigung?), daß er letztlich einen gewöhnlichen Politiker, *un uomo qualunque*, zeigt. Nein, dies ist keine Rehabilitierung Lavals, es ist vielmehr die implizite Anklage einer ganzen politischen Klasse Frankreichs und ihrer riesigen Anhängerschaft dahinter, ob Bourgeois oder Proletarier, die sich lange Zeit darin gefiel, sich in Laval wiederzuerkennen.

Laval war kein Faschist. Er war zutiefst republikanisch, gewiß viel mehr als Pétain, der gute Geist Francos. Als Laval im Juli 1940 an die Macht kam, von den Parlamentskammern vor ihrer Selbstauflösung ordnungsgemäß eingesetzt, glaubte er, daß er das Problem eines Friedens mit Deutschland lösen würde, wie er immer alle Probleme gelöst hatte, ob es um die Lumpensammler an den «fortifs» ging oder den Pakt mit Stalin 1935: durch Verhandeln, durch Spitzfindigkeit, und indem er die Moral Moral sein ließ. Er war von einer Niederlage Englands überzeugt. Also galt es, noch vor den Engländern Frieden zu schließen, ihn schnell zu schließen und so vom Sieger bessere Konditionen als England zu bekommen. Er sah sich als Konkursverwalter: Man müßte da durch, schlucken und sich dabei die Nase zuhalten. Je schneller man nachgab, desto schneller hätte man es hinter sich. Danach würde man sehen. Er würde das schon regeln. Wie er im August 1944 seinem alten Kumpan, dem Bürgermeister von Lyon, Edouard Herriot, anvertraute, der gerissener war oder mehr Glück hatte und es rechtzeitig verstand, auf Abstand zum

Vichy-Regime zu gehen, das er vorher unterstützt hatte: «Würdest Du meinen Hintern sehen, er ist blau vor lauter Fußtritten von den dreckigen Deutschen.» Vielleicht verdrehte er sich abends den Hals, um mitleidig im Spiegel seinen Allerwertesten in den Farben des Fourme d'Ambert-Käse aus der heimatlichen Auvergne zu betrachten. Ein Verräter, er, dem 1938 keine Worte hart genug gewesen waren, um München zu brandmarken? «Oh, diese Dreckskerle», hatte er bei der Rückkehr Daladiers gesagt, «die haben wirklich keine Unze Nationalstolz.» Er liebte es, mit Aristide Briand verglichen zu werden. Und hatte der sein Leben nicht als Friedens-Nobelpreisträger beschlossen? Niemals vergaß er das Volk von Aubervilliers. Louis Pagès, sein Stellvertreter als Bürgermeister, wie er aus der Auvergne, der für die städtische Blaskapelle zuständig war, notierte gerührt: «Pierre Laval kümmerte sich weiterhin um die Schulkantinen, um Mahlzeiten für die Alten im Altersheim. Er hat auch gesagt: ‹Ich finde, es gibt zu viele Franzosen, die sich mit den Deutschen einlassen.› Er wollte wohl lieber der einzige sein.»

Laval war also kein Faschist und auch nicht *besonders* antisemitisch. Mit vielen anderen war er der Meinung, daß es zu viele Juden in Frankreich gäbe und überhaupt zu viele Ausländer, die nur gekommen seien, um das Brot der Franzosen zu essen, und daß es ein Segen wäre, sie loszuwerden. Wir wissen ja, daß er 1940 nicht der einzige Franzose war, der so dachte, und daran hat sich seither auch nicht viel geändert. Anscheinend rettete er persönlich Juden. Wovor rettete er sie? Vor seinen eigenen Gesetzen. Leichten Herzens erließ er 1940 die ersten antijüdischen Gesetze, die den Völkermord ermöglichten, dann ergriff er alle Maßnahmen, die es erlaubten, ihn abzuwickeln. Er lehnte es einfach ab, sich über das Schicksal der Juden Gedanken zu machen. SS-General Oberg hatte ihm sein Ehrenwort als Offizier gegeben, daß die Juden in Polen untergebracht würden; das genügte ihm. Unter diesen Umständen wäre es unmenschlich gewesen, die Kinder von ihren Eltern zu trennen. Niemals hatten die Nazis sich über seine mangelnde Gutgläubigkeit zu beklagen. Es war ihm einfach egal. «Ich sprach mit ihm über Massaker», erzählte Pastor Bögner, «er mit mir über Gärtnerei.»

Nein, Laval, Premierminister des französischen Staates und als solcher Hauptverantwortlicher für den Völkermord in Frankreich, war nicht *besonders* antisemitisch. Darin liegt eben das Schreckliche: Nazismus, Rassismus, Antisemitismus, all das war für ihn offensichtlich nur ein «Detail» im Spiel seiner Realpolitik. Und darin entsprach er dem mehr oder weniger diffusen Gefühl einer Menge guter Franzosen. Für sie war Laval nicht unredlicher als andere, er war kein größeres Schwein als andere; oder vielmehr er war genauso unredlich und genauso ein Schwein wie andere: Seine Unredlichkeit, seine Schweinereien wirkten auf eine Menge Leute sogar beruhigend, weil sie *menschlich* waren. Hinter sich wußte er die riesige Partei all derer, «die das alles nichts anging», die Partei der Großen Durchmogelei.

Der gutmütige Ton, damit die Leute die ganze alltägliche Niedertracht leichter schlucken, die jeder mehr oder weniger schamhaft in sich trägt, der Populismus, der naive Zynismus, ein noch so demagogisches Argument, das als größtmöglicher Realismus ausgegeben wird, ein geschickt angebrachter Appell ans Herz, Abteilung Eingeweide, auf all das hatte Laval nicht das Monopol. Es wird verständlich, daß die neuen Machthaber sich 1945 beeilten, dem ein Ende zu machen, ihn eilig zum Schweigen brachten nach einem zusammengepfuschten Prozeß und ihm zwölf Kugeln in den Leib jagten. Offensichtlich kam es vor allem darauf an, ihn zum Schweigen zu bringen und das schnell. Dieser Mann war gefährlich. Nicht nur seine ehemaligen Freunde, die Masse jener, die es mehr oder weniger gut, mehr oder weniger schlecht verstanden, wie Herriot im rechten Augenblick die Kurve zu kriegen, denen daran lag, jenen Angeklagten-Zeugen in der Versenkung verschwinden zu lassen, der ganz einfach forderte, daß man ihm die Sammelbände des Gesetzblattes *Journal officiel* zur Verfügung stelle, damit er seine Verteidigung vorbereiten könne. Es war jene breite Schicht der französischen Bevölkerung, die ihm selbstgefällig gefolgt war und ihm nicht verzeihen konnte, daß er ihr das eigene, plötzlich bloß gelegte Bild einer Komplizenschaft bei ganz gewöhnlichen Schweinereien entgegenhielt.

*

Nach der Befreiung wurde die Stadt Aubervilliers also kommunistisch. Sie blieb es bis zum derzeitigen Bürgermeister Jacques Ralite. Während der Besetzung waren Tausende von Oppositionellen aus den Arbeitervierteln hervorgegangen, die von der von Laval erfundenen «Ablösung» besonders hart betroffen wurden: von einem Kuhhandel, der erst darin bestand, daß für die Befreiung eines gefangenen Soldaten drei Franzosen als Arbeiter nach Deutschland geschickt wurden, und später dann, nachdem dieses Projekt gescheitert war, vom STO, vom Zwangsarbeitsdienst. Das Gewirr von Le Landy war ein Maquis für heimliche Widerstandskämpfer, darunter viele Ehemalige aus dem spanischen Bürgerkrieg, die dort zu Hause waren: Fabien, der das erste Attentat gegen die Besatzer unternahm, fand hier sicheren Unterschlupf, nachdem er aus der nahen Festung von Romainville entkommen war. Erster kommunistischer Bürgermeister war wie gesagt Charles Tillon. Er blieb es bis 1952, als die Partei dem allzu ehrlichen, alten Bolschewiken zusammen mit dem «flic» André Marty, einem anderen Schwarzmeer-Meuterer, einen «Moskauer Prozeß in Paris» machte. Vom Verräter Laval zum Renegaten Tillon, das machte eine Menge Leichen in den Kellern der Stadt, und man kann sich vorstellen, wie schwierig es für die Stadt Aubervilliers lange Zeit gewesen sein muß, guten Gewissens ihre Geschichte aufzuschreiben.

*

Das Gewirr von Le Landy: Straßen und Häuser sind immer noch dieselben wie damals in Eli Lotars Film; immer noch stürzen Häuser ein, doch die lange Reihe von Renovierungen hat zumindest Wasser gebracht, das einst, wie Jacques Prévert besingt, «über das Pflaster, das Pflaster von Aubervilliers rann, flüchtig wie eine kleine Ratte, eine kleine Ratte von Aubervilliers, flüchtig wie das Elend, das Elend von Aubervilliers». Rue Heurtault, Rue du Tournant, Passage de l'Avenir, was ist aus den Kindern von Aubervilliers geworden?

Nette Kinder von Aubervilliers
Ihr taucht den Kopf zuerst
Ins Dreckwasser des Elends
....
Nette Kinder von Aubervilliers
Nette Arbeiterkinder
Nette Elendskinder...

Was ist aus den zerlumpten Kindern geworden, die man im Film am Brunnen plantschen und im Bachwasser spielen sah? Zwei Jugendliche kamen im Film vor, die die künftige Generation verkörperten in der düsteren Wohnung einer Familie, deren Namen der Sprecher erwähnte: Izzi, ist das richtig geschrieben? Wenn ja, dann ist es ein italienischer Name. Sie waren damals fünfzehn und sechzehn, der eine war Druckerlehrling, der andere bei der Post. Heute müßten sie also sieben- und achtundfünfzig sein. Anaïk und François konnten sie nicht ausfindig machen. Doch sie fanden Leute in Auber, die sich an eine Familie Izzi in Le Landy erinnern. Madame Marie-Josée etwa, die Anaïk traf und fotografierte. Eine Cousine ihres Mannes war mit einem Izzi verheiratet. Er ist seit langem tot, bei einem Tanzabend umgekommen. War es der Drucker oder der Postler? Sie kam 1950 nach Aubervilliers und erinnert sich, daß damals von Journalisten die Rede war, die eine Reportage gemacht hatten und daß Pariser Zeitungen da Schlagzeilen wie «Aubervilliers, die Elendskinder» gebracht hatten: Die Leute in Auber hatten den herablassenden Ton widerlich gefunden.

Damals wohnte sie an der Grenze zu La Villette, Rue Solférino, bei ihrer Schwester, die sich um drei Uhr morgens auf den Weg machte, um in den Markthallen zu arbeiten. Marie-Josée verkaufte auf dem Markt der «Quatre Chemins». Auf dem Markt ging es immer hoch her: Die Obsthändlerinnen waren ja nicht auf den Mund gefallen, und es gab Gaukler und Straßenmaler. Heute sind die Märkte farblos, weil nur noch die Knete zählt. Die Kleinhändler machen dicht. Ihr Pferdemetzger etwa ist fünfzig; er weiß, daß er keinen Nachfolger haben wird; die Leute essen kein Pferdefleisch mehr, weil es keine kinderreichen Familien mehr gibt.

Ihren Mann hat sie beim Tanzen in der Nähe des Pariser Friedhofs kennengelernt, am Rand von Pantin, im «Petit Tourbillon». Damals gab es an jeder Straßenecke und am Kanal überall Tanzlokale. Es gab auch noch das Maison du peuple mit einem großen Orchester, da, wo heute das Theater steht: Das war teurer, doch phantastisch. Und da sie nie ins Theater geht, dabei putzt sie dort, hat sie bei dem Tausch nichts gewonnen. Im Maison du peuple fanden auch die Parteiversammlungen statt.

Als sie mit ihrem Mann in die Rue Jules Guesde zog, im Westen von Auber, nahe beim Friedhof, gab es dort ein Gelände, auf dem die Lumpensammler lebten und ihre Lumpen lagerten. Für manche lohnte sich das Geschäft damals, sogar so sehr, daß sie sich schöne Häuser bauen ließen. Sie hat die Zeit der Handwagen nicht erlebt, es wurde bereits mit Lastwagen gearbeitet. Als sie in ihre Schwiegerfamilie kam, hatte sie es nicht leicht. Sie war zweiundzwanzig, schwanger, und zur Begrüßung legte ihr die Schwiegermutter eine tote Ratte vor die Tür. Die ganze Familie hauste in einer Bruchbude mit drei Zimmern und einer kleinen Küche. Die Mauern waren aus Gipsplatten, und im Winter erfror man. Wenn es regnete, mußte man in allen Ecken Näpfe aufstellen; der Boden war aus Zement, man watete im Schlamm, und die Feuchtigkeit zog die Ratten an. Trinkwasser mußte man an der Pumpe auf der Straße holen. Dauernd hatte sie Halsschmerzen und Phlegmone. Sie hatte versucht, die Wohnung einzurichten mit einer Apfelsinenkiste als Kommode und niedlichen Vorhängen. Und wenn sie die Kinder in einem Zuber neben dem Herd badete, schimpfte die Schwiegermutter sie Angeberin. Schuften hat sie müssen: Vier Kinder, und mit ihrem Mann mußte sie jeden Morgen um drei Uhr zur Frühschicht aufstehen. Die Lumpensammler damals waren «kräftige Kerle», imstande, vierhundert Kilo zu ziehen. Doch im Sommer, wenn sie sonntags Freunde einluden, ging es ihnen gut. Sie deckten den Tisch im Hof mit einem weißen Tischtuch. Sie hatten Enten, Hühner und frische Eier. Sonntagnachmittags gingen sie zum Flohmarkt in La Villette, den es inzwischen auch nicht mehr gibt. Da, wo heute das Elektrokaufhaus Darty steht, war damals was los. Es gab alles, einen Gemüsemarkt, und Zigeuner mit schwarzen Hüten, die lebende Hühner kauften.

Dann fand ihr Mann Arbeit bei einem Papiergroßhändler und dank des kommunistischen Bürgermeisters Karman zogen sie in das HLM-Haus Danièle Casanova. Damals verstanden sich alle gut: «Diese Übereinstimmung zwischen uns, es war unglaublich. Wir stritten uns nie.» Karman war ein guter Bürgermeister, ein ehemaliger Dreher, einer aus der Fabrik, ein Deportierter. Er war in Auber zur Schule gegangen und hatte immer dort gelebt. Er war einer aus dem Volk. Ralite sei ganz anders: Ihn interessieren die Kunst, die Lehrer und die Schriftsteller. «Aber sagen Sie mal, wer in Aubervilliers kann eigentlich die Gemälde kaufen, die er ausstellt?»

Mit den Neubauten und den Neubürgern wurde alles anders. Aus der Rue Jules Guesde sind viele nach Norden gezogen, ins Departement Oise. Die neue Cité in der Maladrerie, die mit den modernen Holzhäusern, die sie «Streichhölzer» nennen und die auf dem Gelände der «Pierre noire» stehen, vorher war das alles voller Schrotthändler. Hinter dem Schwimmbad lagen die großen Gemüsefelder. Die Rue Neuve, die es auch nicht mehr gibt, war hübsch mit ihren alten Pflastersteinen und den kleinen Häuschen. In der Rue du Long Sentier wollen sie alles abreißen: dabei gab es dort eine Bäckerei, in deren Ofen man für die Festtage Puten und Hühner braten lassen konnte.

«Das Leben war früher hart», sagt sie. «Ich möchte nicht in die Rue Jules Guesde zurück. Den kleinen Landstreichern auf dem Markt gaben sie ein Geldstück, damit sie die Planen aufschlugen. Es wurden Wettrennen zwischen ihnen organisiert, mit einem Löffel im Mund und einem Apfel obendrauf zum Balancieren. Doch heute? Man sieht die Not nicht mehr, aber das heißt nicht, daß es keine mehr gibt; sie ist anders, das ist alles; und glauben Sie mir, Franzosen sind die am stärksten Betroffenen; denn die Ausländer, die... – Und Drogen? – Hinter dem Kanal gibt es Schnee, am Ende von Le Landy. Man sieht sie doch, die Dealer und Händler, junge Algerier, ‹pieds-noirs› mit ihren tollen Schlitten; das ist ganz runtergekommen da drüben. Und die Gören, die die Drogen nehmen, weil sie nur das im Leben haben, die sind heute die wirklichen Elendskinder. Man muß sie nur hören: ‹Was macht das schon, wenn ich jung abkratze? Das Leben ist beschissen, alle Leute sind beschissen.› Selbst in den Jugendzentren spritzen sie, dafür würde ich meine Hand ins Feuer legen. Es gibt keine Bälle mehr, das haben sie alles kaputt gemacht: Seit sechs oder sieben Jahren ist es vorbei damit. Und Sport, das ist zwar ganz gut, aber teuer, wenn Sie vier oder fünf Blagen haben, was soll man denn dann machen? Wenn ich zur Schule gegangen wäre, würde ich mich um Drogenkinder kümmern. Denn inzwischen ist es allen egal.»

«Ich bin keine Rassistin», sagt sie. «Ich stamme selbst aus einer Italienerfamilie. Doch ich sage Ihnen, es sind zu viele: Es ist traurig, das zu sagen, doch man braucht sich nicht wundern, daß immer mehr Leute für Le Pen stimmen. Auber wurde von den Parisern überrannt. Die kümmert das doch einen Dreck, die haben ja Geld. Und von Ausländern. Die Rue Firmin Gémier war so hübsch, nun denkt man, man ist in der Kasbah. In den Büros, wo ich putze, sagen uns die Antillesen und Afrikaner, daß wir, die Weißen, nach Tod riechen: Die sind viel rassistischer als wir. Ja, es ist traurig, es zu sagen, doch manchmal hat Le Pen doch recht.»

*

Ein schöner, lauer Spätnachmittag am Canal Saint Denis: alles ist friedlich. Sie sind durch die Straßen von Le Landy gelaufen. Leute vor ihrer Haustür, Portugiesen und Maghrebiner, die ihre Autos waschen oder reparieren. Das «Café des Mariniers» ist zu einem arabischen Café geworden. Am gegenüberliegenden Ufer tauchen plötzlich durch ein Loch im Vorhang der hohen Pappeln die gar nicht so fernen Umrisse von Sacré-Cœur auf. Auf der anderen Kanalseite erstreckt sich das Viertel Le Landy bis La Plaine Saint Denis: ein paar heruntergekommene Cités und dann Industriegelände. Entlang der Ufer Sandgruben. Wenn man von der Brücke aus nach Osten blickt, erkennt man am Horizont auf einer Erhebung die Umrisse einer riesigen Masse, leicht in hitzegewittrigen Dunst getaucht. Das sind die Häuser um die Buttes Chaumont herum. Und als sie sich nach Westen wenden, ragt in ein paar Kilometern Entfernung, hinter dem Knick

Aubervilliers. Canal Saint Denis

nach links, da, wo der Kanal vor Gennevilliers wieder in die Seine fließt, der romanische Turm der Basilika von Saint Denis empor wie der Glockenturm einer friedlichen Dorfkirche inmitten alter Häuser. Ein paar Kähne liegen vertäut. Vor dem Schleppkahn *Arizona* fahren Kinder Rad, und ein Mann macht Feuer, um zu grillen. Auf einer Mauer ein tolles Graffiti, halb Hieroglyphe, halb mittelalterlicher Totentanz, in Blau und Schwarz: *le Rap des pharaons*.

Später in der Nacht, gleich neben ihrem Hotel am Rathaus, zieht sie an einer Haustür ein ungewöhnliches Spektakel an. Der schwarze Portier läßt sie eintreten. Sie befinden sich im «Studio 26», und heute abend findet dort ein jüdisches Fest statt. In dem Saal beginnt gerade das Festmahl, und es ist unerträglich laut. Die Anwesenden tragen alle prächtige Kleider, unsere Reisenden spüren, daß sie hier auffallen und treten den Rückzug an. Der Portier rät ihnen, am Dienstag wiederzukommen: Dann wird ein antillesisches Fest stattfinden.

Die Nachrichten aus China sind beunruhigend: Li Peng scheint wieder Oberwasser zu bekommen. Die Studenten besetzen immer noch den Tienanmen-Platz.

Wo ist François nur auf Claude Roys Satz «Das neugierige Kind lauscht an den Pforten der Erde» gestoßen: im Radio, in einer Sendung von *France-Culture* «Weißt du, ob wir noch weit vom Meer sind?» oder in *Le Monde*? Was hat er sich dabei gedacht, als er ihn notierte. Seine Aufzeichnungen werden wirklich immer wirrer.

*

Montag, 29. Mai. Im Café des Hotels am Rathaus hat jeder Tisch seine Musikbox: *Sweet amanite phalloide Queen, E H Tiphaine* und natürlich auch der unermüdliche Julio Iglesias. Die Morgenzeitungen bestätigen den Erfolg von Li Peng. Die Lage auf dem Tienanmen-Platz ist gespannt. Die Studenten sind sich nicht einig, wie sie weitermachen sollen. Die aus der Provinz wollen um jeden Preis bleiben. Eine weitere wichtige Nachricht betrifft die Situation auf der Linie B der RER: Die RATP-Angestellten, die ja auf dem Südteil der Strecke arbeiten, haben sich geweigert, den Sommerfahrplan aufzunehmen, solange sie nicht die Ergebnisse der Verhandlungen mit ihrer Direktion kennen; die SNCF-Angestellten auf dem Nordteil haben aber den Streik beendet und die Fahrplanänderung vollzogen. Und schon ist die Verbindung nicht mehr sichergestellt. Da schwelen nette Rechenprobleme, geeignet, mit dem unsterblichen Problem tropfender Wasserhähne und undichter Badewannen zu konkurrieren.

Am Nordufer des Kanals wandern sie in Richtung Saint Denis. Auf der anderen Seite, der von Plaine Saint Denis, ziehen auf der gestern so ruhigen Pappelallee röhrende Laster dahin, während Kippwagen und Krähne aneinandergeraten, die Sand und Kies von Kähnen in Silos umladen, und Betonmischer quietschen, was die wenigen Angler alles nicht stört: sie fangen ja doch nichts. Jenseits der Straße, um La Plaine herum, eine mehrere Kilometer lange Backsteinmauer.

Die Schleuse Nummer 5, die «Ecluse des Vertus», mit den schmucken Häuschen böte ein ländliches Bild, läge sie nicht fast ganz im Schatten der doppelten Stahlbrücke, über die RER-

Bahnen und Züge nach Norden donnern. Der geteerte Weg längs einer kahlen, gelben Wiese wird links vom Kanal gesäumt und rechts von der Cité du Clos Saint Quentin. Die ersten Blöcke kehren dem Wasser praktisch den Rücken zu, als ob man die Schönheit – und den Wert – der Aussicht nicht erkannt hätte. Stimmt schon, seit dreißig Jahren muß sich die Aussicht stark verändert haben. Als die Cité gebaut wurde, stand da ein Wald von Fabrikschornsteinen, deren Rauch sich ständig mit dem der Schleppkähne und der Dampflokomotiven mischte. Heute sind die Schornsteine mit den Fabriken verschwunden; die Luft ist klar. Etwas weiter übrigens sind die Fassaden neuerer Häuser stärker zu Kanal und Sonne hin geöffnet. Das Düstere verschwindet, die Arbeitslosigkeit steigt. Jede Epoche kennt ihre Art von Not – und nur die folgende kann ihr Ausmaß vielleicht ermessen. Die äußere Not, die offen ausgestellte Armut, die aus dem goldenen Zeitalter des Pittoresken – danke Robert Doisneau, danke Marcel Carné – ist heute nur noch das Los einer Randgruppe, der Clochards, der Hilflosen, die in der Metro betteln und an die sich alle mehr oder weniger gewöhnt haben. Doch die Not hinter den glatten Fassaden, den stummen Fassaden, die Not derer, die mit dem Leben nicht zurechtkommen, die sich vor allen Angriffen des Alltags fürchten, vor jeder Einsamkeit, wie soll man die fotografieren?

Die Cité du Clos Saint Quentin schließt an die Cité des Francs Moisins an mit ihren hohen rechteckigen Kästen aus den sechziger Jahren. Sie hat einen ebenso schlechten Ruf wie Les 4000 in La Courneuve und Les 3000 in Aulnay.

Als sie sich der Autobahnbrücke der A 1 nähern, hört die Cité auf und macht völlig verfallenen Backsteinhäusern Platz. Renovierung und Sanierung hat es hier noch nicht gegeben. Ein alter Mann am Fenster beklagt sich traurig, daß ihm seine Blumen geklaut werden. Ein winziges Häuschen mit einem Hof und einer Baracke daneben trägt ein Holzschild, auf das in Grün und Blau grob gemalt steht: *Hôtel du Nord*. Foto. Ein alter Maghrebiner, der in eben diesem Augenblick heraustritt, braust auf und beleidigt Anaïk; er weigert sich hartnäckig zu glauben, daß sie es gar nicht auf ihn abgesehen hatten.

Ein paarmal sind ihnen unterwegs Gruppen von Jugendlichen begegnet, die freundlich baten: «Fotografieren Sie uns.»

Die Autobahn überquert den Kanal schräg. Genau darunter liegt die Schleuse Nummer 6. Tausendmal kann man mit dem Auto hinüberfahren, ohne zu ahnen, daß sie sich dort befindet. Zwischen Kanal und Autobahn im spitzen Winkel ein Viertel mit kleinen, alten Häusern, fast alle aus geschwärzten Ziegeln. Ein paar enge, gerade Straßen durchziehen es, die auf einer Seite zum Wasser führen und auf der anderen zum Beton und den Autos. Am Ende einer Sackgasse ein altes Hotel, auch das aus Ziegelsteinen. Seltsamer Eindruck: In dieser vergessenen Enklave, im unaufhörlichen Tosen der LKWs, herrscht Provinzstimmung. Oben, von der Brücke her, taucht eine Reklametafel auf; die blonde, pralle Masse eines doppelten Riesenhamburgers macht sich breit, so appetitlich wie *Das große Fressen*:

Kingburger: Ich habe zwei!

Umweltfeindlicher als der schäbigste *tag*. Letztlich ist Werbung nur ein genehmigter *tag*, aus der Feder von Werbefachleuten, mit einem Haufen Geld dahinter. Echt zum Kotzen.

Canal Saint Denis

Nachdem sie diese Insel jenseits der Zeit auf der Straße am Kanal durchquert haben, müssen sie in die Hölle eines Tunnels hinab, um unter der Autobahn durchzukommen und landen auf einer riesigen Straßenkreuzung voller Autobusse: Sie stehen am Eingang zu Saint Denis, genauer: an der Porte de Paris. Hinter dem alten Krankenhaus Danièle Casanova beginnt wieder ein verfallenes Viertel. Sie kommen an einem Afrikaner-Wohnheim vorüber. Das schwere, graue Eisentor ist geschlossen, doch durch ein halboffenes Törchen kann man einen Hof voller Menschen sehen, sehr belebt für diese Tageszeit: Zuflucht, Getto, Oase, Zitadelle, es kommt ganz auf Paß, Aufenthalts- und Arbeitserlaubnis dessen an, der hier die Schwelle überschreitet.

Anaïk stellt fest, daß sie große Lust auf Kolanuß hat, sie weiß gar nicht, wie sie seit Beginn dieser Reise ohne Kolanüsse überleben konnte. Und in afrikanischen Wohnheimen gibt es bekanntlich immer Kolanußhändler. Lebhafte Diskussion: François weigert sich mitzugehen, einmal reicht ihm. Er wird ein Stück weiter auf Anaïk warten. Es stellt sich heraus, daß ein

Stück weiter – Szenenwechsel – ein Paradies liegt, ein Provinz-Frankreich, der Park des Instituts der Ehrenlegion, zumindest sein öffentlicher Teil. François setzt sich auf eine schattige Bank und betrachtet melancholisch die Blumenbeete, das breite, weiße Gebäude des Instituts und dahinter das grüne Dach und die Türme der Basilika. Hinter dem Zaun gehen zwei anmutige Internatsschülerinnen in blauer Uniform vorüber, Faltenrock, eine Art Schärpe um den Hals, die ihre Klasse anzeigt. Das Institut der Ehrenlegion ist, wie jeder weiß, seit seiner Gründung durch Napoleon I. den Töchtern von Ordensträgern besagten Dingsdas vorbehalten: François weiß genau Bescheid, denn Julia hat eine Schulfreundin, deren große Schwester dort im Internat ist. Sie war es übrigens, die Julia mit sieben schon ein größeres Repertoire an Schimpfwörtern beibrachte, ohne die das Leben nicht lebenswert wäre, und ihr auch die Nummer eines «rosa Telefons» mitteilte, wo ach so faszinierende Gespräche zu hören sind. Die Disziplin ist hart geblieben, und man lernt garantiert gutes Benehmen. François war so dumm zu glauben, das Institut sei eine inzwischen leicht überholte Einrichtung: Irrtum, anscheinend gab es niemals so viele Bewerbungen, und die Auswahl ist streng. Außerdem erinnert er sich angesichts des Gebäudes vor seinen Augen noch, daß Ludwig XVIII. in diesen Mauern wohnte, als er von seiner hunderttägigen Flucht zurückkehrte, daß der König sich kniefällig bitten ließ, doch nach Paris zurückzukehren, das noch von den Kosaken besetzt war, und daß man alle Mühe hatte, die kleinen Mädchen davon abzuhalten, vor seinen königlichen Augen zu rufen «Es lebe Napoleon!» Als Chateaubriand an diesem 7. Juli 1815 um elf Uhr abends von einer düsteren Meditation in der Königskrypta zurückkehrte, sah er eine Höllenvision gemächlich vorbeiziehen: Talleyrand und Fouché waren gekommen, um seiner Majestät den Treueeid zu leisten, «das Laster am Arm des Verbrechens». Da erscheint Anaïk wieder und reicht François eine bräunliche, fasrige Kolanuß, bitter wie Aloesaft, und erzählt ihm lang und breit von ihrem Palaver mit den zwei Verkäufern, nachdem sie Speisesäle und Küchen des Wohnheims durchquert hatte.

Woher kommt es, daß sie plötzlich eine gewaltige, unüberwindliche und beinahe skandalöse Kulturfaulheit befällt, als sie zusammen mit den in Bussen gekommenen Touristen vor einem Schalter in der Basilika Schlange stehen, wo es die Eintrittskarten zur Besichtigung der Gräber gibt? Sie werden die Königsgräber nicht besichtigen. Dabei beklagen sie sich seit Reisebeginn über die Kulturwüste, die sie durchquert haben: Keine Schlösser, da alle nach der Revolution zerstört wurden; nur wenige interessante Kirchen, fast alle sorgfältig verschlossen; keine Museen, außer dem für Luftfahrt und dem – immer unwahrscheinlicheren – für Gemüseanbau. Doch dies hier ist eine Nummer zu groß.

Ganz Saint Denis ist übrigens eine Nummer zu groß. Auch seine Geschichte zu erzählen von dem Tag an, als sein Schutzpatron, enthauptet, den Kopf bis zur Butte Montmartre trug und unterwegs Zwiegespräche führte (oder waren es Selbstgespräche), in Begleitung, das wird allzu häufig vergessen, von zwei weiteren Märtyrern, über die die Geschichte nicht sagt, was sie mit ihren Köpfen machten – bis zur Herrschaft des großen Jacques Doriot, diesem kommunistischen Bürgermeister, diesem Sohn des Volkes, der, nachdem er 1934 nicht Generalsekretär seiner Partei geworden war, zehn Jahre später auch nicht von Hitler zum Führer der Franzosen gemacht wurde. Es wäre auch zu erzählen, welch einzigartige Rolle die Stadt in der Geschichte Frankreichs spielte, die von der Herrschaft Dagoberts bis zum Ende des Mittelalters für die religiöse Macht das war, was Paris für die politische Macht bedeutete. Doch das steht in allen Schulbüchern. Von der heutigen Stadt zu sprechen, die nun Universitäts-, aber auch Arbeiterstadt ist, das würde ein Buch für sich allein erfordern. Und sie sind nur für einen Nachmittag da, einfach zu einem Ausflug, ein wenig am Rande ihres Weges.

Nichtsdestoweniger gehen sie ins städtische Museum. Auf dem Rathausplatz schlägt es Mittag mit einem Reigen von Glockenspielen: Westminster erkennen sie, das Lied vom König Dagobert, Orléans-Beaugency, ein besonders schräges «Le Temps des cerises» und etwas, das wie «L'Artilleur de Metz» klingt. Der Platz um die Metro-Endstation ist eine riesige Baustelle, aus der die Umrisse eines neuen, weißen Viertels auftauchen, ein urbanistisches Ensemble, das an das «Quartier de l'Horloge» am Centre Pompidou und das «Forum des Halles» erinnert. Eine Fußgängerzone führt zu einer Geschäftsstraße. Die kleine, sonnige Terrasse und die roten Schirme eines Bistros locken sie an. Hier sind alle so richtig französisch. Selbst die Gastfreundschaft ist französisch. Anaïks Kaffee mit einem Glas Wasser gefällt dem Wirt nicht. Er schafft es tatsächlich, das halbvolle Glas so heftig auf den Tisch zu stellen, daß sie völlig bespritzt sind und das Glas mit einem Schlag völlig leer ist, was besagten Wirt nicht daran hindert, angewidert zu schnauzen: «Das Glas Wasser!» und sie aufzufordern, gleich zu zahlen, sie könnten ja wegrennen.

Das Museum von Saint Denis ist besonders bekannt für seine wertvollen Sammlungen und die Archive der Pariser Kommune. Seit einigen Jahren sind sie mit anderen Sammlungen der Stadt im ehemaligen Karmeliterinnenkloster untergebracht, das von Louise de France, der Tochter Ludwigs XV. gegründet wurde. Die Mischung ist ungewöhnlich und schön. Man schlendert durch Klostergalerien, tritt in Gewölbesäle, in denen Gemälde und Dinge ausgestellt sind, die mit der Geschichte des Klosters und der von Saint Denis zu tun haben. Fromme Inschriften aus der Bibel und den Evangelien in nüchternen grauen Lettern stehen immer noch an den Wänden. Die Säle dieses wundervollen Ortes sind fast menschenleer. In ihr Bedauern, daß nicht mehr Besucher danach drängen, mischt sich das Vergnügen, seinen Charme in vollen Zügen zu genießen: Gibt es schönere Museen als jene, in denen man allein ist? Dabei ist das ungerecht. Die Abteilung zur Kommune befindet sich im ersten Stock: Die ganze Geschichte der großen Wut des Volkes von Paris in Plakaten, Stichen, Fotos und Uniformen. Kein Mensch. Wie gesagt, Volkszorn ist aus der Mode gekommen. Die Treppe des Karmeliterinnenklosters führt weiter ins Unbekannte, und auf einer Mauer steht: «Noch ein paar Schritte, und Du bist im Himmel.» Wir schreiben den 29. Mai; am 29. Mai 1871 lag die Kommune unter den letzten Schüssen der Versailler Schlächter auf dem Friedhof Père Lachaise in den letzten Zügen.

*

Sie nehmen denselben Weg zurück. An der Ecluse des Vertus tritt der Schleusenwärter zum Plaudern aus seinem Glasunterstand. Groß, blond, ein paar Zähne fehlen ihm, blaßblaue Augen, ein richtiges Nordlicht. Nein, kein Foto, bittet er: mit seiner Visage würde er den Film nur versauen. Seit vier Jahren lebt er hier. Vorher war er Schiffer: Er hat was von der Welt gesehen. Deutschland, Holland, die Schweiz. Auf der Saône ist er bis Lyon gefahren, aber er war nie in Marseille, und den Canal du Midi konnte er nicht machen, weil sein Kahn nicht durchs Mall Freycinet gepaßt hat. Der Kahn hieß *Rolf*, der Kapitän wurde langsam alt, das hatte alles keine Zukunft mehr, mit der Frachtschifferei war kein Geschäft mehr zu machen. Da hat er sich beworben. Heute bekäme er keine Stelle mehr, es wird Englisch verlangt wegen des Aufschwungs der Vergnügungsschiffahrt, vor allem jetzt mit dem neuen Tourismushafen im Bassin de l'Arsenal an der Bastille. Der Kanalverkehr stirbt, der ganze Beruf stirbt aus. Wären da nicht die Belgier, der Kanal wäre schon längst nicht mehr in Betrieb. Aber solange die Belgier durchhalten... Die Kähne landen am Ende in den toten Flußarmen bei Conflans, oder sie werden zu Wohnungen, Büros und Ateliers umgebaut: die sind dann wenigstens gerettet. Die Flotte der unabhängigen Schleppkähne soll auf 700 für ganz Frankreich heruntergeschraubt werden. In den letzten Jahren wurden insgesamt vier neue Kähne gebaut: Einer kostet 5,8 Millionen Francs, und selbst wenn der Staat 2 Millionen übernimmt, ist das ein Spiel mit dem Zufall. Und die im Ausland bauen jetzt moderne Flotten.

Hier am Wasser, gesteht der Schleusenwärter, fühlt er sich wohl. Er hatte Glück, daß er nicht in die Fabrik mußte. Er kennt all die Schiffe, die Leute, die hier vorbeikommen: Der dicke Pott da aus Bondy, das sind Freunde; er ist auf ihrer Hochzeit gewesen. Das Leben verläuft ruhig. Die Züge über ihrem Kopf machen natürlich Krach, aber man gewöhnt sich daran. Bald donnern auch noch die TGVs vorbei. Und demnächst bauen sie noch eine dritte Brücke, für die A 86. Die Kinder haben es nur eine Viertelstunde zu Fuß bis zur Schule, aber die Eltern bringen sie lieber hin: «Bei dem, was hier so alles passiert...»

*

(*Ein Vierteljahr später*: «Bei dem, was hier so alles passiert...»
Eines Samstags sind sie wieder an der Ecluse des Vertus vorbeigekommen, nachdem sie im Spanier-Wohnheim in La Plaine Saint Denis essen waren. Als der Schleusenwärter sie kommen sah, stieg er von seinem Posten herunter, um ihnen guten Tag zu sagen. Er war ganz aufgewühlt. Als er vor ein paar Tagen früh morgens zum Dienst kam, ist auf der Schwelle zu seinem Schleusenhäuschen ein Mann zusammengebrochen. Jemand hatte ihn niedergestochen, und er ist da gestorben, vor seinen Augen. Eine Abrechnung. Man hatte gesehen, wie er sich prügelte, etwas weiter stromabwärts am Ufer, mit Männern, von denen einer einen Hund hatte. Über den Hund wurde der Messerstecher noch am selben Morgen gefaßt. Und er, der Schleusenwärter, ist von der Polizei endlos verhört worden.)

*

Ein Stück weiter, unten an einem riesigen Parkhaus, auf dessen Dach die apfelgrünen Müllwagen der Stadt Paris zu Dutzenden ordentlich aufgereiht stehen, lungern Jugendliche herum. Ein Mann sitzt allein am Wasser und liest die Zeitschrift *Arcadie*. Er ist gerührt, daß Anaïk ihn fotografieren möchte. Er setzt seine Brille ab und lächelt traurig. «All meine Freunde haben mich verlassen, und die Nacht meines Lebens dauert zu lange.»
Die Angler sind immer noch da.

> Der brave Angler
> geht ohne Fische heim.
> Er öffnet 'ne Sardinenbüchse
> und fängt dann an zu wein'n.

Auf dem Rückweg ins Stadtzentrum von Aubervilliers kommen sie am Théâtre de la Commune vorbei. Als Garron noch hier war, kam François öfter her, um Shakespeare und Brecht anzusehen. Damals war Vilar der König, und in den Vorstädten und in der Provinz wurde ein Theater gemacht, bei dem es um das Leben und die Hoffnungen der Menschen ging: Garran, Planchon, Sobel, Mnouchkine, Pinchenat und viele andere, alle kamen sie hierher, in die Vorstädte. Manche sind immer noch da. Heute ist Alfredo Arias Direktor des TSE, des «Centre dramatique national», er ist Nachfolger von Garran. Im Augenblick wird *Mein Besen für ein Königreich* gegeben. Sie möchten Karten für heute abend, doch es gibt keine mehr. Heute abend findet im übrigen die Vorpremiere eines Filmes mit Sandrine Bonnaire statt, und die Schauspielerin wird anwesend sein. Die Wartenden sehen nach Kultur aus: Es gibt kein äquivalentes Wort zu dem russischen, polnischen oder tschechischen *kulturny*, das zugleich kulturell und wohlerzogen heißt. Alle machen den Eindruck, als ob sie sich kennen würden, und unsere Reisenden fühlen sich unwohl. Sie werden morgen wiederkommen. So viel Ungezwungenheit mißfällt der jungen Frau am Kartenschalter: Hier kommt man nicht einfach im letzten Augenblick an, sie sollen besser gleich reservieren, sonst wird das nie was. Sie reservieren, und der Computer zeigt den Plan eines halbleeren Saales. Sie bezahlen ihre 200 Francs. Als sie wieder draußen sind, setzen sie sich zwischen die Malierinnen, die ihre Kinder hüten und dabei plaudern, an das leere Brunnenbecken und tauschen aus, was sie über *Mein Besen für ein Königreich* wissen und was sie daran interessiert. Totale Verwirrung: François dachte, es handle sich um eine Truppe brasilianischer Tänzer, die berühmte Gruppe Tsé, für die Anaïk so schwärmt, soweit er verstanden hat. Anaïk hingegen war überzeugt, daß François ein kenntnisreicher Bewunderer von Marilú Marini sei, der argentinischen Schauspielerin, die diese *one woman show* nach dem Geschmack der Porteños spielt, in der es um eine Putzfrau geht, die ganz verrückt nach der englischen Königsfamilie ist.

Es wird Abend. Sie sind mit Akim in den «Vier Wegen» von Aubervilliers verabredet, die man nicht mit den «Vier Straßen» von La Courneuve verwechseln sollte, wie es einem RATP-Angestellten passierte, den Anaïk auf dem Rathausplatz unvorsichtigerweise nach dem Weg fragte. Im Bus treffen sie die Köchin ihres Café-Hotels, die nach ihrem Arbeitstag nach Hause fährt: Eine dreiviertel bis eine Stunde in jede Richtung, zweimal umsteigen, ehe sie in Dugny ankommt, hinter dem Flughafen von Le Bourget. Besonders im Winter ist das hart. So weit ist das also, liegt Dugny am Ende der Welt? Dugny, eine Schlafstadt. «Ach, Sie kennen Dugny nicht?» Dort ist es ruhig, es gibt frische Luft, man atmet auf. Sie sollen mal zum Tee kommen, wenn sie umgezogen ist. Im Augenblick wohnt sie in einer Ein-Zimmer-Wohnung, aber ein einziges Zimmer zusammen mit ihrer Tochter, das ist kein Leben. Sie hat in Dugny und in Le Bourget Anträge gestellt, doch nichts tut sich, alle kommen vor ihr dran. Warum ist immer sie am schlechtesten untergebracht? Aber sie gibt die Hoffnung nicht auf. Sie hat große, feuchte Augen hinter ihrer Brille, ein sanftes Lächeln und leicht hennagefärbtes Haar. Sie ist Algerierin.

Von den «Vier Straßen» zu den «Vier Wegen» sind es zwei Kilometer. Zum Glück kann man die Metro nehmen. «Hab ich's Dir nicht gesagt», wiederholt François, «man darf nie nach dem Weg fragen.» – «Ich habe ihm vertraut», protestiert Anaïk, «er hatte drei Sterne auf der Mütze.» Akim, wie immer pünktlich am Treffpunkt, meldet Zweifel an, was die Bedeutung von *Mein Besen* im allgemeinen angeht und im besonderen, ob es angebracht sei, diese Art von Theaterstück in Aubervilliers aufzuführen. Sie lassen sich nicht auf diese uferlose Kulturdiskussion ein.

Unsere Reisenden beenden den Abend im Restaurant Zur Guten Hoffnung nahe der «Vier Wege». Das Couscous ist nicht so gut wie das von Akims Stiefmutter, doch sie werden freundlicher empfangen als bei dem hydrophoben Caféwirt von Saint Denis. Trotz der späten Stunde werden sie zuvorkommend bedient. Der Wirt spendiert einen *Digestif*: Dies scheint ein Schlüsselbegriff algerischer Gastfreundschaft zu sein.

Als sie wieder im Hotel sind, notiert François eine lange Rede zur *Seele der Stadt*, eines von den Gesprächsthemen, die einfach so auftauchen bei einer ausgedehnten *sobremesa*, dieses süße Verschwörerische, das einem freundschaftlichen, herzlichen Essen folgt. Da geschieht es, daß einer der Tischgäste fragt: «Wenn du die Wahl hättest, in welcher Stadt würdest du gern leben? Und in welcher Stadt möchtest du sterben?» Dann werden sagenhafte Städte genannt, Rom, Prag mit den Regenfingern, das nostalgische Triest, Leningrad mit seinen zugefrorenen Kanälen, die unter einem blassen Himmel immer noch das sind, was sie einmal waren, Barcelona, dessen Barrio chino unter seinem harten Himmel nicht mehr ist, was es einmal war, und sprechen wir nicht von Paris, doch, doch, sprechen wir darüber ... Er träumt von Havanna, Stadt der Säulen und des violetten Meeres, Tritonen- und Undinengrotte, die das Meer verlassen hat, wo in der sengenden Sonne jedoch noch die vertrockneten Algen kleben und in tropische Feuchtigkeit gehüllt auf die nächtliche Brise warten. Doch wer würde von der Seele von Aubervilliers träumen? Und doch, wer spürte nicht, daß Aubervilliers eine Seele hat, vielleicht ein wenig geschwärzt, doch lebendig, so lebendig, daß alle, die dort wohnen, von sich selbst nicht sagen, sie seien *Albervilliariens* (oder *Albertivillariens*?), sondern *gens d'Auber, Leute von Auber*? Daß sie alle daran denken, wie man an ein heimatliches Fleckchen denkt, das für die Entwurzelten häufig zur einzig echten Heimat, zur Heimat an sich wird, und das, selbst wenn sie sich ausgeschlossen und zurückgestoßen vorkommen, und das vielleicht, weil sie es auch sind ...

In Aubervilliers sagen alle Auber. Doch rühmen Sie sich mal, in Auber zu wohnen. Wer kennt schon Auber? «Wenn ich in Paris sage, daß ich in Auber arbeite», sagte ihnen eine Freundin, «denken alle, daß ich das Opernviertel meine. Sie kennen nur die Metrostation Auber.»

Die Aufzeichnungen von François werden wirklich immer wirrer. Schwer nachzuvollziehen. Unzusammenhängend. Und vor allem werden sie mit immer mehr Verspätung auf den neuesten Stand gebracht. Und dann gibt es immer häufiger Löcher. Er muß auf sein Gedächtnis zurückgreifen, und in diesem Durcheinander von Bildern und Geräuschen läßt einen das Gedächtnis schnell im Stich. Im Augenblick versucht er sich in seinem Heft mit dem Bild von Winnie the Pooh noch auf ihrem Weg durch Le Blanc Mesnil zurechtzufinden. Er ist müde. Später wird man weitersehen.

*

Sie lesen auf einem fotokopierten Zettel, der in den «Vier Wegen» klebt:

> Am 27. Mai
> laden Euch
> Claudine, Manuela, Barbara
> zu ihrer JUGENDFETE ein:
> Alter: 15 bis 20
> Eintritt: 20 F. Buffet zum Selbstkostenpreis
> von 14 bis 22 Uhr
> Korrekte Kleidung wird erwartet.
> Verschiedene Arten von Musik
> Ihr seid herzlich eingeladen
> ADRESSE: Im Keller genau neben der Kirche
> Kommt massig.

Der Text ist illustriert mit der Zeichnung eines Herzens, von Pfeilen und Blitzen durchbohrt, und einem tanzenden Paar im Profil: Auf ihren Sweatshirts stehen Markennamen: Naf-Naf, BB, Cacharel. Eine Sprechblase: «Wir sind da, um Spaß zu haben und nicht, um Däumchen zu drehen.»

*

Sie sollten trotz allem nicht vergessen, das Gemüseanbau-Museum zu suchen.

*

Mittwoch, 31. Mai. Anaïk geht wieder auf die Suche nach Kolanüssen. Der kleine Händler in der Rue Heurtault, der auch exotische Früchte verkauft, rät ihr, ins Afrikaner-Wohnheim, ein paar Schritte weiter, zu gehen. An der Einfahrt des alten Kastens palavern Jugendliche. Ja, man könnte Kolas auftreiben. Doch was für welche will sie genau? Kleine? Kleine Kolas sind nur für Männer, das gibt ihnen Kraft. Sie braucht rosa Kolanüsse. Ein Malier in der blauen Uniform eines Reinigungsunternehmens fragt sie, ob sie Afrika kenne. «Hoffentlich bist du nicht eine von den Weißen, die

Aubervilliers. Rue Heurtault

Aubervilliers. La Maladrerie

reisen und nichts sehen, die durch ganz Afrika fahren und nichts über uns wissen, über unsere Bräuche und unsere Kultur.» Ob er manchmal nach Hause fährt? Wenn er kann, ja, aber es ist so teuer. Und wenn er dort ankommt, wird er als Fremder angesehen, das ist hart. Die Leute meinen, daß alle reich sind, die aus Frankreich zurückkommen. Das ist ja klar, denn Mali ist so arm: Sie können nicht begreifen, daß es sehr schwierig ist, in Frankreich zu leben. Sie meinen dort, sie lebten wie Franzosen. Fotos? «Na klar, wenn du uns welche schickst.» Ja, Anaïk wird sie ihnen schicken. «Aber paß auf wegen der Adresse. Das Wohnheim hier wird in zwei Tagen geschlossen. Hier ist Schluß. Es wird alles abgerissen.» Sie ziehen in die Rue Félix Faure, in völlig neue Räume. Trotzdem machen sie sich Sorgen, wie es dort sein wird.

Es sei alles sehr freundschaftlich und sehr höflich zugegangen, sagt Anaïk.

*

In La Maladrerie sind sie mit Rachid Khimoune verabredet, der sie in der Bar «L'Expo» erwartet. La Maladrerie ist eine sehr große Cité aus Sichtbeton mit richtigen Straßen, plötzlichen Mauerabsätzen, ungleich hohen Häusern mit überraschenden Vorsprüngen, hohen Durchgängen unter den Blöcken, die auf freie Plätze münden, wo gepflasterte Pfade sich zwischen welken Quecken durchschlängeln, Treppen, Rampen von einem Stockwerk zum nächsten, Balkone mit in Beton eingelassenen Blumenkästen, je nach Mieter wachsen Blumen, Büsche oder Unkraut darin, Terrassen, gekrönt von Zacken wie eine mittelalterliche Zitadelle. Rachid ist Bildhauer und lebt hier mit seiner Frau und seiner Tochter in einem zweistöckigen Atelier, Erdgeschoß und erster Stock. In diesem hohen Raum mit harmonischen Dimensionen fühlt man sich richtig wohl. Das Atelier geht gleich auf einen betonierten Durchgang hinaus, wo Leute vorbeikommen und Kinder spielen. Der Architekt hat die Ateliers so gebaut, damit der Künstler auf einer Ebene mit dem Leben in der Siedlung arbeitet und jeder Bewohner im Vorbeigehen seine Arbeit verfolgen kann. Die Ansichten sind geteilt zu diesem Konzept vom «Künstler in der Siedlung», vom aufgegebenen Elfenbeinturm.

Aubervilliers. La Maladrerie

Manche meinen, Künstler brauchten trotz allem ein wenig Abgeschiedenheit. Für Rachid stellt sich die Frage nicht, denn die Bildhauerei und besonders seine, kann nicht in der Wohnung betrieben werden, selbst wenn diese wie ein traditionelles Künstleratelier angelegt ist: Bildhauerei braucht viel Platz, ist laut und dreckig; man braucht Lagerraum, muß sich ausbreiten können, geht mit wuchtigen Materialien um, gebraucht Kellen und Lötkolben. So arbeitet er denn in einem Raum auf dem Gelände der Festung Aubervilliers, gleich neben den Schrotthändlern. Etwa vierzig Künstler leben und arbeiten in der Maladrerie. Einen Katzensprung von der Hauptstadt entfernt finden sie dort Ateliers, wie sie inzwischen in Paris kaum noch erschwinglich sind, wo die Hinterhöfe mit Werkstätten verschwinden und nur sehr wenige Künstler sich ein «Künstleratelier» leisten können. Die sind fast ausschließlich das Privileg stinkreicher Bürger geworden.

Rachid ist groß und ungeheuer gastfreundlich: Ihr unerwarteter Besuch bringt ihn in Verlegenheit, aber er ist der Meinung, daß Gastfreundschaft über alles geht. Sie haben ihm erst in letzter Minute Bescheid gesagt, und er muß mit dem Zug nach Grenoble, um eine Ausstellung vorzubereiten. Das hindert ihn nicht, sie in sein Atelier in der Festung mitzunehmen. Sie lassen die Schrottplätze hinter sich, auf denen sich rostige Autowracks türmen und eine Meute Wolfshunde anschlägt. Rachid belegt eine Kasematte in ganzer Länge; durch die Decke ist sie gut beleuchtet, verschlossen mit schweren Panzertüren. Das Militär experimentierte hier mit Gift an Tieren. Der Fachausdruck dafür ist Gaskammer. Rundherum grünt es wild und üppig. Hier baut Rachid zusammen, er schweißt, modelliert, mischt, verwebt und klebt alles, was Stoff unseres Stadtlebens ist: Pflastersteine, Sand, Teer, Kanaldeckel – er macht Abdrücke in Kunstharz, «getreues Abbild der Stadt». Rachid bildet die Natur nach, die einzige Natur, die seine Generation wirklich kennt, die einzige, die sie wirklich erlebt, die einzige, die ihr wirklich etwas sagt: die wilde Natur der Straße, der Siedlungen, der Städte, in der er aufgewachsen ist und der er auf diese Weise treu bleibt. Die gußeisernen Kanaldeckel werden Köpfe oder Schilde, fantastische Krieger recken sich mit abstehendem Haar empor, grotesk, sanft oder wild. Don Quichote und Sancho Pansa ziehen auf dem Asphalt des 20. Jahrhunderts wieder los. Tolle, zärtliche Barbarei ohne jede Lächerlichkeit: die Barbarei unserer Zivilisation. Sein Traum ist – er verwirklicht ihn nach und nach –, in Städten aller Kontinente einen Kreis «der Kinder der Welt» aufzustellen, ihn auf der Straße zu schaffen, vor den Kindern und mit ihnen. In China hat er das schon gemacht und hier, ganz in der Nähe, in Blanc Mesnil; Anaïk ist hingefahren und hat die Kinder der Cité fotografiert, die aus diesen seltsamen und doch vertrauten Kerlen ihre Spielgefährten gemacht hatten.

Ins «L'Expo» zurückgekehrt, vor Würstchen mit Pommes frites, erzählen Rachid und ein befreundeter Maler vom Leben in der Maladrerie. Ihrer Meinung nach eignet sich die Cité für ein Gemeinschaftsleben, es gibt viele Vereine, das Kulturzentrum Camille Claudel spielt eine wichtige Rolle. Für die Kinder sind die Straße und das Gelände außen herum ein Übungsgelände, hart, manchmal besorgniserregend, da entwickeln sie sich eben anders, als wenn sie beschränkt auf eine Pariser Wohnung auf-

Blanc Mesnil. Die Kinder der Welt von Rachid Khimoune

Aubervilliers. La Maladrerie

wüchsen, wo sie nichts von der menschliche Wirklichkeit und vom Leben mitkriegen würden. Oder wenn sie sich völlig auf sich gestellt am Fuß der Häuserblocks einer Cité herumtreiben würden. Sicher, der Bauboom bedroht diese Freiheit. Wo werden die Kinder spielen, wenn alle Grundstücke bebaut sind?

Trotz allem, unterm Strich, träumen Rachid wie auch sein Freund manchmal davon, weiter weg zu ziehen, aufs Land. In ein Häuschen.

Rachid ist in Decazeville geboren. Als sein Vater sich in Auber niederließ, wohnte er anfangs in der Rue de l'Union, wie Akims Vater auch. Wie Tausende anderer. «Frag sie, du wirst schon sehen», hatte Akim gesagt. «Alle sind durch die Rue de l'Union gegangen.» Das war in den fünfziger, sechziger Jahren, es war in der Tat die erste Adresse des neben Nanterre größten Elendsviertels im Pariser Gürtel. François hat das noch gekannt: während des Algerienkrieges hatte er Bekannte, die dort wohnten. Dort ging auch ein Zug der großen Demonstration vom 17. Oktober 1961 los.

Damals waren dreißigtausend Algerier auf die Pariser Boulevards geströmt, um friedlich für die Befreiungsorganisation FLN zu demonstrieren. Viele hatten ihre Sonntagsanzüge angezogen. Sie hatten keine Waffen. Anlaß für diese Demonstration war der Protest gegen die Ausgangssperre von acht Uhr abends bis halb sechs morgens für alle «moslemischen Franzosen aus Algerien» im Großraum Paris, nachdem es zu mehreren Anschlägen gegen Polizisten gekommen war. An diesem Abend wurde geknüppelt und getötet. Nur wenigen Demonstranten gelang es, einen Zug zu bilden. Rachid erinnert sich, seinen Vater bis an die Porte de la Chapelle begleitet zu haben. Weiter kamen sie nicht. Es wurde niemals bekannt, wieviele genau unter den Schlägen der Pariser Polizei starben. Wenn man die Leichen zählt, die in den folgenden Tagen aus der Seine gefischt wurden, und alle, die in den Leichenhallen der Krankenhäuser verzeichnet sind, kommt man auf 200 wie *Le Monde* 1982; dazuzurechnen sind 400 Vermißte. Pierre Vidal-Naquet, ein bestimmt gewissenhafter Historiker, gibt an, daß «vor den Augen des Polizeipräfekten Papon mehrere Dutzend Algerier auf dem Präfekturgelände umgebracht wurden». Zwölftausend Männer wurden festgenommen und zumeist mehrere Tage lang im Sportpalast zusammengepfercht und dann nach Algerien abgeschoben oder in Konzentrationslager wie Saint Maurice d'Ardoise oder Larzac gebracht.

Damals begrüßten die Presse und die politische Klasse in ihrer überwiegenden Mehrheit den Sieg über das Chaos: Bewaffnete Banden hätten versucht, in Paris Schrecken zu verbreiten, der Plan dieser Schlächter sei gescheitert. Es gab nur wenig Widerspruch, hauptsächlich von den immer gleichen Gruppen verantwortungsloser linker Intellektueller und «Kofferträger» auf Abwegen. Als sich ein paar Monate später, am 8.Februar 1962, dieselbe Polizei an der Metrostation Charonne auf eine diesmal waschecht französische Friedensdemonstration stürzte und neun Tote machte, waren Erschütterung und Protest diesmal allgemein.

Maurice Papon, der für diese großangelegte Araberjagd verantwortliche Polizeipräfekt (dieses Pogrom, schrieb Pierre Vidal-Naquet), ist heute wegen Verbrechen gegen die Menschheit angeklagt. Die Anklage betrifft seine Tätigkeit an der Präfektur von Bordeaux unter dem Vichy-Regime, als er Juden in die Todeslager verschickte. Verbrechen gegen die Menschheit wurden durch ein nachträgliches Gesetz für unverjährbar erklärt. Alle Verbrechen im Zusammenhang mit dem Algerienkrieg wurden durch ein Gesetz amnestiert.

Rachid glaubt, daß die FLN-Verantwortlichen genau wußten, daß sie wehrlose Demonstranten in den Tod schickten. Vermutlich denken viele Algerierkinder, wohl mit Blick auf die weitere Geschichte des unabhängigen Algeriens, nicht anders: daß ihre Eltern in verbrecherischer Weise zum Zweck der internationalen Propaganda der FLN eingesetzt wurden, um die Stärke der Bewegung am Vorabend der Verhandlungen zu beweisen. François erinnert sich nur, daß sich in der Rue de l'Union oder sonstwo niemand, kein Algerier und kein Franzose, vorstellen konnte, daß aus dieser Kundgebung, bei der vor allem Menschenwürde demonstriert werden sollte, eine Schlächterei würde. Daß niemand, besonders unter den Aktivisten, die er damals kannte, auch nur einen einzigen Augenblick an etwas anderes gedacht hatte als an die friedliche, riesige Versammlung von Algeriern, für eine Stunde oder zwei, die durch ihre Zahl und ihre Entschlossenheit zeigen würden, daß sie die Unterdrückung ablehnten und Freiheit für ihr Land forderten. Doch es ist offensichtlich, daß der französische Zweig der FLN durch diese Demonstration der GPRA, der provisorischen Regierung Algeriens, zeigen wollte, welche politische Kraft sie darstellte.

Am 18. Oktober 1961 wurde die Ausgangssperre für alle «moslemischen Franzosen aus Algerien» im Großraum Paris auf 19.30 Uhr vorverlegt.

*

Am Abend werden sich unsere Reisenden *Mein Besen für ein Königreich* im Théâtre de la Commune ansehen. Keine besonderen Vorkommnisse.

9

*La Plaine Saint Denis und die römische Landschaft – Bis die
Barbaren kommen – Verbindung – Vorfall am Gare du Nord –
Auf zu neuen Abenteuern*

Mittwoch, 31. Mai. Die Station La Plaine-Voyageurs wirkt trist:
Mit ihren drei schmalen, durch Gitter abgegrenzten Bahnsteigen
liegt sie am Hang und erzittert unter allen Schnellzügen, die vom
Gare du Nord kommen, und den Güterzügen, die am Verteilerbahnhof La Chapelle losgefahren sind und ohne Halt vorbeirauschen. Von den grauen Bahnsteigen aus entdeckt man eine
weite Fläche von Dächern mit geschwärzten Falzziegeln, verrostetem Zink, einen Wald altersschwacher Kamine. Der Bahnhof in Hanglage ist ein kleines Backsteinfort, und es gelang nie
ganz, ihn vom Ruß zu reinigen, den Generationen von Dampflokomotiven hier hinterlassen haben. Beim Ausgang trifft man
auf die Schneise der A 1, die hier zwischen zwei Reihen altersschwacher Häuser und mit Werbung übersäten Lagerhallen verläuft. Dahinter liegt ein Geflecht von Straßen mit leprösen Häusern, ärmlichen Einfamilienhäusern und ehemaligen Fabriken,
die alle mehr oder weniger als Lager für die Pariser Kaufhäuser
genutzt werden oder zum Naturzustand zurückgekehrt, also wieder Ödland geworden sind. Diese Durchgangszone, Lagerzone,
kurz gesagt: diese Zone, diese «Trichter-Tragödie», um mit

Roland Castro zu sprechen, war einst ein ziemlich sumpfiges Gelände, das am Nordhang der Butte Montmartre anfing. Um 1840 machte Gérard de Nerval dort erbauliche Spaziergänge hinter dem Château des Brouillards, dem Nebelschloß. Er ging hinter der Butte abwärts, wo unter der Aufsicht «stolzer kleiner Mädchen mit dem Blick von Gebirgsbewohnern» Ziegen im Bärenklau herumsprangen.

> La Plaine Saint Denis hat wundervolle Linien mit Sonnenflecken und Wolken, die zu jeder Stunde des Tages anders sind... Wieviele Künstler, die für das Romstipendium abgelehnt wurden, zogen hierher, um die römische Landschaft und das Aussehen der Pontinischen Sümpfe zu studieren. Es gibt sogar noch einen Sumpf, in dem Enten, Gänschen und Hühner leben.
> Es ist nicht eben selten, dort malerische Lumpen an Arbeiterschultern zu finden... Die meisten der dort verstreut liegenden Häuser und Parzellen gehören alten Grundbesitzern, die auf die Bedrängnis spekulieren, in die die Pariser geraten, wenn sie neue Häuser bauen wollen, und daß in absehbarer Zeit vom Montmartre-Viertel aus Häuser nach La Plaine Saint Denis vordringen werden.

Gérard hatte davon geträumt, sich am Fuß der Butte inmitten der Weinberge «eine kleine Villa in pompejanischem Stil» bauen zu lassen. Unsere Reisenden folgen einer mit Stacheldraht und Disteln bekrönten hohen Mauer und gehen dann unter dem Bahndamm durch. Sie biegen in ein gepflastertes Sträßchen ab, wo sich aufgegebene Schienen zwischen Müllbergen durchwinden. In einem Hof türmen sich Autowracks vor flachen Gebäuden, aufgegebene Arbeiterwohnungen, zwei Etagen dünne Gipsplatten und Backsteine, an denen eine mittlerweile eingestürzte Galerie entlanglief, über die man in die engen Zimmer gelangte. Rostige Schienen, die nirgends hinführen, ein Hof in Ruinen, zwei Fotos, die zeigen könnten, wie die Agonie der Welt unmittelbar nach dem Ende der Menschheit aussehen könnte.

Das Sträßchen mündet in gerade Alleen, die an den Bahndamm der RER grenzen; auf beiden Seiten winzige Backstein-

La Plaine Saint Denis

häuschen. An einem davon eine verwitterte Marmortafel, auf der François entziffert:

> Hier lebte RUBIANO MARIA
> gestorben im Lager Ravensbrück
> 1944

Er bittet Anaïk, sie zu fotografieren. Besorgt tritt ein Paar heraus. «Sind sie von der Stadt?» Starker portugiesischer Akzent. Sie sind sichtlich beunruhigt. Es stellt sich heraus, daß für sie jeder Fremde, der sich etwas genauer für ihre Straße interessiert, nur von der Stadt sein kann, und daß alles, was von der Stadt kommt, Ortsbesichtigung, Besiedlungsplan und Umsiedlung, also Umzug, wenn nicht Ausweisung bedeutet. Erklärungen. Es ist schwierig: Verlegenheit und diffuse Angst. François erzählt, daß er sich für die Tafel interessiert. Kannten sie Maria Rubiano? Nein, sie sind erst später hergekommen. Eine traurige Geschichte, sagt der Mann.

«Es war eine Frau, die in diesem Haus wohnte. Bomben fielen. Sie lief hinaus. Sie war sofort tot.»

Anaïk sagt, wie gut ihr diese ruhige Straße am Ende der Welt gefalle. Sie meint es ehrlich, und die Leute glauben ihr. Ein Bild vor der Tafel mit dem Enkel auf dem Arm.

Sie wohnen seit dreißig Jahren hier, sie fühlen sich wohl und möchten hier bis ans Ende ihrer Tage bleiben. Beide haben sie in La Plaine gearbeitet, der Mann stand zwanzig Jahre lang am Fließband, gleich gegenüber, in einer Sprengstofffabrik. Dann wurde die Fabrik aufgekauft und geschlossen. Ist er pensioniert oder arbeitslos? Gar nicht einfach, ihn zu verstehen, sein Französisch ist stark von Portugiesisch durchsetzt.

Ein Stück weiter, gegenüber vom portugiesischen Café, fotografiert Anaïk den Wohnwagen von Madame Pauline. Auch hier die Furcht: Madame Pauline kommt heraus, sie müssen sie beruhigen, nein, sie kommen nicht von der Stadt, sie haben nichts gegen ihre Hunde, sie sind nicht hier, um sie zu vertreiben. Schließlich trinken sie gemeinsam ein Bier im Café, wo die Gäste sich am Tresen drängen, schweigend zuhören und beobachten. Anaïk wird ihr das Foto vorbeibringen. Das ist der Beginn einer Freundschaft.

Leerstehende Ladenlokale. Es gibt keine Läden mehr außer einer Apotheke. Die spanische Kirche aus Stahlbeton mit ihrem Gemeinderaum schwitzt Rost aus und ist verlassen. Das Gemeindehaus ist samstags und sonntags geöffnet. Sie werden wiederkommen. Es wird kastilisch gesprochen, mehr noch galicisch und portugiesisch und außerdem das kapverdische Kreolisch und verschiedene afrikanische Dialekte. Die Stimmung ist herzlich, man ißt Tapas, fetten, fritierten Stockfisch, trinkt San Miguel-Bier und trägt ungeheuer lebhafte Dominopartien aus.

Am Spätnachmittag erwacht La Plaine Saint Denis aus seiner Benommenheit. Die Kinder spielen ungehindert auf den wenig befahrenen Straßen. Auf welchen Pariser Straßen können Kinder noch spielen? Die Kinder von La Plaine Saint Denis sind so schön wie die von Blanc Mesnil und Les Beaudottes. La Plaine bietet das Bild einer Welt im Zerfall, doch ihre Bewohner, obwohl es ihnen so schlecht geht, hängen am Leben. Viele der eben erst Angekommenen stammen von den Kapverdischen Inseln: Die Kapverdier gehören zu den Völkern mit den harmonischsten Formen der Welt. Jahrhundertelang verschmolzen auf diesen Vulkansplittern, tausend Kilometer vor Afrika, alle afrikanischen Rassen mit denen, die die Portugiesen bis hinter Indien einsammelten. Die Kapverdier haben die feinsten Nuancen, die goldenste Haut, Augen von anthrazit bis aquamarinblau und den Körperbau von Atlanten. Schön wie der Traum von der großen endgültigen Rassenmischung der Menschen.

Die Rue du Landy führt zwischen verlassenen Lagerhäusern und übervölkerten Wohnhäusern gerade nach Norden bis zum Canal Saint Denis. Sie verlassen Klein-Spanien und Klein-Portugal. Je näher sie dem Kanal kommen, um so maghrebinischer werden anscheinend die Bewohner. Nach den engen Wohnungen, die sich mehrere kinderreiche Familien teilen, kommen die Absteigen über den Cafés, die noch Namen von früher tragen, «Zum Hinterhalt» etwa, oder ganz neue wie «Die Oase». Dickes Mißtrauen schlägt ihnen hier entgegen. Matrazenhändler. Illegale Einwanderer, die noch nicht lange da sind. Schwarzhandel. Laß uns weitergehen.

Für La Plaine Saint Denis wird an einem riesigen Besiedlungsplan gearbeitet. Ruhe vor dem Sturm. La Plaine Saint Denis wartet auf die Moderne – oder die Post-Moderne? ich weiß auch nicht, man verliert den Überblick – wie andere auf die Ankunft der Barbaren gewartet haben. Wenn alles fertig ist, wird man die schönen kapverdischen Kinder genauso vergeblich suchen wie die Ziegenmädchen, die Nerval so lieb und teuer waren.

Na gut, Schwamm drüber. Dann stehen sie wieder an der Ecluse des Vertus, und der Schleusenwärter kommt wieder, um ihnen guten Tag zu sagen. Er fängt wieder davon an, wie schade es ist, daß er nie bis zum Canal du Midi gekommen ist.

War es am selben Tag, als ihnen in der Pizzeria am Rathausplatz spät abends jemand von den Alligatoren erzählte, die sich in der Kanalisation von La Villette sammelten, wo ein Abfluß der städtischen Heizung liegt? François' Notizen sind inzwischen sehr vage.

*

Donnerstag, 1. Juni. Adieu Auber. Adieu Hotel am Rathaus. Sie können ja nicht ewig bleiben. Sie müssen wieder los. Dabei hätten sie noch so viel zu tun. Sie haben nichts gesehen von Aubervilliers. Sie haben den Mann mit dem Röhricht nicht angerufen, haben mit ihm nicht die Wildfauna und -flora rund um die Ruinen prähistorischer Gasometer erforscht, wo vielleicht der Moorochse nistet und bei Tagundnachtgleiche auf dem Weg nach Norwegen der Trompetervogel und der Akkordeonmakorlan haltmachen. Sie haben das Gemüseanbau-Museum nicht besucht. Zu spät fand Anaïk in ihrem Adreßbuch die Telefonnummer einer marokkanischen Freundin, die in Les Courtillières wohnt und auf ihren Besuch wartete: ein andermal. François hätte gern Didier Daeninckx kennengelernt, der in Auber wohnt, den Autor von *Karteileichen*, dem einzigen Buch, das vor dem Hintergrund der Demonstration vom 17. Oktober spielt. Didier Daeninckx, der immer so schöne Bücher schreibt – Bücher, die zu Unrecht «Krimis» genannt werden –, doch hat er sich nie getraut, ihn anzurufen. Sie müssen Auber ein wenig schweren Herzens verlassen, wie man eine Stadt verläßt, bei der man nicht sicher ist, ob man jemals wiederkommen wird, weil es so weit weg ist.

Heute werden sie ihre längste Bahnreise unternehmen. Von Aubervilliers-La Courneuve fahren sie direkt nach Arcueil-Cachan; sie überspringen zehn Stationen auf einmal: die von La Plaine-Voyageurs, wo sie bereits den unerläßlichen Stop gemacht haben, dann alle, die unter dem Zentrum von Paris liegen – Gare du Nord, Châtelet, Saint Michel, Luxembourg, Port Royal, Denfert Rochereau, Cité Universitaire – und dann noch die ersten beiden der südlichen Vorstädte, Gentilly und Laplace, da sie sich in Aubervilliers so lange aufgehalten haben. Am selben Tag haben sie in Arcueil-Cachan nämlich eine Verabredung, die sie nicht verschieben können. Sie werden zum Mittagessen erwartet. Das trifft sich gut, denn wie François' Großvater auf dem Bahnsteig des Gare de Lyon mit Falsettstimme von der Höhe seiner 2.01 Meter aus sang, wenn er in einem homerischen Durcheinander aus Bergrucksäcken, Hutschachteln, Schmetterlingsnetzen und einem Gewirr von Angelruten auf große Fahrt ging:

Die frische Luft
im Zug
macht höllischen Appetit.

Wenn sie nun ihren Zug richtig wählen, SLOW oder SUTO, sollte dieser sie nach ein paar Drehgestellstößen auf dem Bahnsteig von Arcueil-Cachan absetzen. Schließlich hält sich KOHL für diese Aufgabe bereit. Unglücklicherweise genießen sie ihn nur wenige Augenblicke. KOHL stürzt sich am Gare du Nord in den Tunnel, gleitet an den langen, schlecht beleuchteten Bahnsteigen entlang, hält an und stößt einen langen Seufzer aus, in dem sich Furcht und Erleichterung mischen. Das Licht geht aus, und in der folgenden Stille ertönt KOHLs Stimme. Es stellt sich heraus, das sie den Akzent von Perpignan hat und verkündet, daß es infolge von Störungen auf dieser Strecke keine Direktverbindung gebe und alle Reisenden aussteigen müßten.

Sein wirklicher Name ist übrigens nicht KOHL, sondern KHÔL.

Und da auf dem Bahnsteig großer Andrang ist, obwohl gar keine Stoßzeit ist, gibt es wohl wirklich Störungen. Die Menge ist mißmutig, mit Ausnahme einer kleinen Gruppe von vielfarbigen Jugendlichen, die rauchen und ein paar Schreie rauslassen und sich bewegen zum Klang einer gestörten Lambada aus einem Kassettenrekorder. Die elektronische Anzeigetafel ist tot, kein Zug steht zur Abfahrt bereit, ein genaues Studium des Fahrplanes erbringt, daß der nächste Zug wahrscheinlich ein Direktzug nach Massy-Palaiseau und Saint Rémy ist, der in Arcueil-Cachan nicht hält. So beschließen sie, an die Oberfläche zu steigen; sie könnten die Tageszeitungen kaufen und den Duft der großen weiten Welt schnuppern – dort, wo die Fernzüge abfahren. Sie wollen die Zeit nutzen, um nachzusehen, ob die beiden russischen Wagen des Paris-Moskau-Expresses (16.14 Uhr) bereits am Bahnsteig stehen. Nostalgische Erinnerungen: Beide haben den Zug schon einmal genommen, Anaïk nach Berlin, François nach Warschau; bei ihm ist es schon zehn Jahre her, zwei Nächte und ein Tag lang das langsame Gerumpel, und er erinnert sich, daß an der belgischen Grenze Eisenbahner eine junge Frau am Fenster gefragt hatten, wohin sie fahre; einer hatte ihr eine angewelkte Rose gereicht: «Hier, nehmen Sie sie mit nach Moskau.»

Die junge Frau hatte den Kopf ins Abteil zurückgezogen, die Blume auf die gänsedreckfarbene Samtbank geworfen und zu François in einem mürrischen Deutsch einen Satz gesagt, in dem er die Wörter *dumm* und *Scheiße* wiedererkannt hatte.

Ja, die Wagen stehen da, grünlich, völlig verdreckt und verrostet, mit ihren vergilbten Spitzenvorhängen, und am Eingang über dem hölzernen Trittbrett, ein Gitter, an dem man sich den Schnee von den Stiefeln kratzt. Nutzlos und heruntergekommen, ein wirkliches Stück einer echten Volksdemokratie, das fast im Verborgenen ein paar Stunden täglich im Herzen von Paris strandet. Doch sie dürfen nicht einsteigen, nicht den Geruch nach staubigem, altem Tee einatmen oder mit ein wenig Phantasie vielleicht sogar den nach kaltem, saurem Kohl, der seit Jahrzehnten der Geruch des real existierenden Sozialismus ist. Unnachgiebig wacht ein Schaffner mit einer grauen Tschapka und spricht kein Wort Französisch. Schade, manchmal liegen Prospekte im Gang herum, und mit etwas Glück hätten sie den kostbaren Fahrplan der transsibirischen Eisenbahn in die Hände bekommen, ein dickes Heft, in dem man sich verheddert in der Folge der Tage und Zeitzonen: Nach einer weißen Ebene eine weitere weiße Ebene; Abfahrt in Krasnojarsk um 0.18 Uhr, Ankunft in Irkutsk um 21.03 Uhr, doch ist das dann am nächsten Tag oder am übernächsten, und wieviele Stunden muß man hinzurechnen oder abziehen, und gibt es einen Kurswagen nach Ulan-Bator, und wo muß man sonst umsteigen, um sich nicht auf dem Weg nach Wladiwostok wiederzufinden, obwohl man fünf Tage zuvor eine Fahrkarte nach Peking gelöst hat?

Sie tauchen wieder in die Abgründe der RER ab. Die Stimmung hat sich gewandelt. Ungewöhnliche Hektik herrscht auf dem Bahnsteig. Ein Zug steht mit geschlossenen Türen halb im Bahnhof. Eine dichte Menge drängt sich an der Zugspitze. Schreie. Männer auf den Gleisen: Feuerwehrhelme tauchen an der Bahnsteigkante auf und verschwinden wieder. Polizisten schubsen sie zur Seite, um sich den Weg zu bahnen. «Hast du's gesehen?», fragt jemand. «Da hat man keine Chance», sagt ein Mann. «Hätte er das nicht am Eiffelturm machen können?» «Noch mehr Verspätung», sagt ein anderer. «Das ist der Kopf, es ist furchtbar.»

Es ist furchtbar. Die Jugendlichen mit dem Kassettenrekorder abseits von der Menge sprechen laut, schreien, brüllen. «Ich hab ihn gesehen.» «Einfach widerlich.» Ein Junge lacht hysterisch. Da wühlt ein anderer in seinen Taschen, zieht Hundert-Francs-Scheine heraus und steckt sie an, und sie sehen sie brennen, verstört, als wäre das die absurdeste Herausforderung, die sie selbst gegen die Absurdität finden konnten.

Lautsprecher verkünden: «Wegen eines schweren Unfalls in Richtung Saint Rémy lès Chevreuse werden Sie gebeten, zu Bahnsteig D zu gehen.» Die Menge strömt zurück.

Eine Stunde später sind unsere Reisenden in Arcueil-Cachan.

III

Hurepoix

Und Monsieur Fenouillard gesteht, *daß er nichts mehr begreift*
Georges Colomb, genannt Christophe,
Die Familie Fenouillard

10

Arcueil gegen Cachan – Der Erfolg eines Kindes aus Arcueil – Geschichten und Legenden über die Bahnlinie nach Sceaux – Willkommen im Hurepoix – Von Camulogen zu Erik Satie: die «Eingeborenen von Arcueil» – Die große Besteigung des Aquäduktes – Das große Republikaner-Bankett und seine Folgen – Begegnung mit der Katze Mar-la-Main und dem Kanarienvogel Fifi

Donnerstag, 1. Juni, Fortsetzung. Nun befinden sie sich also im Süden, und es ist, als ob die Sonne heller strahlte, die Natur freundlicher und die Luft leichter sei. Schluß mit der Ebene ohne Ausblick und fast ohne Landschaft. Ein anderes Land? Hier wellen sich die Vorstädte und grünen. Der Bahnhof von Arcueil-Cachan liegt am Westhang eines Tales, das von engen Bögen eines schlanken Aquäduktes mit hohen Pfeilern aus Meulière-Stein überspannt wird. Am Hang gegenüber stapeln sich Einfamilienhäuser, Cités und Backsteinwohnblöcke übereinander; am Rand des Plateaus kann man winzig die Autos auf der Südautobahn vorbeiflitzen sehen und noch weiter entfernt, auf dem Plateau, das Gustave-Roussy-Krankenhaus, das dieses Tal erdrückt mit seinen massigen Umrissen wie eine mittelalterlichen Burg aus Stahl und Glas, überragt von einem Bergfried.

Doch dies ist nicht der Augenblick, um sich für die Landschaft zu interessieren. Sie sind um halb eins im Restaurant der «Mère Dubois» verabredet, sie sind spät dran und möchten vorher noch ihr Gepäck im Hotel Le Relais bleu, in der Rue Camille Desmoulins abstellen, dem einzigen, in dem es noch möglich war, nach einer Reihe fruchtloser Anrufe Zimmer zu bekommen. Der Streckenplan des Omnibusses 187 neben dem Bahnhof gibt an, daß eine Haltestelle tatsächlich Camille Desmoulins heißt. Eine Viertelstunde später setzt der 187er sie unten im Tal gegenüber einer Gruppe hochmoderner Backsteinbauten ab, wo auch das Rathaus, Läden und «Komfort»wohnungen untergebracht sind: Sie biegen in die Avenue Camille Desmoulins ein, die sie nach Süden führt, laufen anfangs zwischen alten Dorfhäusern, dann zwischen luftiger gebauten Schulgebäuden, bis sie nach endlosem Marsch feststellen, daß die Straße tückischerweise zur Avenue de la Division Leclerc geworden ist und sie nach L'Haÿ les Roses kommen. Kehrt Marsch. Schwitzend, der Riemen der Reisetasche schneidet in die Schulter, müssen sie sich den Tatsachen beugen: In der Avenue Camille Desmoulins liegt kein Hotel. Sie ziehen die Karte genauer zu Rate und stellen fest, daß sie sich haben täuschen lassen, als wären sie noch am ersten Tag ihrer Reise: Le Relais bleu liegt in der Rue (und nicht in der Avenue) Camille Desmoulins, und zwar in *Arcueil* und nicht in *Cachan*. Und selbstverständlich befindet sich die Straße in völlig entgegengesetzter Richtung, am gegenüberliegenden Hang des Tales, hinter der Autobahn. Es ist zu spät, um noch vorbeizugehen, es ist halb zwei, sie müssen rennen, ganz Cachan durchqueren und einen Teil von Arcueil, zum Schluß eine steile Treppe hinter dem Aquädukt hochspurten, um atemlos in den tröstlichen Dünsten des Restaurants von Mutter Dubois zu landen, wo sie Monsieur Marin seit über einer Stunde erwartet. Er ist bereits beim Kaffee und läßt ein wenig sein Erstaunen über ihr abgehetztes Aussehen erkennen.

Zum Glück gibt es «Kalb Marengo», «Kaninchen nach Jägerart» und den Brouilly-Wein von Mutter Dubois. Und es kann ihnen wirklich niemand verdenken, daß sie nun einen Bärenhunger haben.

Monsieur Marin verbrachte seine Kindheit in Arcueil. Genauer gesagt, er kam 1937 nach Arcueil, mit acht Jahren, ein Waise aus Asturien, und er blieb da. Zu jener Zeit forderten die rechtdenkenden französischen Zeitungen, daß man die Invasion des roten Gesindels bremsen müsse, das von der anderen Seite der Pyrenäen heranbrandete – *frente popular, frente crapular* –, während Hilfsorganisationen und Arbeitergemeinden die Solidarität für die Opfer des Bürgerkrieges organisierten. Die kommunistische Stadtverwaltung von Arcueil nahm Kinder von spanischen Republikanern auf, und noch fünfzig Jahre später ist die Solidarität der Kommunisten für Monsieur Marin offensichtlich ein echter, menschlicher Wert. Er verlebte seine Kindheit und den Krieg in einem Sträßchen unten in Arcueil, das es immer noch gibt, wo sich damals alte Holz- und Mauersteinhütten drängten. Wer macht sich heute klar, wie groß das Elend in Arcueil war? Wie soll man begreiflich machen, daß in den inzwischen so adretten Sträßchen vor ein paar Jahrzehnten noch Hunger, Schlamm, Feuchtigkeit und Kälte herrschten? Die Frau, die sich um ihn kümmerte, tat es vor allem wegen der Zuschüsse von der Stadt. Doch der Direktor der Grundschule hatte Interesse an ihm. Er war nämlich Klassenbester. Mit vierzehn Jahren fand er seine erste Arbeit in einem Betrieb, der ganz Montparnasse mit Farben, Pinseln, Leinwänden und Staffeleien versorgte. Lager und Werkstatt befanden sich in Arcueil, in der Straße, wo er wohnte. Es war Krieg, und er mußte gebrauchte Nägel geradeklopfen.

Folgt die Geschichte vom Kampf eines Kindes, das sich ans Leben klammert und gewinnen will: «Wenn man aus dem Elend kommt, kann man besser kämpfen als die anderen. Man kennt den Wert der Dinge und den des Geldes.» Und auch den Wert des Lebens. Monsieur Marin kommt immer wieder auf das Elend von Arcueil zurück, das Elend, dem er trotzen mußte, doch er betont immer wieder, daß seine Geschichte nichts ist neben dem ganzen Elend der Welt. Heute steht er selbst an der Spitze eines modernen Unternehmens für Künstlerbedarf. Mit Anaïk befreundete Maler haben ihr gesagt, es käme gar nicht in Frage, nach Arcueil zu fahren und ihn nicht zu besuchen. Er kennt, liebt und sammelt moderne Malerei; er weiß die Arbeit schließlich richtig zu schätzen und verfolgt sie in allen Einzelheiten. Und Arcueil kann stolz sein auf Monsieur Marin. Vom alten Lager ist er in neue Räume auf der anderen Talseite umgezogen, genau in die Spitze, die von den beiden zusammenfließenden Autobahnen gebildet wird.

Natürlich hat sich Arcueil verändert. Er erinnert sich an Zeiten, als er Milch auf dem Bauernhof holen ging. Bauernhöfe und Gemüsekulturen sind verschwunden, auch die Steinbrüche, und die Elendshütten wurden durch Sozialwohnungen ersetzt. Diese Umsiedlung der Bewohner in Sozialwohnungen nach dem Krieg stellt für ihn einen großen Sieg dar. «Über die Kommunisten kann man sagen, was man will, doch das haben sie geschafft.» Schön oder häßlich, das ist ein anderes Problem: Wenn man sieht, wie die Leute vorher lebten, zögert man nicht.

*

Auf ihrem Fußweg zum «Relais bleu» müssen sie unter der Autobahn durch, genau an der Stelle, wo der Abzweig von der Porte d'Italie mit dem von der Porte d'Orléans zusammenfließt. Verlassen liegen bei diesem Durchgang die Rampen, Treppen und Tunnel, in denen Urinpfützen stehen, das Ganze gekrönt von abstrakten Skulpturen aus Beton und kaputten Blumentöpfen auf Kiesflächen: Die totale Negation jeder Menschlichkeit, der Gipfel des Schreckens, ein armseliger Schrecken, die beängstigendste Einsamkeit, die sie seit Reisebeginn erfahren haben, der graue, nackte Tod, der Tod ohne jede Grandeur lauert an der Gangecke, während obendrüber, in einer anderen Welt, der übliche Verkehrslärm auf vier Bahnen und achtzehn Spuren tobt.

«Le Relais bleu» ist ein modernes, ordentlich geführtes Hotel, dort wird vor allem in ganzen Autobusladungen abgestiegen, indem man eine mit dem Auge des Fußgängers nicht erkennbare Rampe hochfährt. Die Zimmer dieses Bunkers liegen alle zur Autobahn hin, die Doppelscheiben dämmen mittelmäßig, und es gibt keine Klimanlage. Eine nicht sonderlich erholsame Nacht steht ihnen bevor.

Am Spätnachmittag gehen sie durch rote Backsteinsiedlungen – Vaillant Couturier, Les Irlandais – zwischen Bäumen wieder ins Tal hinunter. Ihr Weg führt eine Straße entlang, gesäumt von alten Häusern mit strengen Fassaden und schmalen Fenstern, eine gewundene Straße, als ob sie einem eigenwilligen Flußlauf folgte: Hier floß die Bièvre, hier lagen einst Wäschereien und Gerbereien. Seit hundert Jahren aber fließt die Bièvre unterirdisch und ist nur noch ein Abwasserkanal, der mitten in Paris, hinter der Pont d'Austerlitz in die Seine mündet. Sie gehen wieder unter dem Aquädukt durch, inzwischen wissen sie, daß es die Grenze zwischen den beiden verfeindeten Schwestern Arcueil und Cachan darstellt. Im «La Soupière» gehen sie essen, einem Hotelrestaurant am Rande des Einkaufszentrums von Cachan, das zur Hotelkette Climat gehört. Dort reservieren sie Zimmer für den nächsten Tag. François macht eine kulinarische Entdeckung, Lachsfilet mit Sauerampfer, außen warm und innen noch tiefgefroren: im Mund eine seltsame Mischung aus Eiskristallen, die zwischen den Zähnen knirschen, und einer sämigen, heißen Sauce. Eine moderne Version des «Omelette norvégienne». Anaïk schlägt vor, das Gericht aufwärmen zu lassen. François protestiert: Das bedeutet doch reisen, immer wieder neue Entdeckungen. So lautet die Spielregel. Anaïk merkt an, daß sie beide fast vergessen hatten, daß es ein Spiel ist.

Hier wäre Platz für einige gastronomische Betrachtungen. Abgesehen von dem fürstlichen Couscous bei Akims Vater, einer quasi königlichen Bratwurst im letzten Auvergne-Restaurant von Aubervilliers gleich hinter der Kirche und der bürgerlichen Küche der Mère Dubois ist die Reise unter diesem Aspekt ein Desaster.

Wieder laufen sie durch die Nacht, verirren sich, finden niemanden, den sie nach dem Weg fragen könnten. Nach Aubervilliers sind sie nun wirklich in einem anderen Land. Wird so die weitere Reise sein, an der Südstrecke der Linie B der RER entlang, die früher «Ligne de Sceaux» hieß?

*

«Ein bißchen bin ich auch ein Kind der Strecke nach Sceaux», behauptet François. «Ich bin im Jahr ihrer Elektrifizierung geboren. Wie sie war, als noch der kleine Dampfzug zwischen Denfert Rochereau und Limours verkehrte, weiß ich natürlich nur von Fotos und durch alles, was noch darüber erzählt wird. Es würde einen ganzen Band von *Geschichten und Legenden um die Strecke nach Sceaux* füllen. Was gewöhnlich erzählt wird über den Abschnitt Saint Rémy lès Chevreuse-Limours zum Beispiel, ist ein Gewirr von sich widersprechenden Versionen: Wie du weißt, ist Yves Lacoste ein berühmter Geograph, und er ist ebenfalls ein Kind der Strecke nach Sceaux, weil er aus Bourg la Reine stammt. Er behauptet steif und fest, daß dieser Streckenabschnitt nie in Betrieb genommen wurde; Yves Lacoste zufolge wurde alles gebaut, der Damm, die Brücken und Bahnhöfe und in Limours sogar ein Bahnhofs- und Sporthotel, in dem wir bestimmt absteigen würden, wenn es noch existierte; doch die Schienen wurden nie verlegt, und deshalb werden wir nicht nach Limours fahren. Dabei hat mir mein Nachbar, ein Landwirt in Milon la Chapelle, früher mal erzählt, daß die Deutschen die Schienen 1941 herausgerissen hätten. Der *Guide bleu* von 1921 wiederum beschreibt den Verlauf der ‹Strecke nach Limours› ausführlich und verzeichnet sogar die Abfahrzeiten der Anschlußbusse am Bahnhof von Boullay les Troux: Wem soll man da glauben?

Vor hundert Jahren kaufte mein Großvater väterlicherseits, der den größten Teil des Jahres damit zubrachte, in Ägypten Sphinxpfoten abzukratzen, für seine Aufenthalte in Frankreich ein Haus im Chevreuse-Tal. Als er später endgültig zurückkehrte, behielt er es. Ich habe diesen Großvater nie kennengelernt, er starb fast zwanzig Jahre vor meiner Geburt: Den Fotos nach war er ein bärtiger, schmerbäuchiger Kerl, und ich kann ihn mir gut vorstellen, wie er hinter dem kleinen Holzwaggon herlief, eine Hand an den kupfernen Türgriff geklammert, in der anderen seinen Regenschirm, den er in seine schwarze Melone eingehakt hatte, damit sie nicht davonfliegen konnte. Zu jener Zeit – ich spreche von den Jahren vor dem Krieg 14/18 – traf er auf der Fahrt bestimmt eine Menge anderer schmerbäuchiger Herren mit Melone: Die Strecke hatte den Beinamen ‹der kleine Sorbonne-Zug› oder ‹der Professorenzug›, denn viele Universitätslehrer wohnten an der Strecke und nahmen ihn, um ihre Vorlesungen in Paris zu halten, besonders seit sie bis zum Jardin du Luxembourg verlängert worden war. So auch der Mathematiker Henri Poincaré, der in Lozère einstieg, oder Fustel de Coulanges, der in Massy-Palaiseau zustieg. Universitätslehrer und andere: Péguy etwa, der seinen Schreibwarenladen gegenüber der Sorbonne hatte, zog später an die Strecke nach Sceaux: Er machte sein Vorbereitungsjahr für die großen Schulen am Lycée Lakanal in Sceaux, wie später auch Alain-Fournier, ließ sich dann in Bourg la Reine und schließlich in Lozère nieder. Péguy nahm den Zug täglich, und ich bin sicher, daß das regelmäßige Wiegen der Räder den ganzen Tag in seinen Ohren weiterdröhnte und das erstaunlich rhythmische Leiern seiner Vierzeiler damit zu tun hat. Das Gedicht *Ève* besteht allein aus 1.903 vierzeiligen Strophen, die wiederholend und aufdringlich wie ein langer Zug mit 1.903 vierrädrigen Waggons vorbeiziehen, so daß man gar kein großer Lacan-Anhänger sein muß, damit einem diese semantische Offensichtlichkeit auffiele: *quatrain = quatres trains* (Vierzeiler = Vier Züge). Péguy verriet seine Besessenheit für die Strecke nach Sceaux übrigens selbst, indem er in *Les Sept contre Paris*, einen Alexandriner nur aus Bahnhofsnamen unter seiner Feder rollen ließ:

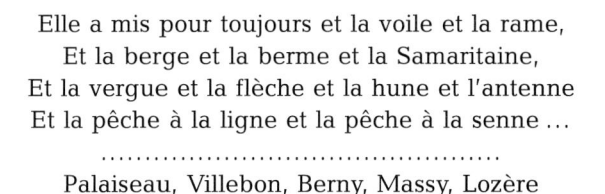

> Elle a mis pour toujours et la voile et la rame,
> Et la berge et la berme et la Samaritaine,
> Et la vergue et la flèche et la hune et l'antenne
> Et la pêche à la ligne et la pêche à la senne ...
> ....
> Palaiseau, Villebon, Berny, Massy, Lozère
> ....
> Sous le commandement des tours de Notre-Dame.

In Arcueil sah mein Ahne wahrscheinlich manchmal Eric Satie zusteigen, obwohl der lieber Fahrrad fuhr. Man sollte noch hinzufügen, daß der kleine Professorenzug mit dem kleinen Bohnenzug, dem aus Arpajon, konkurrierte.

Geht man ganz weit zurück, so stimmen Geschichte und Legende darin überein, daß diese Strecke in den vierziger Jahren des 19. Jahrhunderts als eine der ersten gebaut wurde, und ich habe gelesen, daß ihre Spurbreite völlig außergewöhnlich war: 1,75 Meter, während die Standardspurbreite bekanntermaßen 1,435 Meter beträgt. Noch ein undurchdringliches Geheimnis. Wann und wie man zu den Normmaßen kam, keine Ahnung. Dagegen weiß ich, daß die außergewöhnlich kurvige Strecke von einem gelehrten Ingenieur benutzt wurde, um die ersten beweglichen Drehgestelle erfolgreich zu erproben, usw. usw.

Ich lernte die Strecke nach Sceaux erst wirklich kennen, als ich

1944 aus Südfrankreich zurückkehrte und in dem Haus in Milon la Chapelle wohnte. Ich war zwölf Jahre alt und schon ein Kenner in Sachen Eisenbahn: In Montpellier fuhr ich regelmäßig mit dem kleinen Zug nach Palavas, den der Zeichner Dubout so mochte. (Abgesehen davon, daß der kleine Zug nach Palavas eine Dreiviertelstunde für elf Kilometer auf ebener Strecke brauchte und in der schönen Jahreszeit von einem dichten Mückenschwarm begleitet wurde, wies er die Besonderheit auf, *immer* verkehrt herum zu fahren: wenn die Lokomotive den Zug zog, fuhr sie mit dem Hintern nach vorn; wenn sie die Nase in der richtigen Richtung hatte, schob sie die Wagen.)

Wie in vielen Liebesgeschichten sind auch meine Beziehungen zur Strecke nach Sceaux aus viel Zärtlichkeit, aber auch aus ein bißchen Blut und Tod gemacht. Am 6. Juni 1944 war ich dabei, als der Zug bei seiner Ausfahrt aus dem Bahnhof von Saint Rémy beschossen wurde. Es gab Tote. Warum machten sich die Flieger – englische, sagen manche, französische, meinen andere – über einen Vorortzug her? Noch ein nicht erhelltes Geheimnis der Sceaux-Strecke. Allerdings wurde die Aufmerksamkeit der Historiker am 6. Juni 1944, ‹dem längsten Tag›, auf entscheidendere Ereignisse gelenkt als auf diesen banalen Jagdunfall.

Meine Jugendzeit wurde gegliedert durch meine Fahrten auf der Sceaux-Strecke. Ich glaube, ich kannte alle Landschaften in- und auswendig: Ich habe sie sich im Laufe der Jahre vor meinen Augen wandeln sehen bis zum heutigen Tag, jedoch so langsam, so verstohlen, daß ich es gar nicht sofort bemerkt habe, und noch heute, wenn ich in Bourg la Reine vorbeikomme, erwische ich mich dabei, wie ich nach den Treibhäusern der Gemüsebauern Ausschau halte.

Zuerst einmal sollte erwähnt werden, daß die Züge ungeheuer modern waren: Als die meisten Vorortwaggons noch Holzbänke hatten, waren die Sitze schon aus dunkel glänzendem Skai. Die Decke war hoch und die Ausstattung irgendwie feierlich, wie ich das sonst nur in der Moskauer Metro oder in den bereits beschriebenen russischen Flugzeugen wiedergefunden habe. Das Muster eleganter brauner Netze lief über die hell emaillierten Wände: Vernickelte Haltestangen in T-Form mit elegant gebogenen Armen reichten vom Boden bis auf halbe Höhe; vor allem aber wurden die Wagen beleuchtet von Lüstern in Form prächtiger umgedrehter Pilze, die den Salons dritter Klasse des Dampfers *Normandie* gut angestanden hätten. Ich war sehr stolz, auf einer so luxuriösen Strecke zu fahren. Sie hatte auch die interessante Besonderheit, bis Massy-Palaiseau der RATP zu gehören und darüber hinaus der SNCF, weshalb sie unterschiedslos sowohl ‹Metro› als auch ‹Zug› genannt wurde. Ich sah die Waggons älter werden, habe das Übertünchen der emaillierten Arabesken beklagt, sah, wie sie ihre Lüster verloren, die durch gewöhnliche Plastikvierecke mit Leuchtstoffröhren ersetzt wurden: Ich hörte, wie ihre Elektromotoren nachließen und sie einen kläglich rauhen Klang annahmen. Man hatte versucht, sie äußerlich aufzumöbeln, indem die grüne Farbe, die ihnen so gut stand, durch zwei aufeinander abgestimmte Grautöne ersetzt wurde. Die Umwandlung in ein ‹réseau régional express›, ein regionales Schnellbahnnetz, mit der Eröffnung des Abschnittes Luxembourg-Châtelet ist ihr zum Verhängnis geworden. Das Gefälle unter dem Boulevard Saint Michel war zu stark; ihr edles Gehäuse stöhnte unter der Anstrengung. Am härtesten war es jedoch, in den letzten Jahren die verächtlichen Kommentare der Reisenden zu hören, die die Ruhmesstunde der Bahn nicht gekannt hatten, ihre spöttischen Bemerkungen, wenn der Zug etwa, außer Atem, zwischen Bourg la Reine und Bagneux einen Waggon verlor. Das war umso ungerechter, als alle Modernisierungen in mehr als fünfzig Jahren es nicht zuwege gebracht hatten, die Strecke schneller zu machen. Man braucht immer noch mahr als eine Dreiviertelstunde von Luxembourg nach Saint Rémy.

Damals fuhren die Züge an der Station Luxembourg ab, deren Besonderheit es war, daß man sie durch den Torbogen eines gewöhnlichen Hauses betrat, an dem nichts darauf hinwies, daß es fast heimlich einen Bahnhof im Keller verbarg. An der Gewölbedecke war noch der Ruß der Lokomotiven zu sehen. In Denfert wartete immer eine dichtgedrängte Menge, und man mußte die Ellbogen gebrauchen. Sobald der Zug ins Freie kam, empfand man ein Gefühl der Erleichterung. Man konnte besser atmen. Außerdem wußte man, daß es nun ohne Halt bis Antony ging, und es war angenehm zu wissen, daß man in all diesen Bahnhöfen, an all diesen Bahnsteigen durchfahren würde, wo der Zug die Masse der Vorstadtameisen streifte, die trippelnd auf ihren Bummelzug warteten. Gleich war die Landschaft hübsch mit grauen Zinkdächern und Höfen, einem Lager des Fayard-Verlages, mit einer dicken schwarzen Schrift bedeckt, die die *Œuvres Libres* pries, eine Werbung für *Saint Raphaël Quinquina* auf der fensterlosen Wand eines fünfgeschossigen Hauses, wobei das Rot und das Blau eigenartige Konturen anahmen, da sie auf unregelmäßige Bruchsteine gestrichen worden waren.

Sehr bald kam das Aquädukt von Arcueil in Sicht; ein Leben lang hatte ich den unmöglichen Traum, einmal auf seinem schmalen Grat herumzuspazieren. Sobald ich es erblickt hatte, prüfte ich automatisch nach, ob man auch darüber laufen könne. Ich hatte zwar einen winzigen Weg entdeckt, doch ich sah niemals jemanden oben, und ich hatte ebenfalls bemerkt, daß der Zugang durch ein Gittertor mit scharfen Spitzen versperrt war. Kurz vor dem Aquädukt war ein hübscher, kleiner Güterbahnhof zu sehen, wo vor allem Kohle zwischengelagert wurde. Der Hinweis ist angebracht, daß es noch *Güterverkehr* auf der Strecke gab. Vom Zug aus war das Tal der Bièvre zu sehen, wo wir uns jetzt befinden: ein Gewirr aus roten Falzziegeln, winzigen Gärtchen und Blechschornsteinen. Bei schönem Wetter ein hübsches Patchwork, heiter und buntscheckig, vor allem um die Jahreszeit, wenn der Flieder gerade die Forsythien ablöst. Im Winter wirkte es düster, denn über dem Tal hing ein dichtes Grau in Grau von Nebel und Ruß. Die Waggonfenster, die Bäume am Bahndamm, die Häuser mit rauchenden Schornsteinen, alles weinte Kohletränen. Der Osthang gegenüber blieb lange Zeit kahl bis an die Ausläufer der Redoute von Hautes Bruyères, dann kamen die Wohnblocks, die Bäume, die Autobahn und dieses Krankenhaus, dessen Nilpferdmasse alle Proportionen der Landschaft endgültig durcheinandergebracht hat: Sogar das Aquädukt wirkt dadurch fast unbedeutend.

Kurz vor Bourg la Reine verlangsamte sich der Zug und bot Gelegenheit, eine Modell-Gemüsekultur zu bewundern, mit ihren Gewächshäusern und den geraden Alleen, in denen auf Schienen kleine Wagen verkehrten. Die Fahrt durch Bourg la Reine war ein wichtiger Augenblick der Reise. Der ‹Direktzug› hielt dort ebenso wenig wie anderswo. Es reichte gerade, die Abzweigung nach Robinson wahrzunehmen. In diesem Augenblick kam es fast immer zum Drama. Immer fand sich ein Reisender, der feststellte, daß er im falschen Zug saß. Ich bin sicher, daß wir alle insgeheim enttäuscht waren, wenn einmal nichts geschah. Wir bemitleideten ihn dann gebührend: Wir fühlten uns als eine große Familie angesichts dieses in so elementaren Dingen Unwissenden. Und da erfuhr ich auch, daß es etwas noch Tolpatschigeres gibt als einen Provinzler in Paris: einen Pariser in den Vorstädten.

Die Fahrt durch Bourg la Reine wurde auch dadurch zu einem bedeutsamen Augenblick, daß ich niemals – bis heute nicht – in Robinson war. Ich habe dieses Anhängsel der Strecke nie genommen, das dort nach Westen abbiegt: Es war das Unbekannte. Ich wußte nur, daß es an seinem Ende legendäre Gartenlokale gab, in die Äste dicker hundertjähriger Kastanien gebaut, wo hinauf Speisen und Getränke mit Hilfe von Körben und Seilen geschafft wurden, und daß sich Robinson auf Gesang reimte und dort gefeiert wurde.

Am Ausgang von Bourg la Reine sah man rechts für Bruchteile einer Sekunde ein Betonminarett, das mir als der Gipfel der Verrücktheit erschien (ich kannte Gaudi noch nicht), bevor dann der Zug in den Tunnel unter dem Parc de Sceaux eintauchte – jedes zweite Mal vergaß der Zugführer, die Lüster anzumachen und für ein paar Sekunden war alles stockfinster. In La Croix de Berny fuhr der Zug ebenfalls durch. Mehrere Jahre lang wurden die blauen Schilder mit dem Namen der Station ergänzt durch andere, kleinere, auf denen fast ein wenig verschämt stand: Fresnes. Dann verschwand Fresnes wieder, ebenso verschämt. Ich habe mich immer nach den Gründen für dieses Auftauchen-Verschwinden gefragt. Wieder ein Rätsel. Sind die Einwohner von Fresnes etwa Anhänger des Prinzips: ‹Laßt uns versteckt leben, damit wir glücklich leben›? Oder ist der Name Fresnes zu sehr mit seinem Gefängnis verknüpft?

Der Zug fuhr – und fährt immer noch – in die Betonschneise von Antony ein und hielt dort endlich eine Minute lang. Er wurde ein wenig leerer, man konnte es sich bequem machen. Dann tauchte er wieder auf, stürzte sich in die Ebene Massy-

Palaiseau, deren Stationen hintereinander liegen wie eine grammatische Deklination: Massy-Verrières, Massy-Palaiseau, Palaiseau, Palaiseau-Villebon. Dort gab es hundert Dinge anzuschauen, inmitten der ersten echten Felder, der ersten echten Kulturen, während sich in der Ferne die ersten echten Wälder abzeichneten. Danach kam das Dorf Massy, das bombardiert wurde und noch mehrere Jahre nach Kriegsende in Trümmern lag, da waren die Brücken und die Gleise der Strecke des großen Gürtels, mit der man von Massy-Verrières an ein Stück Weg gemeinsam machte, die aufgegebene Trasse einer rätselhaften Strecke Paris-Chartres, die nie gebaut wurde. Schließlich verzweigten sich die Schienen zu einem wahren Strauß, um einen Verteilerbahnhof mit unzähligen Güterzügen zu bilden. Massy-Palaiseau war eine eigenartige Metrostation aus Backstein und Beton, die auf freiem Feld stand zwischen Weizen und Brachland, wo man ‹gewöhnliches Bilsenkraut› wachsen sah. Eine lange, zerbrechlich wirkende Fußgängerbrücke aus Beton lief über die endlosen Verteilergleise, um eine Verbindung zu ermöglichen mit der Station der anderen Strecke, die auf der anderen Seite der Gleise zu sehen war. Nach Massy wurde der Zug zum Bummelzug, er fuhr ins Tal der Yvette ein, und man war wirklich endgültig auf dem Land, diesem Land, von dem Péguy sagte, daß es die Landschaft La Beauce ankündige:

> Des fermes et des champs taillés à votre image
> Mais coupés plus souvent par des rideaux de bois
>
> Et coupés plus souvent par de creuses vallées
> Pour l'Yvette et la Bièvre et leurs accroissements,
> Et leurs savants détours et leurs dégagements
> Et par les beaux châteaux et les longues allées.

In Palaiseau-Villebon stand an der Wand eines Meulière-Hauses gegenüber vom Bahnhof in ausgewaschenen Buchstaben eine große Ankündigung:

DIE SCHWEIZ BEI PARIS

Hinter Orsay waren endlich die ersten Kühe auf den Weiden zu sehen. Doch spürte man das Ländliche bereits, sobald Paris hinter einem lag. Lange Zeit drückten sich längs der Gleise noch in den kleinsten Eckchen, manchmal sogar bis in die äußerste Spitze zwischen den Weichen die Gärten der Bahnangestellten: Von Arcueil an wetteiferten Salate und Stiefmütterchen miteinander und in den warmen Monaten ein Feuerwerk von Erbsenreiser, Dahlien und Gladiolen. Die Strecke nach Sceaux wurde so zum Gartenbaubuch, in dem im Laufe der Monate und der Jahreszeiten die Kapitel wechselten. Waren die Hänge zu steil, um sie zu bestellen, dann waren sie von Büschen und jungen Akazien überwachsen; an manchen Stellen ist das übrigens heute noch so. Dies ist wirklich die Strecke der Akazien, jener Bäume aus der Neuen Welt, deren Blätter man lange als Symbol der Freiheit trug.

Und an Sonntagen im Frühling stiegen die Reisenden von Saint Rémy nach Paris mit dichten Sträußen violetter Dolden ein: dann war es der Fliederzug.»

*

Freitag, 2. Juni. Wie vorhersehbar war die Nacht ein einziges Kommen und Gehen: Das Fenster zu öffnen oder zu schließen hieß zwischen Lärm und Ersticken zu wählen. Zudem beschloß der endlich aufgetaute Lachs im Bauch von François zu rumoren.

Heute morgen weint der Himmel kleine Tränen. Sie sind mit Gérard vor dem alten Rathaus von Arcueil verabredet. Wie Gilles ist Gérard ein ehemaliger Geographiestudent von Yves Lacoste, und wie auch bei Gilles hatte dieser zu François gesagt, daß sie auf der Fahrt von Paris nach Bourg la Reine nur eine einzige Person sehen müßten, und das sei Gérard. Er wisse alles über die Gegend und noch mehr.

Und als sie, wie üblich verspätet, eine Straße zwischen den Backsteinsiedlungen hinunterrennen, begegnet ihnen ein junger Mann, der, als er an François vorbeikommt, ruft: «Sind Sie Monsieur Maspero? Nein, natürlich sind Sie nicht Monsieur Maspero», und rennt weiter, weshalb François nichts bleibt, als kehrt zu machen, ebenfalls wie ein Wiesel zu rennen, um zu versuchen, ihn einzuholen und sich dabei die Lunge aus dem Hals zu schreien: «Doch, doch, ich bin Monsieur Maspero.» Endlich überzeugt bleibt der junge Mann stehen und begrüßt sie feierlich: «Willkommen im Hurepoix!»

Von da an überstürzt sich alles: Es wurmt Gérard, daß es natürlich unmöglich ist, an einem einzigen Tag alles zu zeigen, was in Arcueil wichtig ist, seinen ganzen historischen und archäologischen Reichtum zu erklären. Er kennt alle Einzelheiten, jeden Stein, jeden Überrest, jede Stelle, die einst die Pracht von Arcueil darstellte. Zudem beschränken sich Gérards Kenntnisse und Leidenschaft nicht auf seine Heimatstadt, auch nicht auf das Tal der Bièvre, sondern erstrecken sich auf das ganze ausgedehnte Hurepoix, dieses Ensemble aus Plateaus, die durchzogen werden von bewaldeten Tälern, die von Paris bis in die Beauce reichen und wo es von Bächen, Ortschaften, Schlössern nur so wimmelt.

Gérard begeistert sich für die Vergangenheit, ist leidenschaftlicher Entdecker, verzweifelt über so viele verschwundene Wunderwerke und fürchtet, daß er so viel intensives Gefühl niemals vermitteln kann. Dabei sind seine Gefühle mitteilbar: Immer hinter ihm herrennend, sehen sie mit seinen Augen die Bièvre fließen, wo nur Asphalt ist, sich Schlösser erheben, wo Siedlungen stehen, sehen Terrassen, Gärten, und Wasserbecken stufig hintereinander, prächtige Parks, wo nur noch ein zweihundert Jahre alter Baum überlebt hat; sehen das Aquädukt von Katharina von Medici sich unter der jetzigen Konstruktion abzeichnen. Die gotische Kirche erzählt ihnen von Pilgerfahrten nach Santiago de Compostela, und unter einem Bogen des Aquäduktes wird eine Frauenbüste mit zwei Gesichtern lebendig, die ein altes Tor schmückt und im 16. Jahrhundert geschaffen wurde, um an den doppelten Ursprung der gallo-romanischen Zivilisation zu erinnern.

Sie rennen und rennen, Gérard redet und redet, und dann wirbeln um sie herum Anne de Guise, der Fürst von Lothringen, Eric Satie, der Gallierführer Camulogen, Raspail und seine große Familie, Ronsard, die Marquise de Montespan, der Marquis de Sade, König Johann II. Kasimir von Polen und viele andere illustre Persönlichkeiten, so daß sich François schließlich an eine einzige klammert, vielleicht weil er sie noch weniger als die anderen kennt, an den *Duc de la Vanne*. Schäm dich, du hast wieder nicht genau hingehört: vom *Aquädukt de la Vanne* war die Rede. Laßt uns für einen Augenblick verschnaufen und versuchen, ein bißchen Ordnung da reinzubekommen.

Camulogen: Es geschah Anno 52 vor Christus. Er wehrte die Angriffe von Cäsars Offizier Labenius ab, der versuchte, über die Seine zu setzen, etwa an der Stelle, wo heute der Quai d'Austerlitz liegt. Die Schlacht von Lutetia fand längs der Bièvre statt. Labenius wurde zurückgeschlagen und mußte flußaufwärts ziehen und sie bei Arcueil überqueren, um bei Montrouge eine Kehrtwendung zu machen. Daraufhin nahm Cäsar die Sache selbst in die Hand, er tötete Camulogen in der Ebene von Vaugirard und zog mehr oder weniger entlang der späteren Rue Vercingétorix nach Lutetia ein. Im Jahr darauf fiel Alesia. Warum gibt es in Paris keine Rue Camulogène?

Ronsard schrieb in seinen *Sonnets pour Hélène*:

> Tu vas bien à Hercueil avecque la cousine,
> Voir les prés, les jardins et la source voisine
> De l'antre où j'ai chanté tant de divers accords ...

Doch Ronsard war nicht der einzige, der in den Gärten von Arcueil spazierenging und ihre Wiesen und Quellen besang: Die Dichter der Pléiade trafen sich dort im Haus von Robert Garnier. Aus Arcueil hatten sie Hercueil gemacht, angeblich, um Herkules' Namen darin zu ehren.

Und hundert Jahre später dichtete Henri-Louis de Loménie folgendes hübsche Gedicht, auch wenn es etwas plump klingt:

> La fontaine d'Arcueil, plus fameuse que l'onde
> D'Inope ou de Pernesse où se puisaient les vers,
> Est la source à présent où se tirent nos rimes,
> Ta main en tient pour moi les robinets ouverts.

Katharina von Medici: Sie finanzierte die Arbeiten für das zweite Aquädukt. Das erste war unter den Römern gebaut worden: Angeblich speiste es die Thermen von Cluny, und seine Bögen sollen dem Dorf seinen Namen gegeben haben: Archelium. Das zweite versorgte das Palais du Luxembourg und verschiedene Pariser Brunnen mit Wasser. Heute stützt es die Meulière-Bögen des dritten, das im 19. Jahrhundert von Belgrand konstruiert wurde (wir stießen bereits am Canal de l'Ourcq auf ihn) und das die Reservoirs von Montsouris mit seinem Wasser versorgt.

Der Fürst de Guise: Sein Schloß, von dem nur noch ein paar Nebengebäude erhalten sind, war von einem prächtigen Park umgeben, durch den die Bièvre floß und wo er «die seltensten Vögel hielt». Bereits im 18. Jahrhundert wurde dieser Park aufgegeben. Gérard hat Recht, wenn er darauf hinweist, daß man sich diese Vergangenheit nicht so ausmalen darf, als ob das Schloß und sein Park einsam gelegen hätten, man muß sich vielmehr vorstellen, daß sich eine Reihe adliger Residenzen von Versailles aus über die Höhen von Marly und Saint Cloud erstreckte, von denen Sceaux die nächst gelegene war. Ludwig XV. jagte in den Wäldern bei Arcueil.

Der Marquis de Sade: In den zwanziger Jahren war in der Rue de la Fontaine Nummer 11 noch das Haus zu sehen, «Aumônerie» genannt, das dieser mietete, um an einem Sonntag während des Hochamtes zu versuchen, zur Sache zu kommen. Wie das Opfer, eine Frau Keller, berichtete, war es kläglich. Es ist eben riskant, literarisches Schaffen und Wirklichkeit zu verwechseln. Angeblich äußerten die Bewohner von Arcueil ihre Entrüstung.

Der Chemiker Berthollet und der Mathematiker Laplace wohnten in Arcueil Tür an Tür. 1807 gründeten sie die Chemische Gesellschaft von Arcueil. Die gesamte wissenschaftliche Elite aus Kaiserreich und Restauration kam bei ihnen vorbei: Lamarck, Gay-Lussac, Monge, Alexander von Humboldt, Chaptal.

Was Raspail und seine große Familie angeht, ihr Einfluß auf Arcueil ist immens, seit sich ihr Ahnherr François-Vincent Raspail, der «Arme-Leute-Doktor», dort niederließ. Das war 1864, und er war bereits hochbetagt, doch das verhinderte 1874, als er achtzig war, nicht, daß er zu einem Jahr Gefängnis verurteilt wurde, weil er geschrieben hatte, daß die Kommunarden keine Mörder seien. Sein Sohn Emile machte die Fabrik *Liqueur de Raspail* auf, und abgesehen davon, daß er zahlreichen Einwohnern Arbeit gab, die er «mit viel Kompetenz und Menschlichkeit» beschäftigte, war er ein großer Bürgermeister. Für die damalige Zeit hatte er kühne soziale Pläne. So gründete er ein Schulmuseum, die erste Milchspeisung, Krippen und eine Halbtagsschule für junge Arbeiter. Der andere Sohn gründete das Altersheim Raspail, und in der Avenue d'Orléans wurde ihm von der Straßenbahn ein Bein abgefahren.

Und Erik Satie? Er ist die Berühmtheit und das Lieblingskind von Arcueil. Er war bitterarm und bewohnte ein möbliertes Zimmer im sogenannten «Haus der vier Kamine», wo er 1925 starb. Als ganzen Besitz fand man in seinem Zimmer hundert Regenschirme und ein unbenutzbares Klavier, alles unter einem dichten Netz von Spinnweben. Satie wollte, daß man seine Musik genieße, und hatte dabei nicht einmal genug zu essen. Nach Montmartre und zum Kabarett *Le Chat noir* fuhr er mit dem Velociped, einem Gerät, für das er sich unermüdlich einsetzte, besonders bei den Kindern von Arcueil, mit denen er Donnerstag nachmittags spazierenfuhr. Satie beschäftigte sich viel mit Kindern: Angeblich duzte er sie nie. Er kümmerte sich um das städtische Jugendheim, dem er manchmal aus seiner mageren Börse unter die Arme griff, und gab kostenlose Musikstunden. Er war Mitglied des Vereines der «Eingeborenen von Arcueil» – obwohl er im normannischen Honfleur geboren war –, wurde Sozialist und stimmte 1920 für den Anschluß an die 3.Internationale: Glaubt man dem heutigen Bürgermeister von Arcueil, Marcel Trigon, so gründete Erik Satie den Ortsverband der Kommunistischen Partei von Arcueil. Diese Darstellung ist umstritten. Doch das bringt uns etwas weit ab von den *Morceaux en forme de poire*, den Stücken in Birnenform...

*

Es regnet immer noch. Gérard schleift sie mit in den Dachstuhl des alten Rathauses, eine winzige, doch großartige Speicher-Rumpelkammer, wo er alles zwischenlagert, was er retten kann: Alte Steine oder geschnitzte Treppengeländer, die er auf Baustellen aufgetan hat, Archive, die darauf warten, gelesen und geordnet zu werden: Er ist ständig in Alarmbereitschaft, um beim ersten Stoß des Preßlufthammers da zu sein, wie ein aufopferungsvoller Ärchäologe. In der Eingangshalle treffen sie Robert

Clusan, der sich erinnert, während des Algerienkrieges Wache gestanden zu haben vor der Buchhandlung *La Joie de lire*, als diese das Ziel von Anschlägen wurde. Diese Erinnerung und andere schaffen gleich brüderliche Bindungen zwischen François und ihm. Sie gehen essen und begießen das.

Zur Zeit der Volksfront war Robert Clusan Sozialist, einer von denen, die links von der Linken standen, so wie Marceau-Pivert. Er kennt Arcueil von Kindesbeinen an. Hier hat er politisch gearbeitet und in der Résistance gekämpft. Nach dem Krieg war er überall dabei, wo eine unabhängige, ehrlich Linke zu gründen war: die PSA, die PSU, die antikolonialistischen Komitees... Heute, nach einem langen Weg immer gegen den Strom, ist er schließlich in die Kommunistische Partei eingetreten: «Ich möchte morgens nämlich in den Spiegel gucken können», sagt er. François hat nicht die gleiche Entwicklung durchgemacht, doch – warum nicht – vielleicht sind die Spiegel von Arcueil ja Zauberspiegel...

Für Robert wie für Gérard ist Arcueil etwas «völlig Einzigartiges», vor allem, weil noch heute fünfundzwanzig Prozent der Einwohner aus dort seit langem ansässigen Familien stammen. (Das gilt auch für mehrere Orte in der Umgebung: So konnten Claude und Jacques Seignolle festhalten, als sie 1936 in Villejuif ihre Forschungen betrieben: «Unsere Hauptzeugen hatten einen Stammbaum, der das Vorkommen ihrer Familie vor Ort von beiden Seiten her seit 321 Jahren nachwies.») Diese Stadt mit 25.000 Einwohnern, einer Zahl, die sich seit zwanzig Jahren nicht veränderte, mit einer Einwandererrate, die die Stadt unter 10% zu halten versucht, wählt seit 1925 kommunistisch, und bereits mit sechzehn Jahren setzt man seine Kinder auf die Warteliste für die städtischen Sozialwohnungen. Ja, in dieser Stadt gibt es so etwas wie einen «Geist von Arcueil».

An seinen Rändern wird dieser Geist von Arcueil manchmal etwas «subrassistisch», um das Wort aufzugreifen, das Robert benutzt hatte. Wir werden sehen.

Arcueil, ursprünglich war das die Bièvre: anfangs ein hübsches Flüßchen, ein «fröhliches Gewässer, das plätscherte wie eine Nachtigall flötete», sang Benserade im 17. Jahrhundert, ein Flüßchen, das später dann auch Victor Hugo sehr ans Herz gewachsen war. Im Laufe der Jahre wurde sie durch die Webereien, Färbereien und Gerbereien eine «dreckige Kloake», die schließlich unter die Erde verlegt werden mußte. Dabei waren an ihren Ufern Wäschereien dichter gesät als sonst irgendwo in der Umgebung von Paris: 1900 gab es zwischen Arcueil und Cachan 150 davon. Emile Zola beschrieb in *Die Schnapsbude*, wie eine Waschstelle damals aussah. In der Wäscherei, wie Robert Clusan sie 1946 noch kennenlernte, war die Arbeit, wenn auch modernisiert, immer noch sehr hart. Clusan lieferte folgende Beschreibung:

> Ein ziemlich hoher Schuppen, damit der Dampf nicht am Boden steht, wo auf Betonsockeln riesige Waschkessel thronen, besser gesagt, koksgeheizte Dampfmaschinen ... Längs der Fenster dienen dicke Holztische auf stabilen Böcken zum Bügeln, denn unsere Wäscherinnen sind eher Büglerinnen. Damals gab es noch die riesigen Holzkohleeisen und die kleinen gußeisernen mit Leder- und Stoffgriffen, damit man sie überhaupt von den ständig beheizten Öfen nehmen konnte ...

Bis zum Ende des letzten Jahrhunderts war Arcueil wie alle seine Nachbardörfer eine Weingegend. Südlich von Paris, zwischen Chaillot und Villejuif, wuchs einer heller Weißwein, mit dem Paris weitgehend versorgt wurde, der aber auch viel weiter reiste. Ein Landwein – der *tutu* –, doch auch ein guter Wein, denn in Arcueil gab es vom 12. Jahrhundert an eine *Königsrebe*. Jahrhundertelang und bis zur Revolution trugen die Bauern dort den Titel *Rebackermann*. Unmittelbar vor der Jahrhundertwende zerstörte die Reblaus den Weinberg von Arcueil wie all die anderen in der Gegend, doch durch die industrielle Produktion der Weine aus Südfrankreich war der Weinanbau hier bereits stark zurückgegangen. Allmählich wurde er durch Gemüsekulturen ersetzt. Die *messiers* von Bagneux starben 1887 aus, in Arcueil gab es schon seit fünfundzwanzig Jahren keine mehr. Die *messiers*, das waren mit einem Säbel bewaffneten Wachen, die vor der Lese eigens zur Aufsicht über die Weinberge abgestellt wurden. Robert erinnert sich, noch Cachan-Wein getrunken zu haben. Ein paar Weinstöcke stehen noch in L'Haÿ les Roses. Unter großem folkloristischen Trara wurden vor vier Jahren auch in Bagneux wieder welche angepflanzt.

Arcueil, das bedeutete auch Steinbrüche. Man kann sich kaum vorstellen, wie die Landschaft im 19. Jahrhundert aussah, als die großen «Hamsterräder» fast überall auf den Feldern um Arcueil, Bagneux und Gentilly herumstanden. Chateaubriand erwähnt sie kurz auf der Straße zur Vallée du Loup, dem Wolfstal, und Eugène Toulouze beschreibt sie in seiner Geschichte von Bagneux folgendermaßen:

> Inmitten dieser Weidelandschaft, durch die kreuz und quer Wege laufen, waren leichte Erhöhungen zu sehen, auf denen riesige Räder standen, die wohl vier oder fünf Etagen hoch waren. Außen an dem riesigen Kreis befanden sich kleine Querhölzer, auf die ein paar Männer abwechselnd Hände und Füße stützen konnten, um ein Seil in der Mitte um die Radnabe rollen zu lassen, mit dem aus der Tiefe des Steinbruchs große Blöcke von mehreren tausend Kilo heraufgeholt wurden. Diese Arbeit mit Händen und Füßen gab den Arbeitern das Aussehen von Hamstern, die sich in ihrem Käfig drehen.

In den stillgelegten Steinbrüchen werden Champignons gezüchtet. Glaubt man den Leuten von Bagneux, so kann man bis zu den Katakomben von Denfert oder gar bis zum Panthéon durch Steinbrüche gehen, ohne jemals an die Oberfläche zu steigen. Robert erzählt, daß die Cité Vaillant Couturier auf solche Hohlräume gebaut sei und immer noch in instabilem Gleichgewicht stehe. Um den Untergrund zu befestigen, wurde Beton in den Boden eingespritzt. Später bemerkte man, daß dieses Vorgehen gefährlich ist, denn durch den überhöhten Luftdruck reißen die Wände. Deshalb werden heute meist Pfeiler mehr als fünfzig Meter tief in den Boden getrieben.

Außer Bruchstein wurde auch Ton zutage gefördert, deshalb blühte das Töpferhandwerk hier zu allen Zeiten. Anfang des Jahrhunderts wurden besonders in Bagneux Ziegeleien eingerichtet – das erklärt, wieso dieses Material für die städtischen Sozialbauten von Arcueil bevorzugt verwendet wurde.

Die Steinbrecher waren keine einfachen Menschen. Sie hatten ihren Dickkopf. Und da die Weinberge vor den Toren von Paris die Eröffnung zahlreicher Schenken begünstigte – Anfang des Jahrhunderts gab es hundertfünfzig allein in Arcueil –, hatten die Arcueiller den Ruf, Streithammel zu sein, mit denen nicht gut Kirschen essen war. Sie wurden die *roten Schläuche* genannt und taten sich mit den Bewohnern von Bagneux, den *Gelbpfoten*, zusammen, um auf die Leute aus Fontenay loszugehen, die aber auch nicht auf den Mund gefallen waren: Die Leute aus Bagneux waren die *Esel von Bagneux* oder die *Verrückten*, denn es wurde gesagt, daß der Gestank der Bohnen, die sie anbauten, sie verrückt mache. Über solche Folklore hinaus muß erwähnt werden, daß die Steinbrecher aus den südlichen Vorstädten bei allen großen Pariser Volksaufständen dabei waren, daß die Bevölkerung von Arcueil deutlich Partei ergriff für die Pariser Kommune – im Rathaus wird die rote Fahne der Arcueiller Kommunarden verwahrt – und daß sich immer das Gefühl gehalten hat, dauernd dem Mißtrauen der Verwaltungsbehörden ausgesetzt zu sein. Ein Teil des Stadtgebietes von Arcueil wurde abgetrennt und Paris und Gentilly zugeschlagen; 1922 wurde der Ortsteil Cachan abgeteilt. Für Gérard wie für Robert ist die Sache klar: Auf der einen Seite zwang das Departement Seine die Arcueiller als eine Art «Bestrafung», den Unterhalt der Umgebung der Festung von Montrouge zu bezahlen, obwohl sie gar nicht auf ihrem Stadtgebiet lag, und auf der anderen Seite verachteten die Leute aus Cachan, lauter wohlhabende Bürger, «diese Nichtsnutze aus Arcueil» wegen ihrer Armut.

Arcueil war arm und proletarisch. Das Tal mit seinem sumpfigen Grund war ungesund. «An manchen Tagen sieht man noch den Nebel von Gentilly her aufsteigen», sagt Gérard. Eine mittelalterliche Sage erzählt, daß sich dann die Umrisse des Riesen Malassis abzeichnen. «Zehn Mitglieder meiner Familie sind an Tuberkulose gestorben», erzählt Gérard auch noch. Am schlimmsten war es in der Villa Mélanie in Gentilly: ein Pfuhl. Dort richteten sich die ärmsten Arbeiter ein, die Bretonen, Piemonteser und Armenier. Daß die ersten Siedlungen, die unmittelbar nach dem Ersten Weltkrieg gebaut wurden, «Kaninchenstall-Siedlungen» waren, stimmt, erklärt Robert: Doch wenigstens waren die

Leute anständig untergebracht. Und bei den späteren Sozialbauten in Arcueil versuchte man, jede Gigantomanie und unmenschliche Proportionen zu vermeiden. Das Soziale ging über alles. Man wartete nicht erst auf den Plan Delouvrier und die Baulöwen: Ja, wirklich, die Kommunisten von Arcueil können in den Spiegel gucken. Er hat Arcueil noch ohne Strom und Gas kennengelernt: Als dann in den dreißiger Jahren die «Steigleitung» gelegt wurde, lebte es sich schon ganz anders.

Als Robert zehn Jahre alt war, begleitete er seinen Vater, der zu Fuß aus dem 15. Pariser Arrondissement kam, wo sie wohnten, zu seinem Garten in l'Haÿ les Roses. Beim Maut mußte gemogelt werden, das war Ehrensache. Und alle Kinder wußten wie: «Es reichte für die Bonbons.» Die Erwachsenen wußten auch wie. Für alles, was nach Paris hereingebracht wurde, mußte eine Steuer entrichtet werden. Und für alles, was hinausgebracht wurde, wurde selbige Steuer zurückerstattet. Der Benzinstand in den Autotanks wurde gemessen. (Träumerisch: «Ich frage mich, wie sie das heute anstellen würden...») Man mußte die Waren also heimlich hineinschaffen und sie legal wieder herausbringen. Es gab sogar Leute, die falsche Hochzeiten veranstalteten, um nach Paris zu kommen...

*

«Würden Sie gern auf das Aquädukt steigen?», fragt Gérard. François traut seinen Ohren nicht. Doch, doch, er hat richtig gehört. Gérard ist im Kulturausschuß der Stadt für die Zweihundertjahrfeier zur Revolution zuständig. Morgen wird sie mit einem großen republikanischen Bankett eröffnet. Aus diesem Anlaß müssen die strategisch wichtigen Punkte von Arcueil mit blau-weiß-roten Bändern geschmückt werden. Vor allem natürlich das Aquädukt.

Es gießt wie aus Kübeln. Doch dies ist nicht der Augenblick für Empfindlichkeiten. Jetzt oder nie. Eine solche Gelegenheit bietet sich nicht zweimal im Leben. Rückkehr zum alten Rathaus, wo Gérard um zwei Uhr mit der Dekorateurtruppe verabredet ist. Warten. Um drei Uhr ist immer noch niemand da. Was tun? Trotzdem hingehen, da die kostbaren Bänder bereits da sind? Hingehen, natürlich, pflichtet François bei, ganz panisch bei dem Gedanken, die Fata Morgana könnte sich auflösen. Sie werden doch Manns genug sein, sie allein anzubringen. Sie packen drei dicke Gazerollen ein: Zum Glück sind sie nicht so schwer, wie sie aussehen. Hoffentlich sind sie gut gefärbt, bei dem Regen. Sie holen den Beamten. Mit seinen großen Stiefeln und dem Ölzeug wie ein bretonischer Seemann ist er besser ausgerüstet als sie, um den Unbilden des Wetters zu trotzen. Er öffnet ihnen das Eingangstor.

Sie betreten den schmalen Weg, um die Brückenmitte zu erreichen, etwa fünfzig Meter über dem Tal. Dort erwartet sie, fröstelnd auf dem Geländer hockend, ein kleiner Turmfalke, Stammgast der eisigen Einsamkeit auf historischen Denkmälern, der erst im letzten Augenblick fortfliegt. «Nach links sieht man bis Sacré-Cœur», sagt Gérard. «Mach doch ein Foto!» sagt François zu Anaïk. «Was soll ich denn fotografieren? Es gibt nichts zu fotografieren», antwortet sie vernünftigerweise. Stimmt: Links ist nichts zu sehen, und rechts auch nichts, lediglich die Dächer von Arcueil auf der einen Seite und die von Cachan auf der anderen; der Rest ertrinkt in der Sintflut, während ihnen eisige Gischt ins Gesicht peitscht. Also fotografieren sie sich gegenseitig, und François stellt sich in Pose, so glücklich, als hätte er gerade den Fuß auf den Gipfel der Kalahari gesetzt. Sie schlottern. Die Witzbolde von Dekorateuren sind immer noch nicht zu sehen. «Auch gut», beschließt Gérard, «machen wir uns ans Werk.» Jede Rolle ist mehrere Dutzend Meter lang. Was ist wirklich zu tun? Die drei Farben elegant vom Aquädukt herunterbaumeln zu lassen? (Natürlich in Richtung Arcueil. Diese Hunde aus Cachan haben kein Recht drauf.) Schließlich hat François einen Teil seines Lebens damit zugebracht, die Schaufenster seiner Buchhandlung zu dekorieren oder Plakate zu gestalten, und ein Aquädukt ist auch nicht viel anders als ein Schaufenster oder ein Plakat, nur etwas größer. Gérard und François fangen an, den blauen Stoff abzurollen, beide gehen auf der Brücke rückwärts, um sich voneinander zu entfernen und kämpfen dabei gegen den Wind, der die ärgerliche Neigung hat, diesen Gaze-Putzlumpen in ein Vorsegel zu verwandeln. François will gerade einen hübschen Weiberknoten machen, um ihn an dem Metallgeländer zu befestigen, als die beiden Witzbolde von Dekorateuren angerannt kommen. Die nehmen die Sache so kompetent in die Hand, daß François, dieser Narr, sich fragt, wie er sich auch nur für einen Augenblick hat einbilden können, er sei imstande, das allein zu machen. Eine knappe Stunde später sind unsere Reisenden total durchgefroren, steif, klatschnaß und triefend, doch es ist geschafft: die drei Farben baumeln.

Wenig glorreich, muß man schon sagen.

Bei allen großen Siegen schmeckt ein wenig Bitterkeit durch. Doch François denkt an das Gesicht, das Lacoste morgen in Bourg la Reine machen wird, wenn er ihm mit gespielter Bescheidenheit verkünden wird: «Ich war auf dem Aquädukt von Arcueil.» Da ist auch noch ein vierzehnjähriger Junge, den er gut gekannt hat, der wäre vor Neid erblaßt, wenn er es ihm hätte erzählen können; dazu ist es leider zu spät. Er müßte die Zeit mehr als vierzig Jahre zurückdrehen, um ihn wiederzutreffen, diesen François, der hinter der Waggonscheibe vor sich hinträumt, wenn er in Arcueil-Cachan vorbeifährt.

Gérard, der seine Rolle als Gastgeber immer ernster nimmt,

lädt sie ein – wie wunderbar – an dem großen republikanischen Bankett teilzunehmen, das morgen, am Samstag stattfinden wird.

*

Samstag, 3. Juni. Abfahrt nach Sceaux.
Am Vorabend, nachdem sie sich im «Climat» gestriegelt und mehr schlecht als recht aufgewärmt haben, haben sie den Zug nach Bourg la Reine genommen in der Hoffnung, dort ein Hotel zu finden, wo sie ein Zimmer für ihre nächste Etappe reservieren könnten. Im Ort selbst kein Hotel: Wahrscheinlich hätten sie an der Nationalstraße suchen müssen. Doch so etwas läßt sich nur mit dem Wagen machen. Nach Einbruch der Dunkelheit schlug Bourg la Reine alle Rekorde der Verlassenheit. Ein oder zwei Restaurants wirkten verlockend, doch – sie sind aber auch wirklich nie zufrieden – die angeschlagenen Preise haben sie abgeschreckt. Zum Glück fanden sie einen Chinesen. Später haben sie noch ein paar Versuche per Telefon unternommen, ein Hotel zwischen Arcueil und Antony zu finden. Alles war voll: anscheinend finden diese Woche im *Maison des examens* in Gentilly die Aufnahmeprüfungen für die Post statt, und die Kandidaten füllen die Hotels in der Nähe der Bahnhöfe an dieser Strecke. Also haben sie beschlossen, die nächste Nacht in Sceaux zu verbringen, wo Platz ist. Ganz entschieden durchlebt François im Augenblick eine Phase großer Entdeckungen, denn nach dem Aquädukt wird er nun zum ersten Mal im Leben die Abzweigung nach Robinson nehmen.

Der Bahnhof von Sceaux ist angenehm altmodisch, Sceaux ist angenehm altmodisch. Doch schick, sehr schick. Das spürt man gleich. Reich. Reiche-Leute-Häuser. Reiche-Leute-Hunde. Reiche-Leute-Läden. Reiche-Leute-Hotels, leider. Echte Luxusferien.

Am Rand des Parks von Sceaux finden sie in einer entzückenden kleinen Kirche aus dem 17. Jahrhundert zwischen den üblichen ausgelegten Broschüren einen Stapel der rechtsextremen Zeitung *Présent*, den wahrscheinlich ein frommes Parteimitglied zur Erbauung seiner Mitgläubigen dort ausgelegt hat. Sie nehmen ein Exemplar und erbauen sich: In Cergy-Pontoise vergiften uns also eingewanderte Gangster das Leben. Menschenrechte oder Lumpenrechte? Das Gesetz von Innenminister Joxe zur Einwandererfrage bedeutet für *Présent* schlicht und einfach eine Invasion in unser Land. Mitterrands Glückwunschadresse an die Schwulenzeitschrift *Le Gai-Pied*. Le Pen in Nancy. Die Front national ist die Partei aller Franzosen, die Frankreich lieben. Filmregisseur Claude Autant-Lara kandidiert bei den Europa-Wahlen auf der Liste der Front national: «Keine echte Internationalität ohne nationale Grundlage.»

Der Park von Sceaux: Ein blutjunger Wärter in einer Uniform wie ein mexikanischer Bodyguard langweilt sich vor dem Tor, einen Walkie-talkie in der einen Hand, eine Kette in der anderen. Und am Ende der Kette ein Wolfshund. Altmodische Städte brauchen kräftige Bewacher.

Vom Regen gestern sind über den hohen Bäumen nur noch dikke Wolken übrig, die über den feuchten, dunstigen Himmel ziehen, und von Zeit zu Zeit lacht der Himmel trotz einzelner Schauer.

Von der Schloßterrasse aus hat man einen freien Blick nach Westen, über den einsamen Springbrunnen hinaus, weit, weit über eine Landschaft, die fast nur aus Wäldern besteht, von Meudon bis Verrières.

Colbert ließ das 1597 erbaute Schloß abreißen, um sich ein Schöneres zu bauen, und der Fürst von Maine, ein Sohn von Ludwig XIV. und Madame de Montespan, ließ es verschönern; es wurde von Voltaire bewohnt, vom Staat als nationales Kulturgut gekauft und vom Herzog von Treviso zerstört, der sich ein bequemeres bauen ließ. Es ist als historisches Monument *ganz mit der Zeit gegangen.*

Heute beherbergt es das Museum der Ile de France, dessen Sammlungen sie bewundern. Sie vergessen nicht die Filzpantoffeln überzustreifen, die die Direktion den Besuchern freundlicherweise zu Verfügung stellt. Töpferarbeiten und Keramiken aus Sceaux und Umgebung, Gemälde, die verschwundene Landschaften wieder erstehen lassen: die Gärten von Arcueil des Jean-Baptiste Oudry, die Landschaften von Huet, die Victor Hugo so mochte und die düstere, wilde Heidelandschaften bei Sèvres darstellen, die Steinbrüche von Gentilly im Schnee von

Léon Mellé, und eine wundervolle Komposition, für die allein sich der Museumsbesuch lohnt, ein Bild von J. Veber, entstanden vor 1914 in seiner Reihe «Die Häuser haben ein Gesicht», das einen Sonntag in Robinson darstellt: Wenn man genau hinsieht, hat die Gartenwirtschaft eine Nase, Augen und alles, was dazu gehört, doch vor allem sind alle berühmten Stammgäste von damals darauf zu sehen. Maurice Chevalier mit Mistinguett, Pierre Laval macht der Schauspielerin Cécile Sorel den Hof, der Präfekt Lépine, Clémenceau, Aristide Briand, und rund um einen Tisch feiern Jules Guesde und Lenin in Begleitung von Clara Zetkin (aber ohne die Krupskaja? Wladimir Iljitsch zog also sonntags nicht mit seiner legitimen Gattin los, um sich im Wald gesunden Fahrradvergnügungen hinzugeben – manche sagen, auf einem Tandem? – und auch nicht mit seiner nicht minder legitimen Mätresse Inès Armand?). Archivbilder wie das einer kleinen Galeere, die zwischen Paris und Saint Cloud über Bas Meudon verkehrte. Dokumente zu Lokalberühmtheiten: Eluard in Saint Denis, Satie in Arcueil, Sade ebenfalls in Arcueil mit einem Foto vom Haus seiner Missetat, aufgenommen um 1920, kurz vor dem Abriß («Eine gerechte Umkehrung der Dinge», präzisiert die Bildunterschrift, «ein Pflegeheim wird an seiner Stelle errichtet.») Céline in Meudon: Hier ist die Bildunterschrift wert, *in extenso* wiedergegeben zu werden, damit der Leser Bescheid weiß und darüber verfüge, wie es ihm beliebt:

> Stark antisemitisch eingestellter, pamphletistischer Schriftsteller. Seine Haltung zum Nazismus 1940 brachte ihm nach dem Krieg Gefängnis und Exil ein, aus dem er 1951 zurückkehrte. Er ließ sich in Meudon nieder, wo er den Arztberuf ausübte und Arme und Notleidende behandelte. Seine «halluzinatorischen Delirien», die Neuartigkeit seines abgehackten, vorgeblich argotartigen Stils trugen ihm Skandalerfolge ein.

Durch Wiesen und feuchte Alleen gehen sie zu den Wasserbecken und Puget-Statuen hinunter. Nur wenige Spaziergänger. In der Nähe des Springbrunnens macht ein Modefotograf Bilder von falschen Brautpaaren mit Scheinwerfern und reflektierenden Schirmen. Anaïk beklagt sich, daß es nichts zu fotografieren gibt in dieser Gegend. «Die Postkartenfotografiererei ist einfach nichts für mich.» Sie findet die Menschen trist und grau: Das Leben wird eintönig.

Gingen sie nach rechts, so könnten sie den Park verlassen, der Avenue Jean Jaurès in Chatenay Malabry bis zum Vallée aux Loups folgen, wo Chateaubriand 1810 die schönen Bäume pflanzte, die sein Alter nicht beschatteten, da er, durch seine Botschaft in Rom ruiniert, seinen Besitz wieder verkaufen mußte. Hätten sie mehr Zeit, könnten sie sich dort erholen im Schatten der Sequoien und die balsamischen Düfte der großen Amberbäume einatmen. Doch stehen im Vallée aux Loups noch Amberbäume?

An der Station Parc de Sceaux nehmen sie wieder die RER und steigen in Laplace aus: Rue Laplace, vor dem modernen Rathaus findet das Republikanerfest statt. Der Bahnhof aus Backstein und Beton ist ein hübsches Beispiel für den Palais-de-Chaillot-Pinkelbudenstil. Es ist nicht viel los. Vor der Bushaltestelle vesteckt ein bärtiger, junger Schwarzer in einer engen roten Jacke eilig etwas in seinen Turnschuhen, als sie vorbeikommen, und lungert in Erwartung von unwahrscheinlichen Deals weiter herum. Sie gehen die Rue Laplace hoch, kommen an fünfzehnstöckigen Hochhäusern vorbei, die verziert sind (von Anfang an oder als Ergebnis einer Sanierung?) mit dicken blauen, außenliegenden Rohren im Stil des Centre Pompidou: Gegenüber von den geschlossenen Läden stellt eine Bronzeskulptur einen Mann und eine Frau dar, die ihre Arme wenig anmutig gen Himmel recken: Sie sind dürftig in blau-weiß-rote Gaze gewickelt, offensichtlich das Ergebnis der Arbeit dieser Witzbolde von Dekorateuren.

Das Fest findet auf zwei Etagen statt: Auf der Straße ergötzen sich die Arcueiler an einer Reihe von Ständen: Vereine der Mieter, Vorruheständler, Arbeitslosen, Eltern, Veteranen, kommunistischen Jugend und so weiter. Es herrscht kindliche Fröhlichkeit: Viele Sansculotte-Uniformen und Jakobinermützen auf jovialen Köpfen, Typ CGT-Ordnungsdienst. Ein Sansculotte in schwarzer Lederjacke kommt vorbei, einen Riesenköter an der Leine. Auf der anderen Straßenseite, weiter unten, ist eine Kirmes. Der Lärm der Schießbude übertönt alles, unerträglich. Die Eingewanderten sind alle beim Fest weiter unten.

Republikanisches Bankett in Arcueil. Gérard

Es regnet. Anaïk tritt entschlossen in Fotostreik. Sie warten, daß das große Zelt zum Bankett geöffnet wird.

Sympathisches Geschiebe. Was sage ich: ein Ansturm. Im Inneren sind unten an einer großen Tribüne entlang lange Tische für fast tausend Personen gedeckt. Sie setzen sich zu Gérards ganzer Familie, Monsieur und Madame, die Kinder, die Oma; zusammen mit städtischen Angestellten, die meckern, daß sie einfach dort plaziert wurden und nicht woanders, dabei haben sie doch alles vorbereitet. Sie sind aber ganz nett. Außerdem ein altes Paar aus Arcueil, ein bißchen mißtrauisch. Der Lärmpegel ist erheblich.

In diesem Augenblick verkündet ihnen Gérard, daß die chinesische Armee auf den Tienanmen-Platz vorgedrungen ist, daß in Peking gekämpft wird, Panzer die Menge überrollen und es Hunderte von Toten gibt. Darüber ergreift Genosse Trigon, Bürgermeister von Arcueil, das Wort. Es geht das Gerücht um, das dauere lange.

Die knapp tausend Teilnehmer, zu denen gut hundert Kellnerinnen mit Jakobinermütze hinzurechnen sind, lassen ihn gutmütig reden, doch ohne daß der Lärm, die fröhliche Aufregung hier und da verebben würden. François stellt seinen kleinen Sony auf, während Anaïk wieder Gefallen am Fotografieren findet und auf die Familie anlegt, ihre lieben Küßchen und die Purzelbäume der Kinder.
Kurzer Auszug aus den letzten drei Minuten des Tonbandes:

«...Wie '89 könnte nur eine Neuverteilung der Karten die Gesellschaft wieder ins Lot bringen und ihr ermöglichen, in der richtigen Richtung vorwärts zu gehen, in Richtung Fortschritt, Gerechtigkeit und Brüderlichkeit. (*Eine Stimme über dem Tumult, gleich neben dem Mikrophon: – Jetzt geht der gleiche Sermon ??? Unverständlich.*) ...Heute erleben wir wieder eine Welt der Ungerechtigkeit... Täglich gehen Milliarden und Abermilliarden über die Köpfe jener hinweg, die sie so sehr brauchten... Da kann man verstehen, warum alles getan wird, um die wirkliche Geschichte der französischen Revolution zu kaschieren. (*– Kannst du unseren Tisch knipsen mit Trigon im Hintergrund? – Was sagst du? – Ich verstehe nicht. Schrei lauter. – Ich kann nicht lauter schreien.*) Die Veranstaltungen sind ein fröhliches Défilé idyllischer Königinnen und Könige, gefolgt von scheußlichen Sansculotten. (*– Komm, gib mir ein Küßchen – Er ist der Kleinste. – Das ist wohl dein Lieblingskind.*) Dieser Taschenspielertrick mit der historischen Wahrheit wird noch durchsichtiger, wenn man die wirklichen Ziele kennt, die unter dem Vorwand, es ginge um Europa, eine andere Dimension der französischen Revolution auslöschen, die völlige Anerkennung der Republik, der nationalen Souveränität und Unabhängigkeit. (*– Völlig richtig. – Guck mal, die Gläser, die da gebracht werden.*) Doch was für eine Europäische Gemeinschaft soll entstehen? (*– Oh, ist das gut. – Gibt es Orangensaft für die Kinder? – Nein. – Wie? Es gibt nichts für die Kinder? – Was ist das denn? Keine Ahnung. – Das ist ein «Cocktail royal». – Ein Cocktail royal, keine Ahnung was das sein soll. – Sieht aber gefähr-*

lich aus. Denn nach Rum geht's los, ich sag euch.)... Meine Verantwortung als Bürgermeister zwingt mich, den Bewohnern von Arcueil zuzurufen: Gefahr! Dieses Europa, diese Politik, das bedeutet ein Europa voller Gefahren, für euer tägliches Leben und für eure Kinder. (– *Also nun, es hört kein Mensch zu. – Ich sag euch, das Zeug ist vielleicht gut.*)... Sie sollten wissen, daß nur, um unser Unterrichtssystem mit der Situation in anderen Ländern in Übereinstimmung zu bringen, die Vorschule abgeschafft wird, Studiengebühren erhoben werden. Wesentliche Rechte, die die Frauen in Frankreich erlangt haben, werden abgeschafft. Es wird sogar wie in Portugal erlaubt werden, daß Eure Kinder von dreizehn Jahren an in der Industrie arbeiten. (– *Jetzt hör aber auf, hier rumzurennen, genug gespielt. Komm, setz dich hin.*)

...Deshalb, mit Blick auf all das, denke ich, ich muß es den Bewohnern von Arcueil ehrlich sagen – und niemand wird sich wundern, daß ich es tue – daß sich meiner Meinung nach am 18. Juni nur die Liste, die mein Freund Maurice Herzog anführt, entschieden gegen... (– *Bestimmt ist sie Skorpion. Sind Sie nicht auch Skorpion? – Behalten Sie ihr Glas lieber. Die sind aus Plexiglas. – Er sieht doch, daß die Leute die Nase voll haben! – Was ist denn das Grüne da im Glas? – Das ist Curaçao und ich weiß nicht was. – Ist aber Ananas drin. – Ich habe nicht probiert, ich hab nämlich schon zu viel Rum getrunken. – Unsere Reihe hat noch nichts.*)... Frankreich, seine Souveränität, die von 1789. Die anderen über Frankreich entscheiden zu lassen, bedeutet Einmischung. Die nationale Souveränität bedeutet, über uns selbst zu bestimmen, das Recht, *bei uns* zu bestimmen, Bürger zu sein und souverän in Zusammenarbeit mit den andern zu handeln... Rechte für alle, und nicht der Niedergang Frankreichs. Man kann nur Europäer sein, wenn man Patriot und Franzose ist. Und heute ist das Vaterland wieder in Gefahr. Wir müssen es verteidigen...(– *Sie werden sicher noch mehr bringen. – Nehmen Sie es ruhig, wirklich, denn ich, ich hab ja noch Rum. – Aber Sie trinken ihn ja gar nicht. – Die dort hat noch* nichts. – *Ich sage Ihnen doch, Rum bekommt mir nicht.*) ... das Recht, in unserer Stadt zu leben, wie es unsere Vorväter, die Arcueiller von 1789 taten ... die Klagen ... bevor die Karten neu verteilt werden und Frankreich in Marschrichtung gebracht wird ... wie schon Saint-Just schloß ... 1794 aufschrie: ‹Das Glück ist ein neuer Gedanke›, wagen wir es, liebe Freunde aus Arcueil, ja, wagen wir es, wagen wir die Freiheit, die Gleichheit, die Brüderlichkeit, wagen wir einfach diese neue Idee, das Glück! (*Beifall. Weiter! Weiter! – Da capo!*)»

Danach wird es immer konfuser. Es wird gegessen und getrunken, wieder gegessen und wieder getrunken. Sie singen die *Butte rouge* («Die Butte rouge», gelingt es Gérard zu schreien, der gegen alle Widrigkeiten seine Rolle als Cicerone bis zu Ende spielt, «die Butte rouge ist hier ganz in der Nähe, in Fontenay.») Doch François singt bereits *Le temps des cerises* oder *La Carmagnole*, er weiß nicht mehr, untergehakt mit der inzwischen weniger mißtrauischen Nachbarin aus Arcueil, Cocktail royal und Bergerac-Wein verpflichten. Anaïk ist tanzen gegangen – was? Tango? Oder Salsa? – mit der Oma, da hinten auf der Tanzfläche unterhalb der Tribüne, auf der ein Orchester Trigons Platz eingenommen hat. Es gibt eine große Revolutionstombola. Alles zittert, alles bebt, alles tobt, alles wird verrückt. Alles wird undeutlich.

Um ein Uhr morgens in Gérards Wagen singt seine Großmutter *Sous le soleil de Pantin* mit einem Text, den man selbst hier nicht wiedergeben kann. Sie trennen sich vor dem Hotel in Sceaux. Ein bewegter Abschied. Ewige Dankbarkeit. Gérard läßt sie noch versprechen, daß sie morgen früh ganz bestimmt, gerade gegenüber, die Steinurne ansehen werden, in der die Fürstin von Maine – oder war es Madame de Montespan? oder wer sonst? – die Asche ihrer Katze Malangrin (oder Malagrin? oder Malandin?) und die ihres Kanarienvogels Fifi (oder Rififi?) beisetzen ließ.

Doch vielleicht war es gar keine Katze, sondern eher ein Löwe oder ein Schimpanse, und kein Kanarienvogel, aber was sonst? Doch vielleicht war das auch gar nicht in Sceaux, aber wo sonst? Und ein anderer Tag, eine andere Nacht, bei einer anderen Reise, in einem anderen Leben?

11

Die schönen Damen aus der Rue Houdan – Ode an den französischen Hund – Glanz und Elend der Gartenstädte – Ein weiter Weg – Eine geheimnisvolle Herberge – Der schwarze Pfahl – Wo der Leser neuem Unheil entgeht – Irrungen – Fresnes ohne Frösche, Fresnes ohne Gefängnis- Die Wilden von Villaine – Massy-Bukarest – Ganz weit dort hinten, Les Ulis – Am Ende der Gleise

Sonntag, 4. Juni. Ein Abend wie dieser rechtfertigt allein die ganze Reise. Doch heute morgen tauchen sie aus grünlichen Alpträumen auf, die sie dem Cocktail royal und den wirren Ereignissen danach verdanken.

Zuerst gehen sie nachsehen, wie die Inschrift auf der Steinurne auf dem Plätzchen gegenüber vom Hotel lautet:

> Hier ruht Mar-la-Main
> Der König der Tiere.

Vom Kanarienvogel Fifi jedoch keine Spur.

Von dort aus versuchen sie auf die Rue Houdan zu gelangen. War der Ausdruck «bon chic – bon genre» – klassisch eleganter Schick als Lebensstil – jemals gerechtfertigt, dann hier. *Au Porcelet rose, Félix Potin, Golf & Green, Chantal B., Parc Monceau,* man ist unter sich: keine falsche Note. *Le Roi Lire,* Der Lesekönig: endlich eine Buchhandlung. Die erste seit Beginn der Reise. François ist glücklich, die *Reise ans Ende der Nacht* zu finden: So kann er überprüfen, ob Faszination-Widerwillen-Bewunderung, die Céline auf so viele Generationen ausübte, sich heute wirklich auf die simple Formel bringen läßt, die ihm seit dem Museumsbesuch im Kopf herumspukt: Antisemit – Armendoktor – Skandalerfolg. Was wollte man unterschlagen?

Er findet auch Cortàzars *Ein gewisser Lukas*, das eben auf Französisch erschienen ist: Er braucht jetzt zärtliche Zauberworte, die ihn, wie Genosse Trigon sagte, «wieder ins Lot bringen».

Doch was kommt da für ein Spielmannszug mit Pauken und Pfeifen und dahinter ein ganzer Kasperle-Zug, der unweigerlich an das *Tu-tu-pan-pan* von Daudets Tartarin aus Tarascon erinnert? Das ist Sceaux' alljährliche Würdigung der provenzalischen Félibre-Dichter. Wer weiß, warum die Büsten der Félibre-Dichter in Sceaux an der Kirche entlang wie die Zinnsoldaten aufgereiht stehen: Aubanel, Arène, Clovis Hughes und sogar Florian. Gestern war ihnen im Vorbeigehen aufgefallen, daß Mistral keinen Kopf hatte. Heute – oh Wunder – ist er an seinem Platz.

Als sie eine Stunde später wieder vorbeikommen, werden sie beobachten, wie irgendwelche Herren Mistrals Kopf behutsam wieder in ein Körbchen packen.

Die schönen Damen von Sceaux gehen in der Rue Houdan mit dem Geländewagen einkaufen. Das ist modern. Schließlich liegt Sceaux auf dem Land, fast schon in den Bergen. Es tauchen wieder massenweise Wauwaus auf. Die hatten sie ja schon fast vergessen. Anaïk fotografiert François vor dem Schaufenster von *Frimousse, Hundesalon*. Es werden Joggingsweater für Kläffer verkauft: «*Love me as I love you*».

Zurück ins Hotel. Angeblich will François seine Notizen ordnen. Immer mehr im Rückstand ist er damit. Doch alles, was er später auf dieser Seite in seinem Heft findet, ist der Entwurf zu einer großen, vom Hunde inspirierten Ode: Späte Nachwirkungen des Cocktail royal, der Katze Mar-la-Main oder des Hundesalons? Auswirkungen eines *wichtigen Hinweises* des französischen Elekrizitätswerks an der Tür?

Hundebesitzer!
Unsere Angestellten werden immer häufiger von Ihren treuen Gefährten angegriffen. Wir danken im voraus, daß Sie geeignete Maßnahmen treffen, die ihnen solche Probleme ersparen.

Und hier steht sie, immer noch, diese

ODE AN DEN FRANZÖSISCHEN HUND

I. Vorspiel

Äpfelnd trotten die Esel
In Istanbul und der Touraine.
In Warschau knabbern Kernchen
Die fröhlichen Eichhörnchen.

In Peking singen die Gimpel
Im Käfig, das ist nicht simpel.
Und in den Parks von Havanna
Schläft tief ein alter Leguan.

Zum Habacht in Wagadugu
Zaust Euch der Marahabu.
Die Fladen der weidenden Kühe
In Benares lohnen die Mühe.

In Tirana ganz blaue Schweine
Agieren im Morgenscheine.
In Camagüey der Papagei
Spielt stundenlang mit viel Geschrei.

Ist in Anchorage das Wetter gut,
Dem Eisbär man begegnen tut,
Manchmal sogar im Original,
Und das ist dann fatal.

In Lhasa sodann wirft der Jeti
Nach einem Bonzen Konfetti.
In Teheran schont man die Tatzen
Und läuft auf persischen Katzen.

In Manaus, ich sagen muß,
Fährt schwarz der Tapir Autobus.
Der Elefanten gar viele
Wimmeln in Celesteville.

Denn jeder Fleck und jede Stadt
Mit einem Tier es hat.
Ob Rüssel oder Schnabel,
Barbe, Grundel, Schuhschnabel.

Refrain: Bei uns, tut es nur ruhig kund
Gibt's nur den Hund, den Hund.

(Ehrlich gesagt gibt es auch in Kanton viele Hunde: doch abgezogen, an der Schnauze aufgehängt, Dutzend für Dutzend in den Auslagen der Metzger. In der Provinz Guangdong sind Hunde sehr begehrt. Wer hat noch gesagt, daß Frankreich seine Exporte nach China unbedingt ausbauen müsse?)

In Boulogne ein saurer Hering
Hängt weinend im Küchenspind.
In Toulon liegt die Makrele
Und schreit aus dem Leib sich die Seele.

Refrain: Bei uns, tut es ...

(Es folgen zwölf Gesänge und drei Zwischenspiele, von denen eines dem Stierkampf gewidmet ist. Das bringt uns ein wenig vom Hund ab, doch weniger als es scheint, denn die Beziehung zwischen Mensch und Stier steht natürlich für das Verhältnis des Menschen zum Tier an sich. Vom Stierkampf geht der Dichter geschickt zur Hasenjagd über. Er beschreibt verschiedene Jagdarten, besonders natürlich die edelste, die mit den hetzenden Hunden zum Klang der Jagdhörner und passender Jagdgesänge:

> Oh sagt mir, schöne Schäferin
> Wo ist der Has' pin-pin ... usw.

Dann beschreibt er den letzten, schicksalhaften Augenblick, das tragische Zusammentreffen zwischen Mensch und Tier, die letzte Herausforderung und den letzten Blick, Aug' in Aug': edle Einsamkeit des Hasen angesichts des Todes, edle Einsamkeit des Menschen angesichts des Hasen. Ein paar gewandte Reime sollen zeigen, daß genau wie beim Stierkampf die Hasenjagd nur eine Metapher für Leben und Tod in seiner ursprünglichen Reinheit ist, in seiner überwältigenden, nackten Ursprünglichkeit, dieser einzigartigen Sekunde einer *Wahl*, wenn das Schicksal umschlägt in die unabwendbare Bluttat, wo jedoch noch nichts entschieden ist.

Dann folgt ein Rezept für «Hase in Senfsoße». Diese Passage muß schön wie ein Gebet sein.

Danach kehrt der Dichter auf verschlungenen Pfaden zurück zum französischen Hund, oder vielmehr zum Pariser Vorstadthund, doch es führte zu weit, diese hier nachzuzeichnen. Nur so viel: Es geht um Blut, Liebe und Tod. Die Ode schließt in einem letzten Halbvers mit einer lyrisch schwungvollen Apotheose:

> ...wo bleibt denn die Liebe dabei?

Anzumerken bleibt, daß der Autor aus einer Art Zartgefühl, das ihn ehrt, kein Rezept für «Hund in Schalotten» anführt.)

*

«Nichtsdestotrotz», sagt Anaïk, «ein Land, wo die Hunde so geliebt und die Ausländer so verachtet werden, da bringst Du mich nicht von ab, in so einem Land stimmt etwas nicht.»

Wobei noch zu untersuchen wäre, wie ein Land aussieht, wo alles stimmt.

*

Am Nachmittag mit dem Zug nach Robinson. Wenige Minuten für eine kurvige Fahrt durch die Felder. Eine erholsame Zwischenstation: Raymonde erwartet sie. Auf der Veranda ihres Häuschens in Fontenay trinken sie Tee im Familienkreis. Sie hat immer dort gelebt. Ihr Vater war Busfahrer. Sie mag das ruhige Leben in einem Häuschen. Diskussion mit Donald, ihrem Lebensgefährten aus den USA, über das bedauerliche Fehlen von Nachbarschaftskontakten: Bei ihnen ist das so ganz anders. Sie erinnert sich an die Zeit, als sie noch auf dem Bauernhof Milch holen ging. Diese Geschichte mit der Milch vom Bauernhof ist eine, die am häufigsten in den Erinnerungen vorkommt. Doch wann verschwanden die Felder, die Höfe, die Kühe? Es fällt schwer, sich in der Zeit zurechtzufinden. Sie meint, daß noch vor zehn Jahren die Milch nur in paar Meter weiter, in Plessis-Robinson, abgeholt wurde. Vielleicht gibt es das immer noch? Ihr Sohn Laurent wohnt in Montreuil und weiß ebenfalls eine Menge über die Vorstädte. Mit François' Unterstützung liefert er eine poetische Beschreibung ihrer klimatischen Anpassung. Im Norden, sagt er, ist bereits das weite Land, hier fast die Touraine, der Garten Frankreichs, mit einer Spur Süden, während man in Montreuil bereits etwas von den Steppen im Osten spüre, Schnee und Wölfe, so als ob Paris mit seiner Umweltverschmutzung die Atlantikstürme abhielte. Laurents Frau Pascale möchte um jeden Preis wissen, ob unsere Reisenden *eine Idee im Hinterkopf* haben. Diese Frage hatten sie bereits vergessen, sie trifft sie mehr denn je unvorbereitet, und François spürt, daß er sarkastische Skepsis ernten wird, wenn er nein sagt. Laurent gibt ihnen so viele Adressen von Freunden für ihre weitere Reise, daß sie spüren, daß diese nicht so bald zu Ende geht, wenn sie nur ein bißchen ernsthaft vorgehen wollen.

Sie fahren wieder nach Bourg la Reine hinunter. Dort erwarten sie Camille und Yves Lacoste. Sie wohnen hundert Meter vom Bahnhof entfernt, genau vor dem großen, schwülstigen Minarett, das in Wirklichkeit ein Turm ist, den der Ingenieur François Hennebique nur errichtete, um die technischen Möglichkeiten von Stahlbeton aufzuzeigen. Das Haus, in dem die Lacostes wohnen, ist ein Natursteinhaus, Ende der zwanziger Jahre erbaut, typisch pariserisch, wie man es in der Rue de la Pompe oder am Boulevard Raspail finden könnte. Etwas seltsam wirkt, daß es hier als einziges seiner Art steht. Auf beiden Seiten ragen Bruchsteine heraus, die darauf warten, sich mit denen von Nachbarhäusern zu verbinden, die niemals dazu gekommen sind. Yves hat hier einen Teil seiner Kindheit verbracht, es war die Wohnung seines Vaters: Sein Vater war Geograph, er ist Geograph, seine Söhne sind Geographen. Eine beruhigende Beständigkeit von Dingen und Menschen.

François schätzt an Yves dessen Fähigkeit, über Geopolitik zu sprechen und zugleich eine Landschaft zu lesen, wie er bei Julien Gracq alle Geheimnisse mit den Faltungen der Erdrinde und den menschlichen Sorgen vermischt wiederfindet.

Vor Einbruch der Nacht macht Yves mit ihnen eine Runde im Wagen. Sie fahren nach Robinson und Sceaux hinauf. Camille erzählt, wie seltsam Sceaux heute auf sie wirkt: wie in einem Traum, der einer berühmten amerikanischen Fernsehserie gleicht, *Die Fremden,* in der ein normales Dorf gezeigt wird mit normalen Bewohnern, die ihren normalen Beschäftigungen nachgehen. Allmählich merkt der Zuschauer, daß alles falsch ist, daß es zwar das Dorf ist, aber nicht das *echte Dorf,* daß es zwar die Bewohner sind, doch nicht die *echten Bewohner.* Alles ist künstlich, leicht abgehoben: Unruhe schleicht sich ein.

In Robinson stehen nur noch das Skelett eines Baumes, der einmal eine Gartenwirtschaft trug, und ein großes Terrassenrestaurant über dem Tal.

Auf dem Plateau in Plessis Robinson wurden in den zwanziger Jahren die ersten Gartenstädte gebaut, eine Utopie in den Augen derer, die heute «die Vorstädte denken», zu der man zurückkehren und der man eine Form geben sollte. Stimmt es, daß, wie Laurent vorhin erzählte, niemand dort wohnen wollte – man mußte, immer dieselbe Leier, Gendarmen dort unterbringen – und daß der Architekt Payret-Dortal sich das Leben nahm? Stolz wirken heute die wenigen Häuser zwischen den Bäumen, die mit dem

Rücken zum Henri-Sellier-Park stehen, wundervolle Kuben, Fassaden à la de Chirico mit den Proportionen griechischer Tempel. Doch als sie über das Plateau zur Butte Rouge, dem «roten Hügel» gehen, stehen sie vor Reihen von aufgegebenen Wohnsilos, von denen ein Teil im Erdgeschoß vermauert ist. Vorhin nannte Laurent, der Drancy noch nie gesehen hat, diese Art von Siedlungen «Todeslager». Ein paar hundert Meter Luftlinie weiter unten liegen die prächtigen Villen am Parc de Sceaux. Als diese Cité gebaut wurde, erklärt Yves, lag sie weit ab von allem. Die Reichen ließen sich an den Hängen der Parks nieder, und die Armen wurden am Ende des Plateaus untergebracht, ausgesiedelt an die Ränder der Wälder von Verrières oder an ungesunde Standorte wie Les Blagis, das auf Sumpfgelände an der Grenze von drei Gemeinden gebaut wurde: Auf Les Blagis sahen die ordentlichen Leute bereits herab, als er noch ein Kind war; von den «Gangstern von Les Blagis» war – und ist immer noch – die Rede. Von Bourg la Reine aus gelangte man damals über einen Fußweg zwischen Himbeerhecken und Baumschulen nach Les Blagis hinunter.

Später, als sie nach dem Abendessen gemütlich beisammen sitzen und die Wirkung edler Tropfen sie noch träger macht, kommt es plötzlich zu einer heftigen Diskussion. Einem hartnäckigen François gegenüber gibt Yves Lacoste nicht nach: Den Abschnitt Saint-Rémy-Limours der Sceaux-Linie hat es nie gegeben.

Vielleicht sollten sie einfach mal nachsehen gehen.

*

Montag, 5. Juni. Panzer haben die letzten Besetzer des Tienanmen-Platzes niedergewalzt. «Sie haben auf alles geschossen, was sich bewegte.» In Shanghai eine riesige Studentendemonstration mit Spruchbändern: «Peking ertrinkt im Blut.» Li Peng ist wieder aufgetaucht, und es gibt kaum noch Hoffnung. Präsident Mitterrand erklärt, daß «ein Regime, das auf seine Jugend schießt, keine Zukunft» habe. Roland Dumas kündigt an, daß die Außenminister der Europäischen Gemeinschaft «die Lage in China genau prüfen» werden: Fortsetzung folgt.

Seit ihrer Abfahrt haben sie im Fernsehen kein einziges Bild aus Peking gesehen. Es stimmt tatsächlich: das Fehlen von Bildern verhindert weder Informationen noch Gefühle. Vielleicht sogar ganz im Gegenteil.

Dieser Tag wird lang. Erst fahren sie nach Antony, um sich das einzige Hotel anzusehen, in dem sie telefonisch noch Zimmer bekommen konnten; es liegt an der Avenue du Bois de Verrières. Wenn alles gutgeht, werden sie am Ende des Tages mit ihrem Gepäck wiederkommen.

Wieder einmal steigen sie in Bourg la Reine um. Schon früher wechselte man hier die Pferde: Es war die erste Station von Paris aus. Und auch die erste Steigung: Auf der Straße nach Bourg la Reine, an der Töpferei, machte sich angeblich die Fliege an der Kutsche wichtig: La Fontaine schrieb seine Fabel nämlich in Sceaux. Wie Le Bourget hat der Ort durch sein Privileg einer Poststation schon früh wohlhabend gewirkt. In Antony, wo der Bahnhofsvorplatz umgebaut wird – wird hier bereits an der VAL gearbeitet, jener vollautomatischen Metro, die die RER mit dem Flughafen Orly verbinden soll? –, machen sie sich zu Fuß auf den Weg. Sie kommen durch das alte Dorf, das rund um die Kirche Saint Saturnin liegt. Eine riesige Baustelle: Häuser und Straßen werden völlig renoviert, alte Ziegel werden herausgerissen, um sie kenntnisreich neu zusammenzusetzen; malerisch wird es werden, geschäftig und wahrscheinlich eine Fußgängerzone, schick und teuer. Gibt es eine andere Lösung, wenn man alte Steine retten will?

Weit ist der Weg zum Wald von Verrières, dessen dunkle Masse sich in weiter Ferne abzeichnet. Sie kommen an der Stelle vorbei, wo die berühmte Strecke Paris-Chartres verlaufen sollte, die nie gebaut wurde: In den fünfziger Jahren sollte daraus eine Autobahn ins Pariser Zentrum werden, die direkt an der späteren Tour Montparnasse gemündet hätte. Heute verlaufen hier die TGV-Gleise in einer Schneise, die wieder abgedeckt wurde und die, wie die Schilder verheißen, ein «grüner Korridor» werden soll. Im Augenblick ist es ein Betonkorridor, und außer Pflanzen wird man viel grüne Farbe brauchen, um diesen großzügigen Plan auszuführen. Das Hotel ist ein Café-Tabac vor dem Hintergrund grauer Hochhaus-Siedlungen aus den sechziger Jahren. Geschlossen: es ist Montagmorgen. Vergeblich klopfen sie; nur ein gräßlicher Köter antwortet ihnen, heult, schäumt, macht hinter der Glastür riesige Sprünge. Wenig ermutigend. Außerdem ist es wirklich abgelegen, sehr weit weg von allem. Sie werden später wiederkommen, sagen sie. Diese Heuchler. Wie kann man nur in so einem Hotel absteigen? Und da sind sie wieder, auf dieser kräftezehrenden Straße. Gegenüber liegt der Wald. Wahrscheinlich wurde er nur deshalb nicht abgeholzt, weil er für die Verteidigungsanlagen von Paris von großer Bedeutung war. Heute steht er in dem Ruf, der Hort aller Schändlichkeiten zu sein, die aus dem Bois de Boulogne verjagt wurden: nachts dürfe man nicht zu Fuß dort herumlaufen, wird gesagt.

Sie biegen nach links ab und verlassen diese Gegend mit Wohnblocks und billig gebauten Häuschen, und finden sich plötzlich in einem Neubauviertel unter Bäumen wieder. Hier hat man andere Ansprüche. Überall rötliches Ocker, die Bäume beschatten Parks und Gärten. Der alte Ortskern von Verrières ist nagelneu: ein Schmuckstück. Alles ist authentisch. Alles ist künstlich. Das Schloß, ein hübscher Bau aus dem frühen 19. Jahrhundert, beherbergte in den letzten Jahren Malraux und Louise de Vilmorin. Sie war die Erbin der Firma Vilmorin, Samen aller Art, eine Zierde des Gartenbaus. Von den vielen Gewächshäusern und Baumschulen, die auf allen fünf Kontinenten berühmt waren, ist nichts mehr zu sehen.

Zwischenstopp im Dorf. Das Restaurant ist voll mit Arbeitern und einheimischen Bürgern, demokratisch gemischt. Man ist unter sich. Anaïk versucht es wieder per Telefon. Sie erweitert den Kreis, in dem sie sucht; ein Hotel in Villebon hat Zimmer. Das ist noch weiter weg, aber an dem Punkt, wo sie jetzt sind, warum nicht hinfahren? Auf dem Platz sieht François, die Nase im Wind, wie dicke Wolken von ozeanischen Winden vorbeigetrieben werden, und wartet auf den nächsten Wolkenbruch. Aus einer alten Pumpe fließt Wasser in eine Tränke.

Ein Aufkleber an einem Wagen:

> Ohne Stress leben
> Eine Viertelstunde
> transzendentaler Meditation
> genügt.

Im Schaufenster des Verkehrsvereins (*geschlossen*) hängen Schildchen:

> Sonntag, 11. Juni
> Zur 200-Jahr-Feier der Revolution
> Tretautos
> Eine Revolution in Verrières
> Spaß, Vergnügen, Sensationen!
> Getränke, Sandwiches, Merguez, Würstchen, Chips, Pommes.

Und:

> Information:
> Im Rahmen von «Armut-Bedürftigkeit»
> verteilt SFP Lebensmittelkörbe
> vom 11. Januar 1989 an, im Haus der Jugend, 14-17 Uhr.
> Berechtigungsscheine sind erforderlich.

Werbung für die «strahlenden Cités von Verrières le Buisson». Verrières besitzt ein derart vielfältiges «Stadtmobiliar», wie sie es bisher noch nirgendwo angetroffen haben, darunter Blumenkübel aus Beton. Auf einer Decaux-Anzeigetafel eine Aufschrift mit dem Marker:

> ville Verrières
> ville bouygues
> beurQ

Hinter einem Gartentor, inmitten von Blumen, bewundern sie einen Mehrscharpflug (ein sogenannter Brabanter), der in strahlenden Farben kunstvoll bemalt ist (rosa und granatrot? smaragdgrün und absinthgrün?). Die Besitzerin erzählt ihnen aus den Zeiten, als Verrières noch eine Erdbeergegend war. Harte Arbeit, die Erdbeeren. Wenn man von einem Tag Erdbeerpflükken erschlagen war, mußte man sie noch bis spät abends in Körbe verpacken, einzeln, mit dem Stiel nach unten, jeder Korb wurde mit Sauerampferblättern abgedeckt, um die Erdbeeren frisch zu halten. Im Winter die gleiche Sklavenarbeit mit Rosenkohl. Ihr Vater war Landwirt. Nachdem der Hof verkauft war, ließ sich ihr Bruder im Loiret nieder, um dort das Land zu bestellen. Dieser Pflug war einer von vieren aus dem Familienbetrieb. Noch in den fünfziger Jahren haben sie ihn hinter einem deutschen Wehrmachttraktor benutzt.

Hier werden sie weder für Journalisten der Stadt-Zeitung noch für Schnüffler der Stadtverwaltung gehalten: Man denkt, sie wollen ein Haus kaufen.

Nach Süden gehen sie die Anhöhe wieder hinunter, auf die Ebenen von Massy zu. Adieu hübsches Dorf und friedliche Häuschen. Unten liegt ein künstlicher Froschteich, an dem ein paar Fischer auf degenerierte Goldfische lauern (Albino-Plötzen): Hier fließt die Bièvre in ihr Kanalbett. Zur Rechten liegt das grüne Tal der Bièvre und gegenüber etwas oberhalb das Plateau von Saclay, das dank des Atomforschungszentrums die mittlerweile einzige landwirtschaftliche Nutzfläche so nahe bei Paris ist. Nicht mehr lange. Jenseits der TGV-Trasse, die hier an einem mit Betonplatten abgedeckten Hang entlangläuft, stehen unansehnliche Hochhäuser neueren Datums. Tiefer eingezwängt liegt die Cité de Villaine, die noch nicht lange und darum hauptsächlich von Einwanderern bewohnt wird. Das echte 20. Jahrhundert hat sie wieder. In Villaine haben sie Freunde: sie werden noch mal hierher zurückkehren.

In Massy-Verrières müssen sie wieder den Zug nehmen, in Bourg la Reine wieder umsteigen: Es herrscht das Sechs-Uhr-Gedränge und -Gerenne. In einer Ecke des unterirdischen Ganges der Station wacht ein Polizist. Er spricht Anaïk an, die aufschreckt. Herzhaft schnauzt er sie an: sie sei wohl verrückt, mit dem Fotoapparat so deutlich sichtbar um den Hals hier herumzulaufen. François kann ihm da nur recht geben.

Zwei Stunden später stehen sie bei Nieselregen schließlich am Bahnhof von Palaiseau-Villebon. Das Meulière-Chalet trägt immer noch sein großes Schild aus verwaschenen grauen Brettern, auf denen die Zeit – fünfzig, hundert Jahre – die schwarzen Lettern fast verwischt hat, die uns immer noch überzeugen wollen, daß die Schweiz bei Paris liegt. Hoffentlich ist das im Verzeichnis der denkmalgeschützten Bauwerke vermerkt wie auch jenes andere Schild, mit dem im normannischen Honfleur die *Pharmacie du Passe-Océan* ihr unfehlbares Mittel gegen Seekrankheit anpreist. Natürlich liegt das Hotel weit weg, an der Grenze zu Lozère, an der nächsten Station.

In der Dämmerung wandern sie durch die verlassenen Straßen, großes Hundekonzert; biedere Häuschen und kleine Komfortwohnanlagen unter Bäumen. Durch die Fenster schimmert das bläuliche Licht der Fernseher. Das Hotel ist seltsam, eine alte Mühle an der Yvette mit einem verlassen daliegenden Hof voller Glyzinien. Sie sind die einzigen Gäste. Am Ende eines langen düsteren Flures liegen unter den Dachbalken die riesigen Zimmer. Eine Tür verbindet sie; die Größe der Betten ist beeindruckend, und unzählige Gläser stehen im Badezimmer. Der Wirt ist schweigsam und schlecht rasiert. Es gibt nichts zu essen, das Hotelrestaurant ist montags geschlossen. Eigenartige Atmosphäre einer Herberge außerhalb der Zeit, abseits der Menschen. Sie hat etwas von der *Auberge des Adrets*. In der Schule gab es ein Standarddiktat (von Mérimée oder Dumas?), in dem die Ängste eines Reisenden beschrieben werden, der allein im Zimmer eines einsamen Landgasthofes mitten in der Nacht düstere Vorbereitungen hört: Die Wirtsleute schärfen Messer, erzählen vom Kehledurchschneiden. Wessen Kehle? Seine? Morgens stellt sich heraus, daß sie das Schwein geschlachtet haben, daß es ordentliche Leute sind, usw. Hier werden sie ruhig schlafen: In Villebon werden sowieso keine Schweine mehr geschlachtet.

*

Heute endet ihre dritte Woche. Dieser Tag der langen Wege war endlos. Inzwischen vermischt sich alles in ihrer Erinnerung: graue und sanierte Cités, endlose Viertel mit Einfamilienhäusern, Einkaufszentren, Verwaltungsgebäude mitten in auf alt gemachten Dörfern, Gespräche an der Straßenecke oder am Tresen, Begegnungen am Gartentor, Baustellen, Renovierungen,

Plünderungen, Palais-de-Chaillot-Bahnhöfe, Schweizer Châlet-Bahnhöfe, Pissoir-Bahnhöfe, lauter dreckige *tags*, auf jede noch so winzige saubere Betonfläche gesprayt und sogar auf die Sitze der Wagen, und große, pathetische Graffiti, fast immer in Dunkelblau, Grau oder Schwarz, die den Millionen von Blicken, die sie jedes Jahr streifen, ohne sie wirklich zu sehen, ihre Einsamkeit entgegenschreien und manchmal auch ihre Zärtlichkeit zuraunen.

Anaïk hat kaum fotografiert, François' Rückstand in seinen Notizen ist inzwischen nicht mehr einholbar. «Diese Reise ist so ermüdend wie Dreharbeiten zu einem Film, bei dem kein Film herauskommt,» stellt Anaïk fest. Flaute in Palaiseau-Villebon.

Ist dieser Gasthof nicht ein angenehmer Ort, um sich zu erholen? Angenehm oder absurd, dieser trostlose, ländliche Flekken, verloren unter den Einfamilienhäusern inmitten der Trabantenstädte? François holt seine Spielkarten heraus, um eine Patience zu versuchen, «Pharao», die einzige, die er kennt. Anaïk liest ihm einen alten Artikel aus *Le Monde* vor, der ihm in seinem Sicherheitsstreben nur schmeicheln kann und an den sie sich erinnern sollten, wenn sie die RER nehmen:

Die Hauptgefahr für einen Touristen liegt darin, sich ausrauben zu lassen. Sehr unangenehm ist, wenn die Diebe dabei Scopolamin verwenden. Das ist eine sehr alte kolumbianische Droge, die Nazi»wissenschaftler» in Europa wiederentdeckten und die seither von manchen Geheimdiensten als Wahrheitsdroge eingesetzt wird. Sie hat die Macht, den Willen des Betroffenen außer Kraft zu setzen und ihn für zwei oder drei Tage erinnerungslos zu machen. Für diesen Zeitraum ist das Opfer völlig abhängig von demjenigen, der es manipuliert. Folglich ist empfehlenswert – schade um jede Gastfreundschaft! –, von Zufallsbekanntschaften keine Früchte oder Süßigkeiten anzunehmen. Und sein Bier- oder Coca-Cola-Glas bei Zwischenstationen zu überwachen. Guerillas hingegen vergreifen sich nicht an Touristen.

Angeblich passiert das zwar in Kolumbien, doch immerhin.

François macht noch einen Anlauf mit seinen Notizen. Vor allem sollte er den Augenblick der Rührung schwarz auf weiß festhalten, der wahrscheinlich das bedeutsamste Ereignis dieses tristen Tages war: als sie in Massy-Verrières einen TGV-Atlantique entdeckten, der aus seinem Tunnel auftauchte. Ein nagelneuer TGV, der erst im nächsten Herbst in Dienst gestellt wird. Mit den Augen haben sie die magische stahl-blaue Erscheinung verfolgt, die sich nur allzu schnell wieder auflöste. Der schnellste Zug der Welt, ein großer Erfolg für Frankreich, ihnen kamen fast die Tränen. Als Reaktion auf diese Woge von Eisenbahn-Rührung versuchte François das Wunderwerk auf Normalformat zu stutzen:

«Pah, das ist doch nichts gegen den Luftkissenzug von Ingenieur Bertin, dessen einzige Betonschiene seine dürren Umrisse in der Ebene von Etampes noch verlängert. (Oder sollte es nicht vielleicht – der Gedanke kommt mir eben – die Strecke nach Limours sein, auf der Trasse, aber ja doch, des Abschnittes Saint Rémy-Limours? Das müßte man nachprüfen!) Das war wenigstens etwas wirklich Neues. Und die Erfindung von Ingenieur Brokenface?

Erinnern wir uns an dieser Stelle der Erfindung von Ingenieur Brokenface, die auf der *Columbian Exhibition* 1894 in Chicago vorgeführt wurde. Die Idee kam ihm bei einer Aufführung von *Michel Strogoff*: Pferde galoppierten auf einer Fläche, die sich in Gegenrichtung bewegte, weshalb die Tiere zur größten Zufriedenheit der Zuschauer stets mitten auf der Bühne blieben. Da fiel dem Ingenieur Brokenface ein, daß sich zwei Geschwindigkeiten in derselben Richtung addieren müssen, wenn sich zwei gegenläufige Geschwindigkeiten aufheben: Man müßte also auf der gesamten Strecke ein Rollband anbringen, auf dem mit Hilfe eines sinnigen Mechanismus ein zweites Rollband angebracht würde, auf dem ein drittes Rollband angebracht würde und so weiter. Indem jede dieser beweglichen Etagen auf eine ordentliche Geschwindigkeit gebracht würde, hundertachtzig Stundenkilometer etwa, was wirklich nicht übertrieben ist, erreichte man allein durch zehn Rollbänder übereinander eine Dauergeschwindigkeit von tausendachthundert Stundenkilometern, zu der noch die persönliche Geschwindigkeit jedes Passagiers hinzuzurechnen wäre, der obendrüber liefe, was jeder nach Lust und Laune tun könnte: Manche bleiben lieber unbeweglich, andere könnten dem Spaß nicht widerstehen, auf tausendachthundertachtzehn Kilometer zu beschleunigen, indem sie am Abfahrtsbahnhof ein Fahrrad mieteten.

Dieses Verfahren, einfach und viel schneller als der TGV – Bordeaux nur zwanzig Minuten von Paris entfernt, Marseille nur eine halbe Stunde –, wäre eindeutig auch sehr viel praktischer und gesünder gewesen, da es dem Reisenden das Eingesperrtsein in stickigen Räumen erspart hätte und er dafür den Rausch der großen Weite genossen hätte.

Das Schweigen, mit dem diese Erfindung übergangen wurde, ist einer der größten Skandale dieses Jahrhunderts. Nur Alphonse Allais besaß vor bald hundert Jahren den Mut, sich über die Interessenkoalitionen hinwegzusetzen und das Brokenface-Verfahren öffentlich auszustellen.

Da François schon einmal in Schwung ist, beschließt er auch gleich, die Fundamente eines ehrgeizigen

GROSSEN EISENBAHNGEDICHTES

in seinem Heft zu skizzieren, dessen Einzelheiten wir dem Leser diesmal ersparen möchten.

Besser, sie gehen schlafen, jeder in seine Falle, so groß wie der Baikalsee und so tief wie ein Grab. Das Vogelgezwitscher wird sie im Morgengrauen wecken.

*

Dienstag, 6. Juni. Von nun an kommt alles zusammen – die zermürbenden Tage, die ermüdenden Wege, die vermischten Erinnerungen, die unzusammenhängenden Notizen von François und bald auch ihr völliges Fehlen –, so daß von den letzten Etappen ihrer Reise ein Wirrwarr bleibt, in dem nur Anaïks Fotos helfen, ein paar Fäden zu entwirren. Und selbst da: Versuchen Sie doch mal, bei diesem Gesicht in Großaufnahme oder jener Gruppe Jugendlicher zu unterscheiden, ob es Bewohner von Massy oder

Croix de Berny

Les Ulis sind; unterscheiden Sie mal den Beton von Gentilly von dem in Fontaine-Michalon!

Man darf dennoch als gesichert ansehen, daß sie an diesem Dienstag und den darauf folgenden Tagen in Fresnes und Antony im Regen herumliefen, ohne daß sie im übrigen genau wußten, wann sie sich auf dem Stadtgebiet des einen oder des anderen befanden. Für eine Weile haben sie sich in das düstere und verlassene Bahnhofscafé von Croix de Berny geflüchtet. Dort beobachten sie den seltsamen Effekt, den die RER-Züge im Vorbeifahren auf der Brücke gegenüber bewirken, und versuchen, das auf einem Foto festzuhalten: Das Café bildet einen Sporn gegenüber dem Verkehr auf der Nationalstraße, die zu den Markthallen von Rungis und nach Orly führt. Diese Nationalstraße gehört derzeit den Bulldozern, und wenn die Baustelle weg ist, wird sie die Autobahn A 86 werden. Der Schankraum liegt erhöht und befindet sich so auf einer Ebene mit den RER-Gleisen, und jedesmal, wenn ein Zug vorbeifährt, hat man den Eindruck, daß er die Gäste am Tresen streift. Anscheinend haben sich unsere Reisenden in diesem Hotel nicht nach Zimmern erkundigt.

Man hat sie gesehen, wie sie versuchten, in die Studentenheime von Antony hineinzukommen, deren Bewohner Eindringlingen gegenüber nicht besonders gastfreundlich sind. François kannte sie noch in neuem Zustand, Anfang der sechziger Jahre. Viele Studenten haben dort eine schöne Zeit verlebt: Der Komfort war für die damalige Zeit ungewöhnlich; man lebte ruhig, gegenüber vom äußersten Ende des Parc de Sceaux; dort ließ sich arbeiten; zu essen gab es in der Cafeteria, damals ein seltener Luxus, und man konnte Sport treiben. Im Erdgeschoß lagen Studierzimmer, es gab eine Bibliothek pro Fach und ebenfalls für jedes Fach einen Studienberater. Kurz, diese Studentenheime konnten nur ein großer Erfolg sein. Ein Vorbild für die ganze Welt. Heute ist ein Großteil der Gebäude abgerissen, und was noch steht, ist erbärmlich heruntergekommen. Für die Studenten aus der Provinz und dem Ausland bedeuteten diese Studentenheime wirklich den Anbruch besserer Zeiten. Seit zehn Jahren wird in verschiedenen Kampagnen auf die Sicherheitsmängel dort hingewiesen, auf die Hausbesetzungen, usw. Die letzten Bewohner führen den verzweifelten Kampf aller Leute, die in Gebieten wohnen, die für sanierungsbedürftig erklärt wurden: So wurden denn diese Studentenheime so etwas wie der Ilot Châlon, das verslumte Viertel am Gare de Lyon in Paris. Schlagabtausch der üblichen Erklärungen: «Das sind gar keine richtigen Studenten. Sie bezahlen ihre Miete nicht. Die Einwanderer haben alles kaputtgemacht.» Und die Gegenseite: «Man hat alles absichtlich verfallen lassen. Man hat sogar noch nachgeholfen.»

Jedenfalls steht an der Stelle von Block B ein blitzblankes Bürogebäude, das kurz vor der Fertigstellung ist:

GESCHÄFTSZENTRUM ANTONY
Hier erstellt
SOFRACIM
20.000 qm Bürofläche

Antony ist eine RPR-Stadt.

Man hat sie gesehen, wie sie an den Mauern des Gefängnisses von Fresnes an der Avenue de la Liberté entlanggingen und das Café *Ici mieux qu'en face*, Besser hier als gegenüber, suchten. Sie haben feststellen können, daß Fresnes der einzige Ort der Welt ist, wo nie über Gefängnisse gesprochen wird. Sie haben Leute aus Fresnes getroffen, die ihnen versicherten, daß sie sich immer noch fragen, ob ihr Nachbar von gegenüber, neben dem sie fünfzehn Jahre lang gewohnt haben, der Beamter war und manchmal Nachtdienst hatte, nicht «vielleicht» Gefängniswärter war.

Man hat sie zum Öko-Museum hinaufsteigen sehen, das in einem alten Bauernhof untergebracht ist und wo recht schöne Ausstellungen organisiert werden: Eine war dem Frosch in all seinen Stadien gewidmet. Sie haben erfahren, daß Fresnes für seine Frösche berühmt war, so daß die Einwohner sogar die «Froschigen» genannt wurden. Von Paris und anderswo kam man zum Froschessen her. Um 1900 wurden in Fresnes mehr als 30.000 Amphibien während der Froschsaison verzehrt, die bekanntlich von Februar bis Ostern reicht. Es gab sogar eine Pariser Metzgerinnung, die sich jedes Jahr im Restaurant von Mutter Fifine traf, um dort Weißwein zu trinken, geschöpft aus einer Suppenschüssel, in der ein lebendiger Frosch schwamm.

Man hat sie gesehen, wie sie sich in der Trabantenstadt von Antony verliefen, die der von Massy genau symmetrisch gegenüber liegt, eine der größten Anlagen nach dem Plan Delouvrier. Damals galt es vor allem, Heimkehrer aus den nordafrikanischen Kolonien aufzunehmen. Danach kamen noch andere Franzosen übers Meer, vor allem von den Antillen. Die Gebäude wurden mit gelber Farbe aufgefrischt, was ihnen nichts von ihrer Eintönigkeit nimmt, die hier ungeheure Ausmaße erreicht.

Man hat sie bei ihrem Freund Philippe, genannt Fifi, in seiner Erdgeschoßwohnung gesehen, die er sich in einem der Blöcke von Villaine so eingerichtet hat, daß er mit seinem Rollstuhl hineinkommt und darin herumfahren kann. Fifi ist ein großer Sportfan, besonders der Leichtathletik: Er hebt enorme Gewichte. Er wohnte im vierzehnten Pariser Bezirk und gehört zu denjenigen Parisern, die in den letzten Jahren verpflanzt wurden. In diesem Villaine – einer Neubausiedlung von einem Massy, das für ihn am Ende der Welt lag – hat er alle möglichen Freunde gefunden, besonders unter den Jugendlichen, weil er solche Lebensfreude ausstrahlt. Allen Widerständen zum Trotz. An diesem Abend haben sie nach dem Essen lange gequatscht, es kreisten Flaschen mit karibischem Rum – im Supermarkt der Trabantenstadt gibt es die weltweit größte Auswahl karibischer Schnäpse – und Faouzi, der junge Nachbar, und seine Kumpel haben ihnen vom Leben in Massy erzählt. Dann wollten sie ihrerseits wissen, wie die Reise war; denn wie Akim war Faouzi vor ein paar Monaten einer der ersten gewesen, der sie ernst genommen hatte: «Es wird toll sein, überall hinzufahren und zu sehen, wie die Leute leben. Das ist ja so unterschiedlich.» Für ihn ist Massy schon tiefste Provinz, verglichen mit dem fast mythischen Norden: «Dort leben die Zulus.» Selbst die Banden der Villaine haben da nichts zu bieten. Die einzig wirklich üblen Banden im Süden sind die aus Les Ulis. Klar, denn da oben sind sie von allem abgeschnitten. Es ist so total sinnlos, wenn die hier herunterkommen, um alles kurz und klein zu schlagen: Das kann man sich doch nicht gefallen lassen, und irgendwann wird es noch Tote geben. Das sind richtige Wilde. Sie werden bald mal Verstärkung aus La Courneuve holen müssen. Letzten Endes sind die aus La Courneuve mit der RER schnell zur Stelle. Faouzi ist in Palaiseau geboren. Das Tunesien seiner Eltern? Das ist weit weg. Faouzi denkt an seine Prüfungen, an sein Elektriker-Praktikum, an seinen künftigen Beruf. Einen ordentlichen Beruf haben, gelegentlich was von der Welt sehen, sich weiterbilden, aber so wie Odysseus, nach Hause zurückkehren. Nach Massy.

Man hat sie zur Festung von Palaiseau hinaufsteigen sehen, die ersten Weizenfelder in Saclay betrachten, zwischen den Einfamilienhäusern herumlaufen. Dort sind sie einem Jungen begegnet, der so taumelte, so fürchterlich in seinem Alptraum versunken gegen Mauern und Bäume lief, bei jedem Schritt fast zusammenbrach, daß sie ihm mit Abstand durch die verlassenen Straßen folgten und sich fragten, ob und wie sie eingreifen und ihm helfen könnten, bis ein Mann, der ihm entgegenkam, sie heftig beleidigte und aufforderte, sich um ihre eigenen Angelegenheiten zu kümmern. Und sie schafften es nicht zu erklären, daß sie gerade das zu tun glaubten. Niemals hatten sie eine so bittere Einsamkeit gespürt wie in diesem stattlichen Viertel im oberen Palaiseau.

Immer wieder wurden die beiden Reisenden auf dem Bahnsteig von Antony gesehen, einem engen Betonschlauch, wo ungeheuer viele *tags* und Graffiti dicht übereinander stehen, einem der grauesten und abgewracktesten Orte der Welt. Vielleicht war es dort, irgendwann bei dem trostlosen Warten auf einen KNOC oder PSIT, daß sie folgenden Artikel aus den RATP-Vorschriften lasen:

> An beiden Händen Behinderte werden in allen Klassen ohne Fahrkarte kostenlos befördert.

Man hat sie gesehen, wie sie das große Plakat wieder und wieder lasen, mit dem das Volk aufgefordert wurde, zum GRAND CONCERT DE L'EGALITE zu kommen, «Alle nach Vincennes am Sonntag, 10. Juni». Vielleicht hat man sogar gehört, daß sie sich über den Mangel an Musik im Laufe ihrer Reise beklagten, abgesehen von der Berieselung in den Einkaufszentren. Dabei wird in den Vorstädten überall Musik gemacht, echte, die richtig reinhaut.

Man hat sie gesehen, wie sie im «Hôtel de la Poste» im Zentrum von Massy schließlich Zimmer fanden. Sie verließen den Gasthof von Villebon, ohne herauszubekommen, ob der Wirt wirklich schlecht rasiert war oder ob das wegen seiner Hautbeschaffenheit im Halbdunkel nur so aussah. Doch eigentlich haben sie über die Geheimnisse dieses Hotels nichts herausbekommen, das in den drei Tagen, die sie dort wohnen, ohne Gäste blieb, mit Ausnahme eines einzigen schweigsamen Mitbewohners, der sich vielleicht genauso verloren vorkam wie sie selbst an jenem Abend in dem riesigen, düsteren Speisesaal in diesem Hotel, wo man in den Fluren nur flüsternden Schatten begegnete. Schauplatz für einen Simenon-Roman?

In Massy sah man sie rund um den großen Teich streifen, in dem Frösche und Störche ausgesetzt worden sind und in dem sich der neue Rathauskomplex aus Glas und Stahl spiegelt. Dort wurde François von Panik erfaßt, als er bei Einbruch der Nacht sah, wie eine Bande von Typen in Jeans, Turnschuhen und Blousons mit verschiedenen Schlagwerkzeugen lautstark auf ihn zustürzte. Als er sich von seinem Schrecken erholt hatte und sah, wie sie am anderen Ende in diesem Juwel moderner Architektur verschwanden, begriff er, daß sie zur örtlichen Polizei gehörten.

Manchmal blickten sie automatisch auf, um Jumbo und Airbus nachzustarren, die die Ebene von Antony bei Palaisau in ganz geringer Höhe überfliegen, denn sie liegt in der Einflugschneise von Orly. Bereits an diesem Reflex war für den Passanten erkennbar, daß sie nicht aus der Gegend waren.

Man hat sie gesehen, wie sie Pizza aßen im riesigen, halbleeren Saal des italienischen Restaurants im neuen Zentrum von Massy, einem Zentrum aus Beton, Glas, Kacheln und Stahl, das um einen großen Platz von Ceaucescuschen Ausmaßen angeordnet ist...

Und wie sie die verlassenen, begrünten Straßen von Gif sur Yvette entlanggingen und wo zu hören war, wie François grummelte, daß hinter den Zäunen der schmucken Häuschen ein ganzes Schock seiner ehemaligen Autoren wohnen müßte, aus der Zeit, als er Leute verlegte, die seither berühmte CNRS-Forscher geworden sind; daß er es jedoch niemals wagen würde, bei ihnen zu klingeln, da er zu sehr fürchtete, sie würden ihn nicht wiedererkennen. Und daß er sie übrigens auch nicht wiedererkennen würde.

Man hat sie in der psychiatrischen Klinik von Orsay gesehen, wo ein Freund von Anaïk als Psychologe arbeitet. Niemand wußte genau, was sie dort wollten, und sie auch nicht. Eine Umfrage über die geistige Gesundheit im Departement Essonne vielleicht? Schrecklich, dieses Fehlen der Notizen...

Man hat sie gesehen... Man hat sie gesehen, wie sie – es war inzwischen wieder schön geworden – zu Fuß zur Station La Hacquinière gingen – sehr weit, fast ans Ende der Strecke – zu den schönen Villen, die die Mulde beherrschen, an deren Flanke Gometz le Châtel klebt. Sie lehnten sogar das Angebot einer Dame ab, die mit dem Wagen vorbeikam und ihnen mitleidig anbot, sie «näher zu bringen» – doch wohin? näher zu was? Ihr Nein beweist, daß sie nicht mehr wirklich Kontakt zu ihren Mitmenschen suchten. Es war der idyllischste Tag ihrer Rundreise. Verloren standen sie da mitten im ländlichen Frankreich. Und von der Kirche aus sahen sie etwas ebenso Wertvolles wie einen Regenbogen: eine Landschaft. Die harmonischen Linien der Wälder, die Fluchten der Wege durch Felder und Weiden, ein paar Dörfer zwischen den Bäumen und in der Ferne die Hochhäuser von Les Ulis. Eine richtige Landschaft, wie sie sie seit Villepinte nicht mehr gesehen hatten. Nur hie und da Stücke, Fetzen, die eine Landschaft ahnen ließen, so wie in Arcueil, wie von der Terrasse des Schlosses in Sceaux, wie von Robinson aus, wo früher wirklich eine richtige Landschaft gewesen war. Diese hier war gebrauchsfertig und erstaunlich gut erhalten für ihr Alter.

Als sie durch den Wald gingen, überraschten sie ein Eichhörnchen, und kamen überein, daß Eichhörnchen in den Bäumen genau das sind, was vielleicht am meisten fehlt in den Straßen der Pariser Vorstädte, wo es sie doch in so vielen anderen Städten gibt, in Montreal oder in Warschau. Die Humanisierung der Städte, das ist offensichtlich, erfolgt durch die Eichhörnchen.

In Gometz le Châtel konnten sie auch feststellen, daß nicht einmal die Gräber auf den Friedhöfen von *tags* verschont bleiben. Von dort aus liefen sie über das Plateau nach Les Ulis. Wenn man mit dem Zug bei Gif durch das Tal der Yvette fährt, entdeckt man oben am Hang Les Ulis: In einer Waldschneise tauchen einige Hochhäuser auf. Was soll diese abgelegene Siedlung dort? Was soll dort eine Trabantenstadt mit fünfzehntausend Einwohnern, die die Autobahn nach Aquitanien und das erst kürzlich angelegte Industriegebiet Courtabœuf säumen. Les Ulis wurde vor dreißig Jahren entworfen in der Absicht, dort Wissenschaftler, die in Gif arbeiten würden – dort siedelte sich eben der CNRS an – und Arbeiter von Renault zu vermischen, die mit dem Bus zur Arbeit gebracht würden. Damals existierte die Autobahn noch nicht, und die ersten Bewohner erinnern sich an den Schlamm jener Jahre, an den Zug, den man weit weg, unten in Orsay nehmen mußte, an die zähe Geburt der Stadt mit ihrem Park, ihren grünen Alleen, ihrer Ruhe. Ganz Les Ulis steht auf einer Betonplatte: Autos müssen durch Straßenschneisen fahren, die man auf Brückchen überquert. Unter dem Beton siedelt die Phantasie der Bewohner tausend gespenstische Vorstellungen an. Manche stimmen: Die Dame, die ihnen von Einbrechern erzählte, die ihr alles gestohlen haben, hat nicht geträumt, sie sind wirklich durch die Untergeschosse gekommen.

In Les Ulis wird immer noch gebaut. Wohnungen, Häuschen zum Kaufen. Es ist nicht unbedingt ein Zeichen von Wohlstand, eine Wohnung zu kaufen. Manchmal ist es das Gegenteil. Es ist nämlich häufig für Familien die einzige Möglichkeit, zu einer anständigen Wohnung zu kommen, der Hölle der Absteigen, der Übergangswohnungen zu entkommen, der Ablehnung durch alle HLM-Büros (aus vielerlei Gründen, von denen der häufigste die Anwendung der – eigentlich gar nicht so heimlichen? – Ausländerquote ist, die nicht überschritten werden darf). Anders als den HLM-Büros ist privaten Baulöwen und Verkaufsorganisationen die Farbe des Geldes egal. Man überweist eine nicht zwangsläufig hohe Anzahlung und verschuldet sich für dreißig Jahre oder länger. Zahlungsgarantien? Das kriegt man immer irgendwie hin, die vorzulegen. Danach ist es Aufgabe der Gerichte, ihre Arbeit zu tun. Im Zweifelsfall bis zur Ausweisung. Ausweisung wohin? Noch weiter weg, bis hinter die Departement-, die Region-Grenzen in andere Deponie-Städte. Es ist immer der gleiche Sermon.

Vor dem Jacques-Prévert-Zentrum, in dem brandneue Filme

gezeigt werden, internationale Tourneetheater Station machen, haben ihnen Jugendliche gesagt, daß sie sich in Les Ulis langweilen, daß Les Ulis zu weit weg von allem sei. Andere wiederum erzählten ihnen, wie sehr es ihnen gefalle, in einer Stadt auf dem Land zu wohnen, in einer Stadt, wo alles in Reichweite liegt, Sport, Kultur und der Rest, und daß sie die Nase voll haben, immer wieder zu hören, daß Les Ulis ein Kaff sei, ein Abstellplatz, und sie die Nase voll haben, in den Straßen von Paris immer wieder Vorstadtgangster gerufen zu werden. Daß man das ändern muß und auch tut. Oder daß *sie* das ändern würden?

Als sich unsere Reisenden in Les Ulis in den Lärm der einzigen offenen Bar setzen und Anaïk einen Kaffee bestellt, bereitet ihnen die Frage des Wirts eine rührende Überraschung: «Wollen Sie nicht auch ein Glas frisches Wasser dazu?»

Man hat sie gesehen, wie ... Kurz, es wird Zeit, daß die Reise zu Ende geht.

*

Alles in allem sind Reisen nicht nur dazu da, um sich Erinnerungen zu schaffen, sagt Anaïk. Sie sind auch da, damit man Lust kriegt, wiederzukommen.

*

Am *Sonntag, den 10. Juni* schließlich, finden sie sich bei strahlender Sonne auf dem Marktplatz von Orsay wieder, wo ein großer Trödelmarkt stattfindet. Ein fröhliche Menge drängt sich zwischen der tristen Ausstellung bescheidener und privater Dinge. Der Handelswert klebt an Dingen, deren Wert eigentlich ein ganz anderer war. Für François erwirbt Anaïk einen Stapel Postkarten, deren Gemeinsamkeit darin besteht, daß sie alle von oder an Mitglieder der Familie Bernart in Crosnes, Seine et Oise, sind. François fand sie verstreut in einer großen Kiste und begann gedankenverloren, darin zu wühlen. Doch schon stand der Händler hinter ihm, überzeugt, daß François gute Gründe haben müsse, sich für die Familie Bernart zu interessieren, und weigerte sich nicht nur, Mengenrabatt zu geben, sondern erhöhte den Einzelpreis deutlich. Anaïk kehrt also heimlich zurück und nimmt etwa dreißig Karten für 100 Francs mit. «Es waren bestimmt noch mehr da, doch er wurde schon wieder mißtrauisch.» Später darf François damit spielen und versuchen, den Stammbaum der Bernarts und ihre Geschicke von der ersten Karte, die von 1910 ist, als der junge Jean Bernart noch bei den Mönchen von Compiègne im Internat war, bis zur letzten von 1948, an Madame Bernart adressiert, seine Frau oder vielleicht schon seine Witwe, und auf der es knapp heißt: «Bitte bringt Gemüse mit». Dazwischen liegen etwa ein Brief von 1918, Jean war gerade bei der Armee Quartiermeister, und eine sogenannte «Interzonen»-Karte von 1941 («Unzutreffendes streichen»), abgeschickt von der Witwe Isorel, die auf der einzigen freien Linie des Vordruckes ihr Beileid ausspricht. Über den Tod von wem? Von Jean? Und starb seine Schwester Cécile als letzte der Familie? Wurde ihr Speicher geleert, um die Familiengeheimnisse in alle vier Winde des Trödelmarktes zu zerstreuen? Und was ist aus der kleinen Denise geworden, die 1936 im Ferienlager war? Dieses Lebensknäuel zu entwirren, wird noch erschwert, weil die Familie Bernart die Angewohnheit hatte, sich Nachrichten, ob nun aus Suresnes oder dem vierzehnten Pariser Arrondissement, auf Karten mit Ansichten von Rom, München oder Brüssel zu schicken. Vor allem der geistliche Onkel bediente sich dieser Praktik.

Irgendwann einmal also wird sich François einer genaueren Rekonstitution dieses halben Jahrhunderts von Lebensläufen widmen, die, oh Schande, auf dem Warentisch eines jungen Trödelhändlers – spöttisch und geldgierig – gelandet sind, so geldgierig, daß sie nur ein paar Schnipsel retten konnten.

Wer wird das große Diplom im Rahmen kaufen (450 Francs), das das Industrie- und Handelsministerium 1931 Madame Di Agostino, Maria-Melba, zuerkannte, Vorarbeiterin bei Male, Fosse und Söhne in Montrouge, «als Belohnung für ihre langen und ergebenen Dienste in derselben Firma»? In welchem Wohnzimmer wird alles, was vom Leben der Maria-Melba noch übrig ist, die Wände schmücken wie ein Hirschgeweih die Wände einer Ferienwohnung?

Am Ende des Bahnhofs von Saint Rémy war der einzige Übergang lange Zeit durch eine ständig geschlossene Bahnschranke versperrt. Inzwischen wurde sie durch ein Gitter ersetzt, das wirkt endgültiger. Hinter der Straße nach Limours laufen die Schienen weiter, zwischen den Bäumen hindurch auf das Schloß von Coubertin zu. Gleich rechts, am Rand der Schottersteine, dient ein kleiner Schuppen Monsieur Maurice seit mehr als einem Jahr als Unterkunft; er sitzt eben vor seiner Flasche Rotwein und seinem Camembert, und Anaïk knüpft gleich freundschaftliche Bande mit ihm. Vor langer Zeit hat Monsieur Maurice seine Arbeit verloren und nimmt die RER, um im Viertel um den Jardin du Luxembourg zu betteln. Abseits von den Menschen, von ihnen ignoriert und sie gleichermaßen ignorierend, verbringt er hier seine Nächte, die im Winter hart sind. An den rostigen Schienen entlang laufen sie weiter, überholen einen Pfadfindertrupp, der im Gänsemarsch seinem Weg folgt und sein Totem vor sich her trägt, und da stehen sie vor dem Ende der Gleise, dem Prellbock: Dahinter liegt der Dschungel, in dem die Pfadfinder verschwinden.

Später nehmen Anaïk und François eine Abkürzung durch die Wälder, durchqueren Chevreuse, das im sonntäglichen Verdauungsschlummer liegt, steigen, vorbei am Schloß de la Madeleine, auf das Plateau hoch, durchqueren noch einen Wald, um nach Milon la Chapelle wieder hinabzuklettern.

«Um von Milon zu erzählen, müßte ich ein ganzes Buch schreiben», sagt François. Außerdem ist heute der Tag, an dem Julia ihren Geburtstag feiert, und die Kinderschar steht da und erwartet die völlig erschlagenen Reisenden vor dem Tor des Hauses. Die Reise ist zu Ende.

In diesem Augenblick fällt François ein, daß er nun doch keine Barometer-Blume gekauft hat.

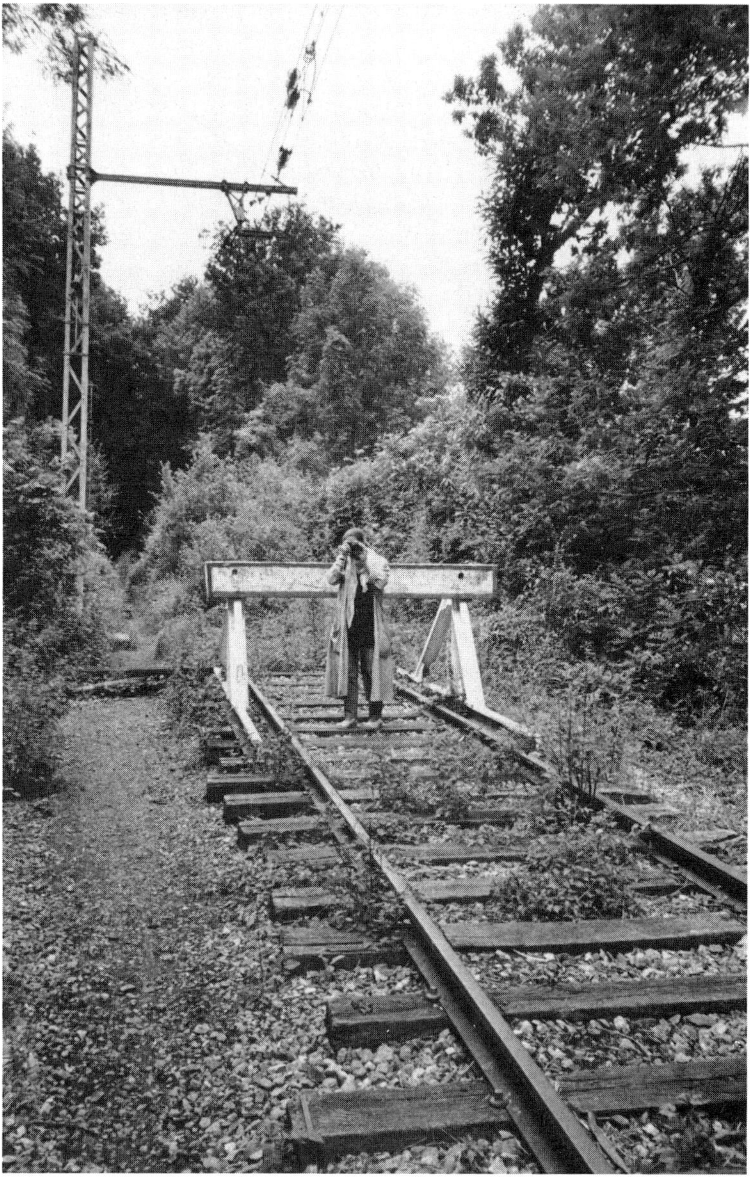

Glossar

Abbé Pierre: siehe *Emmaus*

Abetz, Otto: 1940-1944 deutscher Botschafter in Paris.

Alain-Fournier, Henri: (1886-1914) Schriftsteller; hinterließ einen einzigen vollendeten Roman «Le Grand Meaulnes».

Allais, Alphonse: (1855-1905) Mitbegründer des Kabaretts «Le Chat noir», wo er als Humorist mit eigenen Couplets auftrat. Schrieb auch Romane.

Banlieue: Vorstadtgürtel um eine Großstadt.

Beaubourg: Centre Pompidou.

Belote: französisches Kartenspiel.

Benserade, Isaac: (1613-1691) Hofdichter; Günstling der Kardinäle Richelieu und Mazarin.

Berl, Emmanuel: (1892-1976) Erzähler und Gesellschaftskritiker.

Bernard, Tristan: (1866-1947) Theater- und Romanautor.

Beur: Anagramm zu ‹arabe› = Araber; Modewort, das die in Frankreich aufwachsenden Kinder der maghrebinischen Einwanderer bezeichnet.

Blanqui, Auguste: (1805-1881) als führendes Mitglied der republikanischen Opposition an den Aufständen gegen Bürgerkönig Louis Philippe beteiligt, ebenso 1871 an der Pariser Kommune; Gefängnisaufenthalte wegen seiner Putschversuche.

Blanquist: Anhänger von Blanqui.

Bouygues: große Baufirma, die u.a. viele Großprojekte im Regierungsauftrag ausführt.

Brasillach, Robert: (1905-1945) Schriftsteller; 1937-1943 Chefredakteur der mit dem nationalsozialistischen Deutschland sympathisierenden Zeitschrift *Je suis partout*; als Kollaborateur hingerichtet.

Briand, Aristide: (1862-1932) Politiker, Rechtsanwalt, Journalist, Sozialist, der sich immer stärker zur linken Mitte hin entwickelte; setzte die Trennung von Kirche und Staat durch; engagierte sich nach dem 1. Weltkrieg für Abrüstung und deutsch-französische Aussöhnung.

Chaptal, Jean: (1756-1832) Chemiker und Staatsmann, der die chemische Industrie in Frankreich aufbaute und unter Napoleon I. Minister war.

Cendrars, Blaise: (1887-1961) Schriftsteller; vagabundierte als Fremdenlegionär, Schausteller, Matrose, Journalist durch die Welt; einer der Entdecker der afrikanischen Kunst; versuchte, den literarischen Stil zum angemessenen Ausdruck der technisierten Welt der Fotografie, des Radios, der Fliegerei zu verwandeln. Seine Helden fliehen aus anarchistischem Antrieb ins Abenteuer.

Cité: Ensemble unterschiedlicher Größe aus mehreren Hochhäusern und Wohnblocks, die zusammen geplant wurden und einen Namen tragen.

CNRS: Centre National de Recherche Scientifique; staatliches Forschungsinstitut u.a. für Grundlagenforschung.

Chirac, Jacques: Vorsitzender der Partei RPR; seit 1977 Bürgermeister von Paris, 1986-88 Premierminister.

Daudet, Alphonse: (1840-1897) Schriftsteller; sein bekanntestes Werk sind die *Briefe aus meiner Mühle*.

Decaux: Firma, die französische Städte flächendeckend mit sogenanntem *Stadtmobiliar*, d.h. modern gestalteten Werbeflächen überzieht: Busunterständen, elektronischen Anzeigetafeln der Stadtverwaltung, Zeitungskiosken, Stadtplantafeln u.ä.

Departement: Verwaltungsbezirk; Frankreich ist in 95 Departements eingeteilt, 5 in Übersee gelegene Departements kommen noch hinzu.

Drieu la Rochelle, Pierre: (1893-1945) Essayist und Schriftsteller; wechselte von der Linken zur faschistischen Action française.

Drôle de Guerre: Bezeichnung für den Zeitraum des Krieges, der der deutschen Invasion vorausging (September 1939 – Mai 1940), so genannt wegen der ungewöhnlichen Ruhe an den Fronten.

Ehrenlegion: Légion d'honneur; ranghöchste und meistverbreitete französische Auszeichnung, 1802 von Napoleon ins Leben gerufen.

Emmaus: Von *Abbé Pierre* 1949 gegründetes Sozialwerk für Arme und Obdachlose.

Félibres: südfranzösischer Dichterbund (Félibrige), zu dem sich 1854 F.Mistral, Th. Aubanel, J. Brunet, R. Marcellin, P. Giéra und A. Mathieu zusammenschlossen, um eine Renaissance der provenzalischen Kultur einzuleiten.

FFI: Forces Françaises de l'Intérieur; aus der Widerstandsbewegung erwachsene Streitkräfte bei der Befreiung Frankreichs 1944.

FLN: Front de Libération Nationale; Nationale Befreiungsfront, algerische Unabhängigkeitsbewegung.

Gracq, Julien: (*1910) vom Surrealismus beeinflußter französischer Schriftsteller.

Guesde, Jules: (1845-1922) Politiker; setzte sich für die Kommune ein und beteiligte sich an der Bildung einer sozialistischen Partei mit marxistischem Programm.

Harkis: Algerier, die sich im Befreiungskrieg in der französischen Armee verpflichtet hatten und dadurch zu ‹Verrätern› (Harkis) wurden und nach der Unabhängigkeit mit den Franzosen das Land verlassen mußten. Bis heute werden sie diskriminiert.

Fustel de Coulanges, Numa Denis: (1830-1889) Historiker und Universitätslehrer.

HLM: Habitation à Loyer modéré; Sozialwohnung.

Gay-Lussac, Louis Joseph: (1778-1850) Physiker und Chemiker.

Jacob, Max: (1876-1944) Schriftsteller, der 1915 zum Katholizismus konvertierte; befreundet mit Picasso und Apollinaire; schrieb Gedichte, Verserzählungen und Kommentare, zog sich 1921 ins Kloster zurück, wo er Türhüter war. 1944 nach Drancy verschleppt.

Klarsfeld, Serge: Rechtsanwalt, der weltweit für eine strafrechtliche Verfolgung untergetauchter Nazis kämpft.

Lamarck, Jean-Baptiste de Monet, Chevalier de: (1744-1829) Naturforscher.

Lutte ouvrière: trotzkistische Partei; Parteiführerin ist (1989) Arlette Laguiller.

Maquis: französische Widerstandsgruppe.

Michel, Louise: (1830-1905) Anarchistin, die sich an der Kommune beteiligte und nach Neukaledonien deportiert wurde.

Monge, Gaspard: (1746-1818) Mathematiker.

Monsieur Fenouillard: Bildergeschichten von Georges Colomb, genannt Christophe; frühe Comics (ab 1889), parodistische Reisegeschichten von entmystifizierender Komik; er führt eine kleinbürgerliche Familie in den Rahmen des traditionellen Abenteuerromans ein.

OAS: Organisation de l'Armée secrète; Geheimorganisation, die in der Endphase des Algerienkrieges Attentate u.a. auf De Gaulle verübte.

Patrouille de France: Paradestaffel der französischen Luftwaffe; ist auf Flugzeug-»Ballette« spezialisiert und überfliegt die Champs Elysées etwa am Nationalfeiertag mit blau-weiß-roten Schweifen.

Péguy, Charles: (1873-1914) anfangs sozialistischer, dann mystischer Schriftsteller, der sich dem katholischen Glauben zuwandte; kam in der Marne-Schlacht um. Er hinterläßt ein lyrisches Werk, von dem die zeitgenössische Kritik keine Notiz nahm, sowie gesellschaftskritische Schriften.

Périphérique: Stadtautobahn, die das alte Paris ringförmig umschließt.

Phantom der Oper: berühmter Kriminalroman von Gaston Leroux.

Pied noir: Aus Algerien stammender Franzose. Als Algerien 1963 unabhängig wurde, gingen viele Pieds noirs nach Frankreich.

Pléiade: Siebengestirn; bezeichnet die bedeutendste Dichterschule der französischen Renaissance, zu der u. a. Du Bellay und Ronsard gehörten. Gemeinsam ist allen die als modellhaft empfundene antike und italienische Poesie.

Prairial: 9. Monat im französischen Revolutionskalender.

Queneau, Raymond: (1903-1976) gehörte der surrealistischen Bewegung um André Breton an, schrieb Lyrik, Romane, Drehbücher.

RATP: Régie Autonome des Transports Parisiens; Name der Pariser Verkehrsbetriebe.

RER: Réseau Express Régional; Expressmetro, die Paris unterirdisch durchquert, besonders aber den Großraum Paris bedient.

Résistance: Widerstand gegen die national-sozialistische Besatzungsmacht und die kollaborierende Vichy-Regierung.

RPR: Rassemblement pour la République; 1976 gegründete gaullistische Partei.

Sarcelles: Stadt im nördlichen Vorstadtgürtel um Paris, berühmtberüchtigt für seine Kaninchenstallsiedlungen.

Sidi: pejorativ für einen in Frankreich lebenden Nordafrikaner.

SNCF: Société Nationale des Chemins de Fer; staatliche Eisenbahngesellschaft.

TGV: Train à Grande Vitesse; Hochgeschwindigkeitszug.

Töpffer, Rodolphe: (1799-1846) Schweizer Erzähler; Resignation und behagliche Enge kennzeichnen die bürgerliche Welt, die er humorvoll beschrieb, Autor von *Voyages en zigzag*.

Volksfront: 1936-38 regierte in Frankreich eine Volksfrontregierung, eine Koalition von Sozialdemokraten, Kommunisten und Liberalen, die epochemachende Sozialreformen durchsetzte.

ZAC: Gebiet aufeinander abgestimmter Erschließung.

ZAD: Gebiet zurückgestellter Erschließung.

ZEP: Gebiet mit vorrangiger Erziehung.

ZUP: Gebiet vorrangiger städtebaulicher Erschließung.

Spannungsfeld Maghreb - Frankreich

RABAH BELAMRI
Asyl aus Stein
Roman / Aus dem Französischen von Eva Moldenhauer
180 Seiten, Leinen

MEHDI CHAREF
Harki
Roman / Aus dem Französischen von Christel Kauder
248 Seiten, gebunden

MEHDI CHAREF
Tee im Harem des Archimedes
Roman / Aus dem Französischen von Christel Kauder
230 Seiten, gebunden

MOHAMMED DIB
Die Terrassen von Orsol
Roman / Aus dem Französischen von Barbara Rössner-Brauch
266 Seiten, Leinen

TASSADIT IMACHE
Eine Tochter ohne Geschichte
Roman / Aus dem Französischen von Barbara Rosenvold
136 Seiten, Leinen

ALBERT MEMMI
Der Pharao
Roman / Aus dem Französischen von Una Pfau
420 Seiten, Leinen

HABIB TENGOUR
Die Bogenprobe
(Makamen 1982-1989)
Roman / Aus dem Französischen von Regina Keil
300 Seiten, Leinen

BECK & GLÜCKLER